U0795774

陕西水利年鉴

SHAANXI WATER RESOURCES YEARBOOK 2015

《陕西水利年鉴》编纂委员会 编

长江出版社

图书在版编目(CIP)数据

陕西水利年鉴. 2015 /《陕西水利年鉴》编纂委员会编.
—武汉：长江出版社，2017.12
ISBN 978-7-5492-5611-2

Ⅰ. ①陕… Ⅱ. ①陕… Ⅲ. ①水利建设—陕西—2015—年鉴 Ⅳ. ①F426.9-54

中国版本图书馆 CIP 数据核字(2017)第 328952 号

陕西水利年鉴. 2015　　《陕西水利年鉴》编纂委员会 编

责任编辑：郭利娜
装帧设计：蔡丹
出版发行：长江出版社
地　　址：武汉市汉口解放大道 1863 号　　**邮　　编**：430010
网　　址：http://www.cjpress.com.cn
电　　话：(027)82926557(总编室)
(027)82926806(市场营销部)
经　　销：各地新华书店
印　　刷：武汉市首壹印务有限公司
规　　格：880mm×1230mm　　1/16　　10 印张 16 页彩页　　380 千字
版　　次：2017 年 12 月第 1 版　　2018 年 1 月第 1 次印刷
ISBN 978-7-5492-5611-2
定　　价：90.00 元

(版权所有　翻版必究　印装有误　负责调换)

《陕西水利年鉴》编纂委员会

主任委员　王　锋

副主任委员　薛建兴

委　　员　蔡积仓　刘晓明　许　灏　吴　萍　林兴潮　宇　涛

孙润民　白鹏翔　管　薇　王德文　王丰收　李　瑛

赵　辛　肖宏武　郑公社　杨稳新　程子勇　王正利

姜晓军　王永儒　陈建录　吕景峰　李少毅　雷天朝

刘春茂　张斌成　杨颖刚　王辛石　胡彦华　相里江峰

田养军　田　进

主　　编　蔡积仓

副 主 编　陈卫东　程　宁

编　　辑　陈　洋　关晓琦　张革萍　王　青

4月9日，省委书记赵正永深入西安、渭南调研渭河综合整治工程

6月18日，省长娄勤俭深入韩城市涺河检查防汛工作

5月8日，国家防总副秘书长、中国气象局副局长矫梅燕率检查组检查陕西省黄河流域防汛工作

3月25日，中国国际工程咨询公司党组书记、副总经理裴真深入陕西省东庄水利枢纽现场调研

1月28日，副省长祝列克深入户县天桥镇水磨头村检查指导抗旱工作

5月21日，省水利厅厅长王锋踏勘东庄水利枢纽工程现场

4月23日，省政府召开陕西省重大水利工程建设领导小组会议

4月30日，省政府召开全省防汛抗旱工作电视电话会议

11月10日，全省重大水利工程暨冬春农田建设现场会在渭南市合阳县召开

11月29日，水利部水利水电规划设计总院在京组织召开陕西省引汉济渭工程初步设计报告审查会

4月14—18日，中国国际工程咨询公司在京召开泾河东庄水利枢纽项目建议书评估会

11月20日，全省防汛抗旱办主任现场会在宜川县召开

3月18日，全省水利局长会议在西安召开

3月12日，省水利厅召开党的群众路线教育实践活动总结大会

4月8日，省水利厅组织召开学习贯彻习近平总书记系列讲话精神培训班

10月28日，省水利厅党组书记、厅长王锋主持召开会议，传达党的十八届四中全会精神

12月4日，省水利厅开展领导干部集体学法活动

5月15日，省水利厅召开全省水利规划计划工作暨水利发展“十三五”编制工作视频会

10月10日，省水务集团与工商银行陕西省分行、中信银行西安分行、浦发银行西安分行签订县城供水金融合作协议

4月23日，省渭河综合整治领导小组在西安召开渭河综合整治工作会

2月14日，引汉济渭三河口水利枢纽建设动员会在佛坪县大河坝镇召开

8月21日，陕西水利博物馆正式挂牌成立

1月23日，省水利厅机关迎新春越野赛在西安市体育场举行

7月1日，省水利厅开展“缅怀先烈、重温誓言、建设水利”活动

编 辑 说 明

一、《陕西水利年鉴》是反映陕西水利改革与发展的工具书，客观记录了陕西水利改革、建设和发展的事实。2015年卷主要收录的是2014年的资料和情况。

二、本年鉴包括24个栏目：1.综述；2.重要文献；3.政策法规；4.规划计划；5.水资源与水文；6.财务审计；7.工程建设与管理；8.灌区建设与管理；9.农田水利；10.水利改革；11.城乡供水；12.防汛抗旱；13.水土保持；14.小水电与农村电气化；15.渔业；16.水库移民；17.综合经营；18.科技教育；19.精神文明建设；20.机构与队伍；21.市级水利；22.荣誉录；23.大事记；24.十件大事；25.2014年重点水利在建工程特载。

三、栏目包含文章、条目和表格。标有【】者，为条目的题目。为增强可读性，做到图文并茂，在前面刊登有图片资料和文字介绍资料。

四、本年鉴一般采用法定计量单位。数字用法遵从《出版物上数字用法的规定》(GB/T 15835—1995)。技术用语、专业名词、符号等力求符合规范或约定俗成。

五、本年鉴文稿实行文责自负。文稿的技术内容、数据、保密等问题均由撰稿人所在单位审核把关。

六、限于编辑水平和经验，本年鉴难免有缺点和错误之处，衷心地希望各级领导和广大读者提出宝贵意见。本年鉴编辑过程中得到了有关单位和人士的热忱帮助，一并表示感谢！

《陕西水利年鉴》编纂委员会

2015年10月

目　录

综　述

重　要　文　献

政　策　法　规

规　划　计　划

水资源与水文

财 务 审 计

工程建设与管理

灌区建设与管理

农 田 水 利

水 利 改 革

城 乡 供 水

防 汛 抗 旱

水 土 保 持

小水电与农村电气化

渔 业

水 库 移 民

综 合 经 营

科 技 教 育

精神文明建设

机构与队伍

市 级 水 利

荣 誉 录

大 事 记

2014年重点水利在建工程特载

综　　述

2014年水利改革与发展综述

陕西省水利厅党组书记、厅长　王　锋

2014年，全省水利系统广大干部职工深入贯彻落实党的十八届三中、四中全会精神，遵循省委、省政府治水兴陕战略部署，抢抓机遇，克难攻坚，实现了全省水利工作持续强劲发展，水利现代化的构架基本完善，多次受到国务院督查组、水利部和省委、省政府主要领导的充分肯定。在经济下行压力加大的形势下，2014年全省各级水利部门千方百计挤项目争资金，协调落实项目资金配套，加大水务融资力度，广泛吸纳社会资本投入水利建设，全年共完成水利投资232亿元，较2013年度增长3.6%。全年解决了农村饮水安全264.53万人，超额完成任务兑现了省政府对全省人民的承诺。统筹推进量大面广的民生水利项目，全省新增基本农田55.32万亩，发展节水灌溉面积92.56万亩，治理水土流失面积6652km^2，陕西省中小河流治理、小水电重点县建设、病险水库除险加固等工作走在全国前列，水电开发、移民安置、水利科技、信息化建设、渔业生产、水利风景区等工作成效显著，广大群众充分享受到治水成果。

一、十大工程全面启动现代水利构架基本形成

以"水润三秦、水美三秦、水兴三秦"为目标，全力推进省委、省政府水利决策部署落实，随着引汉济渭可研、东庄水库项目建设双双获得国家批复，全省"五大体系""十大工程"全部启动、提速推进，一个统筹省内三大区域的现代水利架构基本形成。按照库河湖池渠连通、山水林田湖系统治理要求，规划了关中、陕南、陕北综合水系布局，全省大水网布局基本确立。

二、重大水利工程建设突破推进、捷报频传

随着三河口水利枢纽工程启动，全省"十二五"规划的"双十"工程全部开工建设。在沿渭各地共同努力下，渭河整治堤防工程主体完成后进入最后冲刺阶段；引汉济渭可研获得国家发改委审批，进入全面建设新阶段；东庄水库项目建设获得国家发改委立项批复，圆了全省群众65年的东庄梦；加快推进汉江综合整治13个县区19个单项工程建设步伐，新修加固堤防75.76公里；延安黄河引水主体开工，榆林大泉引黄和斗门水库前期工作有力加快，李家河、王圪堵、南沟门水库基本建成，引红济石、亭口等其他重点工程扎实推进，实现新的节点突破。

三、民生水利项目建设目标顺利实现

坚持"治水惠民、民生优先"，着力解决群众最迫切的水利需求。掀起农田水利基本建设高潮，加快实施小水重点县、高效节水灌溉等项目，全年完成新增基本农田55.32万亩，发展节水灌溉面积92.56万亩，为全省粮食丰收提供根本保障。延安黄河引水主体开工，榆林大泉引黄和斗门水库前期工作有力加快，李家河、王圪堵、南沟门水库基本建成。中小河流治理、病险水库除险加固走在全国前列，农村水电开发、水库移民安置、水利风景区建设成效显著，水产品产地安全得到有效保证，完成水产品产量16.5万t、实现渔业经济产值61.5亿元，广大群众充分享受治水成果。

四、深化改革管理为水利提速发展增强动力

下决心简政放权，许可审批项目由原来29项减为13项，持续向建管并重更加注重管理转变。陕西省《实施〈抗旱条例〉细则》等一批地方性法律法规进入立法程序。加强基层水利服务体系建设，累计组建乡镇水利站841个，妥善解决了60岁以上3.38万水管员的养老补助问题。农灌水价改革实现突破，省财政同意补贴6900万元降低国有水价，群众浇地负担亩次可降低8元左右。"三条红线"指标分解下达到各县区，

强化取用水管理和水资源统一调度，在全国考核中名列第七。

五、狠抓作风建设营造干事创业良好氛围

厅领导一班人坚持向中央基准看齐，身体力行改进作风抓落实。对厅直系统处级干部开展了7期为期2个月的习近平总书记系列讲话集中学习培训，深入开展“抓、建、促”活动，巩固群众路线教育实践活动取得的成效。以问题为导向，针对贯彻八项规定精神、整改四风的问题，立查立改。省委巡视组、省委组织部巡视检查反馈意见后，反复研究整改措施，落实责任，列出时间表，首批已整改到位。大力提倡开短会讲短话少发文，将更多精力用在调查研究和抓落实上。在加大水利行业廉政建设、实现稽察工作全省覆盖、确保建设领域资金质量安全等方面始终毫不松懈，努力维护水利安全稳定大局。

重要文献

省水利厅领导重要讲话

陕西省水利厅党组书记、厅长王锋同志在全省水利局长会议上的讲话

（2014年3月18日）

召开这次会议的主要任务是，回顾2013年水利工作，总结经验，研究问题；全面部署2014年全省水利各项工作，进一步加强水利系统自身建设，形成上下团结和谐、风清气正、共谋发展的良好氛围。前面，几位副厅长就分管工作作了安排部署，讲得很好，上个月召开的水保会上秦岭同志也讲了很好的意见，关于党风廉政、技术管理和水利规划等方面工作，张敏、建杰、兴国同志还将召开专门会议安排，这些都是水利局长会议的重要内容，请大家一并抓好贯彻落实。

2013年是不平凡的一年，是水利建设任务非常艰巨的一年，各地都干得很好，取得的经验弥足珍贵。西安市：大手笔部署的“八水润西安”是全省水利工作的龙头，不仅省厅要给予支持，全省各市县都要给予支持；宝鸡市：水生态文明建设从最薄弱的环节着手，从最关键的地方下手，千渭之汇治理抓得紧，渭河宝鸡段一个季度一个样，眉县和岐山段已经成了全省治渭亮点，提升了整个区域内的水生态文明水平。咸阳市：有塬有川，有比较富水的地方，也有贫水的地方，山区群众饮水安全问题，一直是一个主要困难，也是省厅关注的重点，2013年狠抓了供水安全，广大群众评价很高；铜川市：虽然面积不大，财政收入不多，但2013年完善财政投入机制，为水利事业发展提供了一个可靠保障；渭南市：过去水利发展看渭南，陕西防汛看渭南，近几年特别是2013年，渭南加快了重大防汛工程建设，南山支流改造全面完成，而且基本上是推倒另建，渭河河滩整治设计得好，要放开手脚大胆干；延安市：2013年的经验也弥足珍贵。2013年延安的大汛让人很震惊，但延安水利系统全体干部职工有作为、敢作为，每到一个救灾现场、每到一个水毁现场都有水利干部的脚印，在防汛最危险最困难的时候都能看到水利干部的身影；榆林市：强化水利执法，特别是在煤油气水土保持补偿费征收方面，在省水保局的指导下做得很好，这项工作得到了中央领导的肯定。另外，榆林市狠抓农田水利基本建设，在榆阳区等地作出了精品工程，粗沙区治理项目进展得也很顺利；汉中市：狠抓农村水电站扩容增效，成绩显著；安康市：抓重大工程的质量和进度，把防洪工程建设和城市建设紧紧结合起来，东坝和白河防洪工程进度很快；商洛市：中小河流的治理任务很重，进度走在了全省前列；杨凌示范区：把水生态建设和城市建设紧紧结合起来，以水生态建设等次提升推动城市建设等次。总体来说，11个市区2013年的工作积累了珍贵的经验，是我们今后水利发展的传家之宝。很多县区的工作也都做得很好，支撑了11个地市的成绩。下面，根据厅党组研究的意见，我讲几个问题：

一、关于2013年水利工作的基本经验和问题

2013年，是全省水利事业持续加压奋进、取得巨大成就的一年。广大水利职工坚定不移按照省委、省政府治水兴陕决策部署和水利现代化目标，实施项目带动战略，提速民生水利建设步伐，水利改革发展成效显著，水利社会地位不断提高，干部职工荣誉感进一步增强，在省政府工作报告和多次重要会议上，省委、省政府主要领导对水利工作高度赞扬。具体讲，一是抢抓水利发展机遇期，深挖中央惠水政策潜力，多途径拓宽水利投资渠道，全年完成水利投资224亿元，首次突破了200亿元大关，水利投资连年实现大步跨越，近三年投资是“十一五”总和的近2倍。二

是坚持建管并重、突出管理，把科学管理贯穿到水利工作的全过程，全省大江大河治理和重点工程布局基本完成、已经全部启动，正按计划目标有序推进，建设理念都有一定的突破。三是坚持抓大不放小，在抓好重大项目的同时，着力推进农村饮水、农田水利、水土保持、中小河流治理等民生项目建设，切实解决与群众生活息息相关的水问题，赢得了广大群众的拥护和支持。四是始终保持反腐倡廉的高压态势，以革除“四风”弊病的决心和严厉的稽察审计手段，不断健全完善预防和惩治腐败体系，保障了各项水利建设的顺利推进。五是以事业发展引领自身建设，充分发挥拼劲、韧劲、巧劲、闯劲和干劲，塑造出“顾大局、识大体，既和谐又守规，既监督又理解”的行业文化特征。会上印发的11个市（区）及重点县的书面发言说明了这些经验特点。总之，一年来工作的成效，凝结着同志们的辛劳与智慧，得益于同志们干劲足、面貌好和忘我的精神状态，在此我代表省水利厅党组向全系统广大干部职工表示衷心的感谢，向长年奋战在水利一线的同志们致以崇高的敬意！

在看到取得成绩的同时，也要看到存在的问题和不足：一是水利投资压力加大，按照重点工程建设计划和工作目标测算，2014年共需中省财政性投资133亿元，经与水利部和省级有关部门初步衔接，有保障可落实的108亿元，资金缺口较大。加之部分市县涉水政策性收入难以足额用于水利建设，部分项目受前置审批条件制约，利用信贷融资条件尚不具备，资金压力很大。二是水利建设和干部安全压力增大，水利工作战线长、工程量大面广、薄弱环节较多，我们从2011年开始每年召开稽察闭门通报会，从连续三年通报情况来看，有的问题发现后很快得以整改，有些依然突出，甚至触目惊心。三是水利技术力量跟不上，特别是基层水利队伍技术人才匮乏，村一级水利设施基本无人管护，解决好灌区最后一公里的问题力度不大、成效还不明显，农村水利基础薄弱问题还没有从根本上得到扭转。四是改革创新的思路和举措还不多，对新时期水利发展在改革方面着力不足，发展思路需要破题，省级土地出让金计提等政策还没有落实，落实十八届三中全会改革创新精神还要继续加油鼓劲。以上问题，全省各级水利部门要有一个清醒的认识，要把思想和行动统一到中省决策部署上来，进一步增强责任感、使命感和紧迫感，凝聚智慧和力量，攻克难题，夯实基础，共同推动水利事业沿着现代化既定目标不断向前迈进。

二、继续在深化水利改革中大胆创新求突破、谋红利

十八届三中全会通过的全面深化改革若干重大问题的决定，为我国全面深化改革制定了路线图，对水资源确权、市场决定水价、水资源管理制度、河湖休养生息、水权交易、社会资本投资等水利改革提出了明确的指导要求。水利部贯彻中央改革精神，迅速出台了深化水利改革的指导意见，从水行政管理职能转变、水资源管理体制、水利投入、水利工程建设管理、基层水利管理等10个方面提出了具体意见，为全省进一步深化水利改革指明了方向。水利是建设“富裕、和谐、美丽”陕西的重要支撑，抓好水利改革工作，决定着陕西省水利可持续发展的方向和质量。全省各级水利部门要结合实际，抓紧组织开展水利改革发展调研，理清本地本单位发展的主要矛盾，明确改革的总体目标、重点和措施，加大改革力度着力推进，使水利发展更富活力、更富效率。

深入推进陕西省水利体制机制改革，要从重点领域和关键环节入手、力求突破。一是要进一步简政放权。凡采用事后监督能够解决的审批事项，尽可能下放一级。省厅按照精简统一效能的原则，合并下放水行政审批权限，将原有行政审批事项由29项减少到13项，减少55%，为全省最多，下一步承接中央和部委下放事项后，还将做进一步的下放。各级在做好审批事项承接的同时，要把本级管不好、管不了的事情放权，确需保留的，要明确管理层级，简化审批程序；对取消和下放的，要加强行业指导和事中、事后监管问责。二是要深化水利建设和管理体制改革。通过创新水利工程建设管理、强化水利工程质量安全与市场监管等制度建设，规范水利建设秩序，净化水利建设市场。国有水利工程要按照类别、性质进行管理体制改革，对国有大中型水利工程要健全水利工程运行维护经费保障机制，推行管养分离和物业化管理。按“谁投资、谁所有，谁受益、谁负担”的原则，明确小型水利工程所有权和使用权，落实管护主体、责任和经费。三是要发挥“两只手”的作用，完善水利投入稳定增长机制。要坚持政府主导，落实好水利基金、土地出让金计提等政策，健全各级财政水利投入稳定增长机制；同时进一步发挥金融行业和社会力量的作用，多途径鼓励和吸引社会资本更多投入水利。这里仅仅强调了三个方面，各地各单位要围绕基层服务体系、水生态文明、水权水价、综合经营等重点领域和关键环节积极探索，努力实现改革新突破。

在水利改革推进过程中，各地要注重把握好几个原则：一是要在水利投入、建设、运行、管理各环节积极引入市场机制，使“两只手”相辅相成、相得益彰。二是要注重改革涉及的利益调整中的责权利相对应、相对等，处理好建与管、用与补的关系问题，实现水行政管理整体效率最大化。三是要加强顶层设计，分清轻重缓急，以重点突破带动整体推进，增强改革

的系统性、整体性、协同性。四是要尊重基层和群众的首创精神，坚持自上而下与自下而上相结合，在有条件的地方先行实践，省厅对改革创新取得明显成效的地区和单位给予政策性奖励支持，总结积累经验，推动全省水利改革发展夺取新成效。

三、把思想和行动统一到水利现代化建设上来，全力构建全省水资源保障的大网络

水利现代化的核心在于构建水系连通的全省大水网，关键在于加强骨干工程建设、实施水资源统管统配。经过近年来全省上下坚持不懈的努力，全省水利现代化新征程全面开启，水利发展“五大体系”基本构架确立，以渭河综合整治、东庄水库、引汉济渭、汉江整治等“十大工程”为骨干的一大批重点水利工程启动实施，“双十双网”布局全省大水网，一个纵跨南北、横贯东西、覆盖全省、支撑陕西长远发展的现代化水利基本构架已经形成。这样的谋划布局呈现几个特征：一是主要考虑陕西省水资源严重短缺且时空分布不均，特别是近年来关中—天水经济区、关中经济区、西咸新区、西安国际化大都市、陕北能源化工基地建设等国家发展战略的相继部署，使得本已捉襟见肘的水资源形势更是雪上加霜。二是着眼陕西的长远可持续发展，下决心破解水利发展滞后、历史欠账多等突出问题。三是把相互关联地考虑工程布局作为解决陕西省水资源问题的思想理论基础，把大手笔谋划、务实敢干、迅速部署、强力推进作为行动指导，凝聚广大干部职工智慧力量朝着目标不懈努力。

围绕水利工作总体思路和目标，水利系统广大干部职工满怀“水利梦”，以誓打水利翻身仗的魄力和勇气，静下心来谋发展，一心一意搞建设，在关中地区确立以引汉济渭、引红济石、引湑济黑等调水为输配水骨干工程，以现有大中型水库和新建的泾河东庄、咸阳亭口、西安李家河水库为水源结点，以关中城市群和工业区为配水结点，新增供水能力约 18 亿 m^3。在陕北地区以黄河引水工程为架构，以延安王瑶、南沟门水库、榆林王圪堵、李家梁、采兔沟水库等为水源结点，以能源化工基地工业园区和重要城镇为配水结点，新增供水能力约 13 亿 m^3。在陕南地区以实施汉丹江综合整治、安康东坝及部分重要县城防洪工程为重点，开展重要生态保护区、水源涵养区生态自然修复和预防保护，全力确保一江清水“供京济渭”。同时把县域城乡供水工程作为大水网的重要内容和重要支撑，加快县城供水、城镇集中供水建设步伐，确保与骨干工程同步建设、同步受益。以信息化为纽带，实现水利的现代化。

水利现代化建设是一个长期的、渐进的历史过程，陕西省以水利现代化引领水利建设发展，取得了显著成绩，但与“三个陕西”建设新要求和陕西人民群众的新期待来衡量，从立足长远、把握当前的要求来看，实现既定目标还有很多基础工作要做，还面临着诸多严峻考验。一是按照 2017 年引汉济渭先期通水的目标，关中供水网络建设和黄金峡水库年内一定要开工建设，这对引汉济渭办和引汉济渭公司以及相关的各市县是一次大的考验。但要看到生态建设的文化和理念正悄悄发生变化，随着时间推移，在大江大河上建蓄水工程，可能会出现一些新的挑战，因此，抓工程进度就是抓机遇；二是广大群众企盼了半个多世纪的泾河东庄水库年内能否按期拿到国家发改委“路条”，对有关厅领导和东庄办以及相关市县也是一次重大考验。东庄水库项目现在已经启动了，中资公司第一批专家组刚刚离开，后面还会有大批专家莅临陕西对东庄进行咨询评估，这是一个非常利好的消息。如果 2014 年能拿到国家发改委的路条，近年来陕西省部署的重大水利工程就全部上马了，只要我们加力，一定能建成，一定会建成。三是渭河汉江综合治理、陕北引黄、引红济石及王圪堵、南沟门、李家河、亭口、龙潭、柏岭寺、红石峁等水库能否实现节点目标前移，对各地资金保障、建管能力都是一种考验；四是紧锣密鼓推进水利科学研究院组建工作，发挥水利科学研究院等机构技术优势，深入研究红碱淖、卤阳湖、千渭之汇、昆明池等历史名湖变迁过程，对揭示水资源演进规律、恢复重建具有重要意义。各地要从战略和全局的高度审视当前工作，以实际行动支持全省重大水利项目、建好本地骨干工程、提升管理和保障能力，合力推进水利现代化目标的实现。

四、学会弹钢琴，做好统筹文章，推进水利各项工作有序进展

一要理清 2014 年水利发展思路目标。2014 年是全面深化改革的开局之年，也是完成“十二五”规划目标任务的关键一年。做好 2014 年的水利工作，要按照水利部和省委、省政府的总体部署，突出把握好“改革统领、稳中求进、建管并重、加力基层”的总体要求，要在体制机制改革方面抓大事，解决好制约发展的严重掣肘；挖掘潜力保持水利发展大好势头，争取水利投资继续大幅增长；提升水利建设和管理能力，增强水利发展质量和效益；把基层水利工作放在更加突出位置，解决好农村水利基础薄弱、区域发展不均衡的问题。主要任务是全年完成水利投资 230 亿元，发展节水灌溉 80 万亩，新修基本农田 50 万亩，解决农村饮水不安全 230 万人，治理水土流失 6500km^2，完成水产品产量 14 万 t，新增水电装机 5 万 kW。各地各单位要对照“十二五”规划，在做好中期评估的基础上部署好 2014 年各项工作，沿着既定目标提质增效，

稳中求进，推动各项工作实现新的突破。

二要坚持抓大不放小统筹做好工作。工作中要学会“弹钢琴”，区分轻重缓急，兼顾各方利益，把水利工作推进好，把水利事业发展好。这些年，随着省委、省政府对水利工作的重视，中省对水利投入的增加，方方面面、各级在水利工作上都投入了相当多的人力、物力和财力，在这种情况下，要学会弹钢琴，要做好统筹文章，把各项工作都要抓好，大型工程不延误，小型工程不迟疑，一定要抓好这个机遇期。在防汛抗旱方面，要早部署、早动员，以渭河、汉江和量大面广的中小河流为重点，突出抓好重要堤防、水库、淤地坝、水电站和在建工程安全度汛，同时千方百计满足旱季生活生产用水需求。在水生态建设方面，要继续抓好水土保持工作，在维护河流健康上下功夫，注重水土资源修复与保护，强化地下水监测管理，大力发展农村水电清洁能源，提升水利风景区品质，妥善应对突发水污染事件。在水资源管理方面，要进一步健全省市县用水总量控制指标体系，强化“三条红线”考核，加快构建水系连通工程，利用水资源节约保护“倒逼机制”，推进经济结构调整和发展方式转变，促进经济社会发展与水资源水环境承载能力相协调。在水行政管理方面，进一步完善《陕西水利现代化规划纲要》，积极推进地下水管理条例、抗旱工作条例等立法进程，加强水利项目审计稽察和建设市场监管，推动水利安全生产工作，着力防范重特大事故。在水利信息化科技工作方面，抓好信息化重点项目建设，加大水利科技成果研究和推广应用力度，省厅设立科技处后，水利科技工作提上了议事日程，各级都要加强、要重视，这是提高水利系统硬实力的一个主要内容，一个行业的发展主要在创新，创新的核心在科技，没有科技就不能创新，没有创新行业就不能发展，行业不能发展行业就没有社会地位。每一个项目都有信息化投资，但如果各搞各的，没有统一规范，信息不能连通、不能共享，对信息化工作是不负责任的，就是白花钱，是失败的。今后实施水利信息化项目都要经过厅水利信息化领导小组和厅信息中心严格审核，确保统一规划、统一平台、高效应用。

三要把农村水利工作放在更加突出重要的位置。近年来，我们立足构建布局全省大水网，把主要精力放在重大项目建设上，目前这些骨干工程已基本布局完成，当前的工作重心要在继续大力推进重大项目建设的同时，转向更加注重农村水利工作和基层水利服务体系建设。一是加快大型灌区续建末级渠系和灌排泵站更新改造步伐，切实抓好51个中央小水重点县、退耕还林口粮田和省级小水项目建设，掀起农田水利建设高潮，切实解决灌区“最后一公里”问题。二是加快城乡供水工程建设步伐，积极实施农村饮水安全项目，突出县城供水规范化管理和水质督察，加大水源保护和水质检测力度。三是重视做好水库移民工作，全省现有水库移民100万人，新建水库还将增加七八万人，这项工作复杂而敏感，计划性、政策性强，一定要做到规划明细、政策明确、移民明白。这项工作很重要，我们讲稳定讲和谐，工程上主要是移民，移民工作搞不好，对后续工作影响很大，这几年移民办这项工作抓得很好。四是深入研究基层服务体系建设，近年来水利工作任务不断加大，基层水利建设管理问题愈加突出，2014年要研究建立全省村级水管员队伍，落实农村水利设施管护和权属问题，确保有人建、有人管，长久发挥效益。目前来看，村一级农村水利设施基本上无人管护，省厅研究后决定从2014年启动这项工作，让村级水管员切实负起责任，管好农村水利设施。希望农村水利处抓紧调查研究，在一些市县先行试点，总结经验全面推开。

五、在水利工程质量安全上下功夫、见实效，建好经得起历史和子孙后代检验的精品工程

近年来，水利投资规模逐年加大，屡创历史新高，省委、省政府部署的重大水利工程全面铺开。社会各方都在关注着水利工作以及资金怎么用、资金使用的效果、工程的质量怎么样。大家要看到手中的权力，同时也要看到使用权力的责任和风险。各单位的一把手，要带头树立建管并重、更加注重管理的思想，对工程质量和安全不能有丝毫麻痹疏忽，建好经得起历史和子孙后代检验的精品工程。一是要抓住几个关键环节。每一项工程的规划、设计、审批，都要建立科学严谨的评审制度，严格按行政、技术程序和工作规则办事，最大程度优化工程建设方案，避免造成不可挽回的重大技术缺陷和行政决策过失。在重大项目的决策中，要敢于提不同意见，越是在众人支持的环境当中，提出不同意见越显得弥足珍贵。要严把工程的招投标环节，对重大水利项目投标人必须认真审核，对于投资上千万、上亿的项目，一定要严格审核施工单位资质、业绩，决不允许没有经验的队伍进入。严格建设监理，总投资200万元以上的项目必须执行监理制，对于小微型工程可通过分类打捆进行监理，规范监理程序，强化旁站监理和跟踪检测，严格质量事故监理责任追究。二是工程质量安全、进度、效益并重。一项重大水利工程，受益时间和范围深远，是留给后代看得见摸得着的宝贵财富。要牢固树立百年大计、质量第一的思想，正确处理好质量、安全和进度的关系，不能因为抓进度匆忙赶工期，不能因为抓进度忽视安全生产，推行工程质量终身负责制，确保水利工程建成后经得起历史检验、久远造福子孙后代。大型工程建设，一定要想到给后代一个交代，决不能

出问题，在质量上出问题，决不能容忍。三是始终保持高压态势防范质量安全问题。要不怕揭短、不怕露丑，敢于稽察发现问题，树立先进典型，更要树立负面典型，形成有力震慑。大家对当前形势要有一个清醒的认识，在当前这个环境中，批评难能可贵，反面意见难能可贵，希望大家要以媒体报道的反面典型为戒。各级领导干部在水利建设领域要慎用权力，不要乱作为、胡作为，要带头执行好工程建设各项法规要求，营造和维护良好的水利工程建设秩序。要强化风险意识，加强学习，继承好水利行业的光荣传统，不断健全完善各项工作机制体制，促进行业发展。

六、积淀文化特征，引领作风建设，实现水利行业风清气正、和谐发展

近年来，水利社会地位明显提高，干部职工荣誉感和成就感增强，但这种荣誉感、成就感能否永久地保持下去，对我们每个人都是一种考验和挑战，所以要持之以恒地加强行业自身建设。

一要自觉贯彻执行好十八大以来的各项纪律要求。当前我国正处于市场经济体制和社会利益多元化的时期，也是陕西省水利投资强度和建设规模最大的一个时期，随着社会对公权的约束日趋严格，加之互联网时代信息的飞速传播，任何地方和个人的不作为、不守纪，都将完全暴露在公众的视野之下。最近陆续听到省内外一些地方水利干部的负面消息，大家一定要高度警惕并以此为戒，进一步规范行业准则和行为，敬畏事业，敬畏权力，敬畏群众，以中央的要求和规定为准绳来衡量什么事能做，什么事不能做。要继续保持低调务实、勇于担当、高度负责的精神状态，建设一支廉洁高效务实稳定和谐的水利队伍，树立良好的行业形象。

二要坚持响鼓还需重锤敲，怀着如临深渊、如履薄冰的戒惧状态廉洁从政。水利行业面向群众干实事，任务重，责任大，廉政工作若做不好，很可能导致行业腐败，这些年的努力也可能毁于一旦。因此，一定要高举反腐旗帜，经常做到“重锤敲响鼓”，事业越是蓬勃发展、备受关注、一片叫好声，越是要提高警惕，做到事到盛时需警醒，时时刻刻保持如履薄冰、如临深渊的状态。要切实履行好一岗双责，单位主要负责同志要做到水利建设和廉政建设两手抓、两手见成效，主要领导要带好班子，班子带好本单位干部职工，班子成员负责带好所分管范围，确保在管辖范围内不出问题。尤其要强调的是同志之间要坚持相互的提醒行动，坚持有纪律的团结，不搞无原则的一团和气，形成本单位风清气正、和谐守规的良好氛围。

三要坚持不懈改进作风，提升自身建设水平。市县要以正在开展的第二批群众路线教育实践活动为契机，教育和引导基层水利领导干部牢牢把握和坚持群众路线这个法宝，多深入基层听取意见，多接触群众接地气，扑下身子深入水利建设一线，为职工和群众办实事解难事，为加快推进在建工程纾困解难。要大力弘扬仪祉文化精神，不断挖掘行业文化特征，丰富行业文化内涵，建设水利历史博物馆，激励干部职工努力干事创业。只有行业发展了，单位发展了，才有个人的发展。我们一定要深刻理解“事业发展我发展”的含义，合理合规增加基层干部职工的收入、改善生活条件，让水利干部职工更加幸福体面有尊严，更富有集体荣誉感，凝聚形成强大的行业发展力量，共同推动水利事业实现跨越发展。

同志们，水利工作使命光荣、改革发展任务艰巨，让我们以党的十八大和十八届三中全会精神为指导，在省委、省政府的坚强领导下，坚定水利现代化目标方向，以更高的发展智慧、更大的改革魄力、更实的工作作风，众志成城，凝心聚力，打响水利改革发展的攻坚战，以实实在在的成绩为“三个陕西”建设作出新的更大的贡献！

陕西省水利厅党组成员、省水土保持局局长张秦岭同志在全省煤炭石油天然气资源开采水土保持补偿费使用项目建设现场推进会上的讲话

（2014年9月19日）

继7月16日，省水利厅在麟游县召开全省煤油气水土保持补偿费征管工作现场会议后，今天我们又召开使用项目建设现场推进会，充分显示了在新形势下加强煤油气水土保持补偿费征管工作的重要性和厅党组对此项工作的高度重视。大家一定要统一思想，提高认识，高度重视。刚才，神木县、榆阳区、宝塔区、神华集团神东公司分别就各自工作进展情况和下一步工作安排进行了交流，有很多好的思路，好的经验，值得大家互相借鉴，取长补短。晓强同志的工作报告，肯定了补偿费使用项目的成绩，指出了存在的问题，分析了原因，提出了下一步的工作要求，讲得很好，我完全同意。下面，我再讲几点意见，请同志们贯彻落实。

一、全省煤油气资源开采补偿费征管工作成效显著

2010年，陕西省正式开始实施煤油气项目。五年来，煤油气补偿费征收、资金安排使用、项目规范管理、项目实施等方面都取得了很好的成绩，涌现出了一批水土保持先进典型，实现了跨越式发展。

（一）补偿费的征收实现了历史性突破

各级水土保持部门加强与地税部门的联系沟通，建立了互动机制，及时掌握了补偿费征收动态，采取了有力措施，加大了工作力度，加快了征收进度。补偿费征收工作得到省委、省政府主要领导和各有关部门的重视支持，多次召开协调会，分析问题，研究对策。各级政府积极协调有关单位，推动补偿费征收工作。全省补偿费征收工作出现前所未有的良好局面，除个别央企外，陕西省绝大多数企业都能主动按时缴纳，涌现出神东公司、延长石油集团、郭家河煤矿等一批模范执行省政府54号文件的先进典型。经过全省共同努力，通过地税代征，截至2014年6月底，全省累计征收补偿费57.68亿元，省国库入库23.07亿元，实现了历史性突破。

（二）省级入库的资金足额用于了水土保持

五年来，我们加强了与财政部门的沟通协调，补偿费资金使用管理取得了新的进展。省上严格按照省政府54号文件及其实施细则规定的用途和资金管理办法，根据全省能源开发水土保持规划、各市各单位项目申报情况、年度补偿费征收预算和执行情况，从2010年开始，按年度下达了煤油气补偿费使用项目资金计划，共下达项目计划四批，下达资金24.6亿元，其中，省级13.2亿元，市县配套11.4亿元。省级入库资金做到了当年征当年用，征多少用多少。此外，四年来，渭河综合治理使用煤油气补偿费资金3亿元，国家重点水土保持工程配套6400万元。实现了煤油气补偿费“取之于水土保持，用之于水土保持”。

（三）项目管理水平不断提升

为了管好用好这项资金，我们制定了《陕西省煤炭石油天然气资源开采水土流失补偿费使用项目前期工作管理办法》，组织编写了《陕西省能源开发水土保持治理专项规划》，制定了相关规程、办法等进行规范管理。在项目实施中，各地按照水土保持项目建设管理的要求，严格执行项目法人制、招投标制和监理制等各项管理制度，加强了施工组织、技术指导、资金管理、检查验收等关键环节。2013年10月以来，省上先后组织了两次大规模集中督促检查验收活动，规范了项目管理，加快了实施进度，确保了工程质量。

（四）项目实施取得明显成效

在项目总体布局上，围绕“防灾减灾、改善生态、支持经济、服务民生”的目标，突出矿区水保治理、水源区水保治理、水环境治理、水土保持生态长廊建设、淤地坝除险加固、支持服务体系建设等“六大”工程；在项目区选择上，坚持沿城、沿路、沿水“三沿”原则；在措施布设上，坚持以小流域为单元，适度规模，集中连片，工程植物措施有机结合，乔灌草立体配置；在项目实施中，坚持高起点设计，高强度投入，高质量实施。五年来，全省共实施治理项目

700多个，治理水土流失面积3000多km^2。打造了榆阳区谢家峁、靖边县庙渠、宝塔区天河、渭南市槐园、澄城县吴坡、麟游县招贤镇、石泉县饶峰河等一批精品示范工程，为创建国家和省级水土保持示范园奠定了基础。

二、充分认识进一步搞好煤油气资源开采补偿费使用项目的重要性

（一）实施煤油气补偿费使用项目的成败，直接关系到补偿机制的成败，关系到全省水土保持事业的发展

陕西省能源开发水土保持补偿机制的建立，在全国属于首创，截至目前，全国还没有第二个省份能够建立，具有划时代的历史意义。但能源补偿机制建立最根本的目的是用好补偿费资金，实施好项目，加快能源开采区生态环境的恢复与重建。煤油气补偿费项目实施的效果，直接关系到陕西省补偿机制的成败，关系着下一步陕西省新的补偿费征收政策的出台，关系着全省水土保持工作的发展。所以我们一定要从战略、可持续发展的高度，去认识这项工作，并抓实抓好。

（二）实施煤油气补偿费项目资金来源于企业，投资规模大，社会关注度高

陕西省能源开发水土保持补偿机制的建立拓宽了资金来源、投入渠道，极大地缓解了陕西省水土保持经费的不足。这对于协调资源开发和生态建设、治理水土流失、保障陕西省经济社会可持续发展具有重要意义。但是，因为这项资金来源于企业，是靠我们不断加大执法力度，甚至动用司法手段征收的，且投资规模大，标准高，所以社会各界关注度也高，各级政府、相关部门、新闻媒体、缴费企业以及其他社会公众都在关注，社会涉及面广，影响力大。如果我们实施不好，就有可能影响整个行业的工作能力和良好形象。

（三）煤油气征管工作是践行中央和省委建设生态文明决策部署的重要举措

随着经济社会的发展，党和国家越来越重视水土保持生态环境的保护和建设工作。党的十八大提出了建设美丽中国，并将生态文明建设纳入“五位一体”总体布局，写进了党章。2013年省委也提出了要加快富裕陕西、和谐陕西、美丽陕西“三个陕西”建设。煤油气补偿费项目就是利用征收的补偿费，加快资源开采区人为水土流失治理，恢复再造区域生态环境，是生态文明建设的一个重要方面，也是建设“美丽陕西”的重要举措，是一项前途光明、大有作为的伟大事业。各地一定要从维护国家生态安全和可持续发展的高度，从建设生态文明和美丽陕西的高度，充分认识这项工作的重要性，切实增强责任感和使命感，扎扎实实搞好这项工作。

三、突出重点，强化措施，推进煤油气补偿费使用项目建设

做好煤油气补偿费使用项目建设，是陕西省水土保持工作的重中之重。各级必须要高度重视，切实加强组织领导，强化措施，狠抓落实。在项目建设中，除落实好各项目管理制度外，要注重处理好“四个关系”。

第一，要处理好征收和使用的关系。抓好补偿费征收工作，是项目实施的前提。目前，我看我们不少同志对煤油气补偿机制工作有个误区，认为只要重视煤油气项目实施就可以了，征收是地税部门的事。事实上，皮之不存，毛将焉附，没有征收，何谈使用。地税部门只是代征，征收主体还是我们各级水土保持部门。各地各部门一定要采取切实有效的措施，加大补偿费征收力度，要对本辖区缴费企业逐一排查，核实产量，配合地税部门做到不漏征、不少征。对缴费不力的企业，要有所作为，敢于担当，主动出击，选择1~2个作为典型，坚决依法强制征收。

第二，要处理好利用省级资金和市县留成资金的关系。省政府54号文件明确规定，征收的水土流失补偿费应当按照规定的比例划解到省、市、县三级国库，专项用于水土保持项目支出。目前看来，省级资金做到了全部用于水土保持，2013年，全省进入省级国库资金5.8亿元，但财政下达水利水土保持资金计划达到6.2亿元，超出实际征收额4000万元。但市、县留成资金使用情况却不能令人满意，大量补偿费长期滞留当地财政专户，或没有做到专款专用。今后，各市县要正确处理好利用省级资金和市县留成资金的关系，不要眼睛单盯着省级资金，要按照省政府54号文件要求，把争取本级留成资金使用作为首要任务，加强与政府领导和有关部门的汇报沟通，将本级补偿费留成资金纳入同级财政预算管理，做到专款专用，确保本级补偿费留成资金当年征、当年用，征多少、用多少。

第三，要处理好“点”和“面”的关系。典型是旗帜，典型是方向，典型是力量。抓点示范、以点带面的工作方法是在长期工程实践中总结出来的宝贵经验。各市县要坚持示范带动的工作方法，树立精品意识，集中力量抓典型，高起点，高标准，抓好示范典型，树样板，以点带面，扩大影响，推动面上治理工作。目前，国家已经出台了宏观补偿费政策，油气开采不再按照产量征收。加上2014年以来，经济下行压力持续加大，煤炭市场需求不旺，量价齐跌，这些因素将会对陕西省今后补偿费征收造成较大影响，形势不容乐观。这也势必会给陕西省今后煤油气项目补偿

资金使用造成影响。今后，煤油气补偿项目计划资金要保重点，避免面面俱到，撒“胡椒面”。主要资金，一是要保证能源开发区（矿区）水土流失整治工程，二是水土保持示范园建设工程，三是项目实施好的县(市、区)。项目实施管理不规范、进展慢、质量不高的地方，将来要考虑取消煤油气资金投入。

第四，要处理好工程、资金安全和干部安全的关系。确保工程、资金使用安全始终是工程建设管理工作的重中之重。煤油气项目单位投资标准相对较高，涉及面广，资金管理的难度更大。因此，各地一定要高度重视资金管理工作，要把确保资金使用安全、确保干部安全作为项目实施的头等大事来抓。项目实施结束后，各市要及时安排布置，做好项目决算、审计、自查初验及内业资料整编工作，以确保按时通过竣工验收。要按制度办事，靠制度管人，严格管理程序，严肃财经纪律，坚持专账、专人管理，确保每个地方、每一位同志都克己奉公，廉洁自律。

陕西省水利厅党组成员、副厅长管黎宏同志在厅直系统“抓整改、建机制、促工作”主题活动会议上的讲话

（2014年5月13日）

2014年是贯彻落实党的十八届三中全会精神、全面深化改革的开局之年，也是完成“十二五”规划目标任务、加快推进陕西省水利现代化建设的关键之年。根据省委统一部署，及时在省直机关组织开展“抓整改、建机制、促工作”主题活动（以下简称“抓、建、促”主题活动），对于我们推动教育实践活动整改方案落实，巩固和扩大教育实践活动成果，建立健全教育实践活动长效机制，促进水利工作各项目标任务的顺利完成，具有十分重要的意义。厅党组对开展此项活动高度重视，会前召开会议专题研究审定活动实施方案，厅党组书记、厅长王锋提出明确要求，要将活动范围扩大到整个厅直系统，搞得有声有色、富有成效，迅速掀起高潮。刚才，会上传达学习了《中共陕西省委办公厅、陕西省人民政府办公厅〈关于全省贯彻执行中央八项规定督查情况的报告〉的通知》，宣读了《中共陕西省水利厅党组关于印发〈省水利厅直系统“抓整改、建机制、促工作”主题活动实施方案〉的通知》、《关于在厅直系统开展“庸懒散浮”专项整治的通知》、《关于做好省水利厅机关“抓整改、建机制、促工作”主题活动“公开整改方案”工作的通知》等3个文件，请大家一并认真学习领会，抓好贯彻落实。下面，我就如何开展好“抓、建、促”主题活动，再讲几点意见，供大家参考。

一、深刻认识开展“抓、建、促”主题活动的重大意义，迅速掀起活动高潮

习总书记指出，搞好党的群众路线教育实践活动，“要发扬钉钉子的精神，保持力度、保持韧劲，善始善终、善作善成，不断取得作风建设新成效”。又要求“各级领导干部既严以修身、严以用权、严以律己，又谋事要实、创业要实、做人要实”。这为我们深化教育实践活动指明了方向，为领导干部正心修身、干事创业明确了行为准则。开展“抓、建、促”主题活动，就是贯彻落实习总书记指示的重要举措，是强化群众观点、切实解决“四风”问题、加强党的建设的客观要求。我们一定要从战略和全局的高度，充分认识开展这次主题活动的重要性和必要性，不断增强工作的自觉性和主动性。

第一，开展主题活动是我们巩固和扩大教育实践活动成果的迫切需要。2013年以来，按照中央和省委的统一部署，我厅参加全省第一批教育实践活动，圆满完成了教育实践活动各个阶段的工作任务，取得了显著成效，干部职工精神面貌、工作作风有了明显改进，有力地推动水利年度目标任务的顺利完成。但是，我们也要清醒地看到，解决“四风”问题不可能一蹴而就、一劳永逸，作风建设永远在路上，必须经常抓、长期抓。我厅教育实践活动虽然已经收尾，但收尾不收场，整改任务还很艰巨，整改落实事项还有大量后续工作要做，认为教育实践活动已经结束和整改工作有所松懈、敷衍了事的认识和做法，将会直接影响教育实践活动成果的深化。对巩固和深化教育实践活动成果，中央和省委态度是严肃的，决心是坚定的，举措是有力的，贯彻群众路线没有休止符。我们要充分认识作风建设的长期性、艰巨性，按照习总书记“三严三实”要求，在坚决反对“四风”、抓好专项整治上下功夫，在建章立制、持续转变作风上下功夫，在深化整改、跟踪问效上下功夫，不断把教育实践活动引向深入。

第二，开展主题活动是我们加强作风建设的内在要求。近年来，我们认真贯彻落实中央和省委、省政府关于加强作风建设的有关要求，坚持把经常性教育与集中教育整顿相结合，引导党员干部特别是各级领导干部牢固树立宗旨意识，自觉履行《党章》，带头遵纪守法，严格执行八项规定，积极践行群众路线，强化目标责任考核，不断改进作风抓落实，为加快推进水利可持续发展提供了有力保障。但从新形势对水利工作提出的新任务、新要求来看，与人民群众的期待和要求相比，目前厅直系统干部职工的精神状态、工作作风、办事效能等，与形势任务的新要求还不相适应，“庸、懒、散、浮”等问题还未从根本上解决，

机关门难进、脸难看、事难办的“衙门作风”还不同程度地存在。这些问题和现象，不仅损害了我们水利部门的社会公信力，而且严重影响了省委、省政府和厅党组决策部署的贯彻落实。因此，深入开展“抓、建、促”主题活动，既是构建联系服务群众长效机制的迫切需要，又是加强党员干部队伍建设的内在要求。我们一定要按照主题活动的统一部署，分步实施，扎实推进，确保取得实效。

第三，开展主题活动是我们加快职能转变深化改革的内生动力。省委十二届四次全会提出了陕西版全面深化改革的路线图、时间表和任务书，描绘了建设“三个陕西”的宏伟蓝图。要把省委确定的水利改革发展目标任务变成现实，就要必须紧紧依靠厅直系统各级党组织和广大党员干部齐心协力抓落实，更需要我们以开展“抓、建、促”主题活动为载体，在抓好整改落实的同时，积极投身水利改革实践，进一步转变职能，改进工作作风，提高服务质量，特别是在服务中心工作、理清工作思路、改进工作方法上出实招、见实效，以作风建设的新成效凝聚陕西省水利现代化建设和“三个陕西”建设的强大合力，不断开创各项工作新局面。

二、密切联系实际，突出工作重点，确保取得实效

厅党组已下发了“抓、建、促”主题活动实施方案，明确了活动内容、目标任务、方法步骤、任务分工和具体要求。厅直各单位、机关各处室要突出重点，精心组织，抓好落实。

一要突出抓好整改。对2013年教育实践活动中涉及的整改任务，已经整改的要巩固成果、防止反弹，正在整改的要加大力度、抓紧抓好，尚未整改的要确定时间表，尽快落实到位。要紧紧围绕学习贯彻习总书记系列重要讲话精神、落实全面深化改革各项要求，着力解决赵正永书记指出的机关普遍存在的本领恐慌、部门利益至上等突出问题，切实抓好整改方案、专项整治方案和制度建设的落实，使整改工作更实在、更深入。要坚持开门搞整改，通过设立公示栏、召开通报会等方式，及时向群众和社会公布量化的整改目标、细化的整改措施和明确的责任时限，及时通报整改进展情况和整改成果，主动邀请党员干部群众代表组成监督小组，扎实开展“五查”活动（查整改内容是否落实、整改承诺是否兑现、整改效果是否明显、民主测评是否通过、基层群众是否满意），对整改落实工作随时进行监督。最近，省委在省直机关组织开展“千名处长晒措施做承诺”活动，我厅确定了规计处、政法处、水资源处等12个处室负责人参加。参与“晒措施做承诺”活动的有关处室负责人，要严格按照整改方案公开的时间、内容、范围、方式要求，及时完善个人整改方案，落实整改措施，逐项兑现承诺，主动公开整改方案落实情况，自觉接受群众监督。各单位、各处室主要负责同志要切实履行好第一责任人的职责，各级领导干部要主动承担起整改工作的相应责任，坚持做到整改任务不落实的不放过、落实不细致的不放过、群众不满意的不放过，通过实实在在的工作，确保整改方案落到实处。

二要突出解决重点问题。这次教育实践活动聚集解决的是“四风”问题。要在2013年开展教育实践活动的基础上，持续聚集“四风”，继续查摆“四风”问题，广泛征求群众意见，不断完善整改方案，切实抓好本单位、本处室的整改工作，保持目标不偏、力度不减，严明责任、兑现承诺。要以人民群众满意为目标，切实解决好群众反映强烈的热点难点问题，以踏石留印、抓铁有痕的劲头，推进整改任务全面落实。要按照提高党建工作科学化水平的要求，着眼于改进作风常态化、干部日常教育管理、直接联系服务群众等方面，加强基层组织建设和党员队伍管理，适应深化改革、服务群众的新要求。

三要突出开展专项整治。要持续抓好中央八项规定、省委和水利厅实施意见的贯彻落实，加大检查力度，从具体问题抓起，一个时间节点一个时间节点抓起，严格惩戒问责，巩固来之不易的大好局面。要把专项整治作为促工作的重要内容，根据省委统一部署，从现在开始，集中3个月时间，在厅直系统深入开展“庸懒散浮”专项整治活动，集中整治干部职工中存在的精神萎靡、本领恐慌、纪律松弛、效率不高等作风顽疾，进一步巩固党的群众路线教育实践活动成果，引导干部职工不断改进工作作风，努力实现工作纪律有明显增强，工作效率有明显提高，服务态度有明显改善，精神面貌有明显改观，积极营造干事创业、争创一流的良好氛围。要不折不扣地落实好省委确定的“五项专项治理”和“八项专项整治”，一个个去攻坚，切实抓出成效。要结合各单位、各处室职能职责，突出重点领域和关键环节的专项整治，完善具体措施，明确责任部门和分工，不断加大整治力度，提高整治成效。

四要突出建章立制。“四风”问题都是积弊顽症，具有顽固性和反复性。各单位、各处室要以开展“抓、建、促”主题活动为契机，加快推进制度建设，建立健全改进作风、联系群众的长效机制，以制度机制来固化教育实践活动成果。特别要注意把教育实践活动的成功做法和经验系统化，用制度形式固定下来、坚持下去，增强针对性、适用性、可操作性，推动作风建设常态化、长效化。要加大制度执行力度，一经形成就要严格遵守，定期对制度落实情况进行监督检查，

坚决纠正有令不行、有禁不止的行为，切实维护制度的严肃性和权威性。要强化问责制，对敢于违反制度的要做到“零容忍”，发现一起查处一起。要坚持一手立规矩、建制度，一手抓整改、抓落实，用制度规范约束干部职工的行为，真正使规章制度成为干部职工的行为准则。

三、加强领导，精心组织，推动“抓、建、促”主题活动深入开展

“抓、建、促”主题活动是巩固教育实践活动成果、加强机关作风建设、促进各项工作的有效载体。厅直各单位、机关各处室要高度重视，精心组织，扎实推进，务求取得实效。

一要引起高度重视。各单位、各处室要把“抓、建、促”主题活动提上重要议事日程，作为当前的一件大事来抓。为加强对“抓、建、促”主题活动的组织领导，厅里成立主题活动领导小组，办公室设在厅直属机关党委，负责具体组织协调工作。各单位、各处室要尽快制定活动方案，成立工作机构，及时动员部署，认真抓好落实。

二要精心组织实施。各单位、各处室要积极依托教育实践活动办公室，从组织人事、纪检监察、党群部门抽调人力，组成精干的工作机构，明确任务分工，落实工作责任，使活动有部署、有安排、有要求、有措施、有检查，扎实深入地开展。厅机关各处室要按照各自分工，各司其责，积极抓好重点领域和关键环节的整改工作。

三要加强督促检查。厅主题活动领导小组要加强对活动的检查指导，定期研究解决有关问题，保证活动健康顺利开展。厅活动领导小组办公室要切实负起责任，及时了解掌握活动动态，通报有关情况，总结推广经验，培养树立典型。要不断加大宣传工作力度，充分利用网络、杂志等媒介，及时宣传报道各单位、各处室的活动进展情况、做法、经验及成效，为活动开展营造良好的舆论氛围。

开展“抓、建、促”主题活动意义重大，影响深远。让我们以更加饱满的政治热情、更加良好的精神状态、更加务实的工作作风，扎扎实实地完成好主题活动各项任务，圆满完成水利年度目标任务，为建设“三个陕西”作出新的更大的贡献！

陕西省水利厅党组成员、副厅长张玉忠同志在全省大型灌区工作座谈会上的讲话

（2014年7月23日）

这次全省大型灌区工作座谈会的主要任务是贯彻落实王锋厅长关于全省大型灌区工作的重要批示精神，促进夏灌用水，安排大型灌区骨干工程安全防护、渠道节水改造和泵站更新改造以及田间工程配套工作，讨论研究灌区综合改革。刚才，我们共同学习了王厅长的重要批示，机关相关处室、各大灌区负责同志做了发言和交流，特别是鹏翔同志就目前大型灌区的各项工作做了通报和安排，大家谈得都很好，我都同意。王厅长的重要批示立意高远、情深意切，既对大型灌区建设发展提出了清晰的工作思路，又从关心干部的角度提出了中肯的要求，对指导今后大型灌区工作意义重大，希望大家认真贯彻落实。

一、充分认识大型灌区的地位和作用

陕西省水利发展悠久的历史实际上就是灌区发展的历史。泾惠渠的前身就是秦代修建的郑国渠，仪祉先生主持修建的“关中八惠”更是开创了陕西省乃至全国现代水利的先河。新中国成立以来陕西省掀起的几次水利建设高潮，重点就是建设和发展了一批新的灌区，彻底解决了陕西省“粮荒”问题。截至目前，陕西省先后建成大型灌区12个，灌溉面积1200万亩，水库36座，总库容13亿m^3；抽水站495座，装机容量35万kW；骨干建筑物9086座；干支渠5393km，田间渠道3.3万km。全省水浇地以1/3的面积生产了全省2/3的粮食，特别是大型灌区以占全省总耕地28.5%的面积，生产了占全省总产37%的粮食、34%的果品和25%的油料，是名副其实的“粮袋子”和“菜篮子”。长期以来的治水实践表明，在十年九旱的特殊省情和水情下，大型灌区在保障全省粮食安全、改善区域生态环境、支撑经济社会发展等方面有着不可替代的重要地位和作用，关乎全省改革发展稳定大局。

二、2013年以来大型灌区取得的主要成绩

近年来，各大灌区主动求变，克服条件艰苦、收入低等客观困难，领导班子团结，主要负责同志以身作则，同志们团结奉献，努力工作，在平凡的岗位上践行着社会主义核心价值观，辛勤付出和取得的成绩，厅党组是十分肯定的。特别是长期在基层一线的干部职工，任劳任怨，令人备受感动和敬佩。陕西省大型灌区工作取得的显著成效，为夯实农业稳定发展基础、实现全省粮食增产、农民增收和城乡人居环境改善提供了坚实基础与重要支撑。

第一，投资总量和增幅持续攀高。2011年“中省一号”文件出台，党中央、国务院、省委、省政府周密安排部署粮食安全和水利工作，各级关注民生，加大投入，大兴农田水利建设。作为全省粮经作物主阵地的大型灌区成为投资重点，投资总量和增幅前所未有。据统计，2013年、2014年两年，中央和地方财政投入大型灌区骨干和田间工程项目建设的投资总量高达18亿余元，相当于“十一五”大型灌区投资的总和。以大型灌区和大型泵站改造项目为例，仅这两年的中省预算内投资就高达10.73亿元，接近1998年项目实施以来投资总和的一半，均维持了较高增幅。同时，陕西省还利用财政专项资金、基建投资、水资源费、水利基金等多项省级资金加大了大型灌区工程建设投入，并利用银行贷款启动实施了农业灌溉设施建设项目，建立了多渠道、多形式、高强度的资金投入新机制。

第二，项目建设成果丰硕。两年来，通过实施各类工程建设项目，从水源到田间，大型灌区项目建设取得了丰硕的成果。大型灌区节水改造和大型泵站更新改造项目，衬砌改造渠道395km，改造骨干建筑物1240座，安排泵站改造41座，其中建成18座，骨干工程引水、输水能力有效提升，能源单耗明显降低，充分保证了下游配水、用水需求；末级渠系改造项目完成田间渠道衬砌620km，恢复和改善面积40万亩，农田“最后一公里”问题正在逐步解决。全省大型灌区完成了信息化投资5800万元，建成了灌区信息化平台，实现了对枢纽、水库和重点闸点的实时监测和远程控制。渠道安全防护实现了新的突破，专项安排4000万元，新增干支渠道防护工程120km，重点解决

了一部分穿越城镇、学校、村庄的渠段安全问题。通过工程项目统筹建设，大型灌区对粮食生产、防汛保安、工业城镇发展、生态环境改善、沿岸群众生命财产安全等方面提供了很强的保障力和支撑力。

第三，建设管理水平大幅提升。通过连年的项目实施，边建设、边总结、边提高，陕西省大型灌区项目建设管理水平得到了大幅度提升。按照国家法律法规和水利行业各项规定，大型灌区严格基本建设程序，全面推行项目建设"四项制度"，灌区管理单位均成立了"项目办公室"，履行法人职责；严格招投标程序，杜绝招投标过程中各类违法违规行为；实行总监负责制，推行"大监理、小业主"的管理模式，对工程质量、进度、投资进行有效控制；建立专账，设立专户，实行专款专用，专人管理，杜绝挤占、挪用、滞留工程资金的违规现象，项目管理工作迈上了制度化和规范化的轨道。按照"业主负责、监理控制、企业保证、政府监督"的原则，灌区始终把工程质量和安全生产作为生命线来抓，强化各方责任，狠抓监督检查，实现了重大质量和安全事故"零发生"的目标。上半年，国家发改委和水利部稽察组对陕西省大型灌区项目建设的进度、质量和管理给予充分肯定和高度评价。

第四，综合改革不断深入。大型灌区综合改革稳中求进，为灌区发展提供了动力。一是积极落实公益性水利工程维修养护费和管理经费。大型灌区落实公益性人员 1247 人，核定"两费" 1.89 亿元，经过协调努力，2013 年已到位 1.42 亿元，占总额的 75%。二是不断深化水价及水费计收方式改革。推行"一价计费、一票到户、统征统管"的终端水价制，实行送水、计量、收费、开票、公布"五到户"，坚持水价、水量、水费"三公开"，水费收缴率达 95%以上，两年来因水价问题引起的上访事件明显降低。三是探索水价补贴机制。积极推动建立灌区水价和电费财政"两补机制"，两年共落实电费补贴 8500 万元，落实末级渠系费用补贴 1.15 亿元。

第五，灌溉管理成效显著。大型灌区始终把灌溉用水管理作为灌区生存发展的生命线，多措并举，扎实有效。一是依托灌区改造工程，利用信息化平台，实现了河源来水的准确预测，基本达到了渠首引水、闸点控制、渠道分水的科学调度，使作物用水需求、全局计划安排、站点水量分配有机结合，保持了年均 720 多万亩的实灌面积，实现了水量不增长、农业不减产，为全省粮食"十连增"作出了积极贡献。二是按照"稳步推进、积极扶持、加强培训、注重提高"的思路，大力推进用水户参与式管理制度改革，推进农民用水协会建设。目前，大型灌区建立发展农民用水户协会 546 个，控制灌溉面积 440 万亩，惠及农户 56.6 万户。三是交口抽渭完成全国唯一的标准化灌区建设任务，形成了一套完整的运行、管理、考核体系，获得了 ISO 9001 认证，顺利通过了水利部验收，作为全国标准化建设的样板加以推广。四是节水型灌区建设成效显著。据测定，2013 年全省农业灌溉水利用系数达到 0.549，较 2011 年提高了 2.3%，增幅和水平居全国前列，年均节水 8000 万 m^3，相当于 400 亿元工业产值的用水量、130 万人的年均生活用水量。泾惠渠和石堡川两个灌区已经通过了全国"节水型灌区"初审。

第六，人才队伍结构更趋合理。加强对灌区管理人员和基层职工的技能培训，是提高全员业务素质、提升运行管理水平的重要举措。两年来，先后组织灌区参加了中省举办的政策宣贯、业务培训、技术比武 25 批次，受训人员超千人，使灌区在行政管理、项目建设、财务管理、信息技术、工程维护等方面的技术人员储备充沛、人才结构趋于合理。特别是在信息化建设过程中，灌区信息化人员在软件开发、设备安装、运行维护中全程参与，充分介入，边建设、边学习、边培养，建成了一支掌握技术、人才稳定的信息化队伍，扭转了以往"信息化公司撤离、设备软件瘫痪"的尴尬境地。

三、大型灌区面临的形势和机遇

全面审视和认真分析陕西省大型灌区的建设与管理现状，我们要清醒地看到面临的诸多突出矛盾和问题：一是社会效益大，自身发展滞后。灌区在抗旱减灾、防洪保安、保护生态等方面发挥和产生了巨大的社会效益，但受政策、体制、机制、服务对象等客观因素所致，灌区管理单位自身效益低下，发展乏力，职工收入偏低，生活条件艰苦。二是农田"最后一公里"问题仍然突出。近年来，灌区骨干工程得到较大范围改造，一些急、难、险、重问题得到解决，但农田灌溉"最后一公里"问题依然是制约灌区整体效益发挥的瓶颈。全省因末级渠系配套不全造成失灌面积 547 万亩，严重影响了灌溉效益的发挥。三是灌区综合改革工作进展缓慢。灌区综合改革涉及面广、难度大、较为复杂，如何兼顾多方利益，实现稳中求进，尽管我们按照上级的要求做了大量的调研工作和积极尝试，但受灌区的实际困难和问题等多方因素影响，进展还比较缓慢，效果也不理想。四是骨干工程安全防护薄弱。全省大型灌区骨干渠道 5393km，目前采取安全防护措施的不足 3%，重要建筑物桥梁 6800 多座，达不到设计标准和超过使用寿命的超出 7 成，成为危桥的也超过了 2 成，这样的渠道安全防护现状令人堪忧。在灌溉行水期间一些车辆、行人落水等意外事故时有发生，对沿岸群众生命财产安全和工程管护造成了损失，产生了不利影响。五是灌区财政补贴机制尚未建立。由于公共财政补偿缺位、水价政策性倒挂以及灌区职工多、包袱重等原因，不少灌区管理单位工资政策还没有得到完全兑现，有的甚至差距很大，干部职工收入待遇偏低，影响了队伍稳定和事业可持续发展。六是管理手段落后，难以满足现代化灌区的要求。现代化灌区的重要标志是管理手段的自动化、信息化。受投资和观念的制约，大型灌区的工程改造先行一步，但作为软实力的现代管理却相对滞后，全省灌区的水资源联网调度仍难实现、灌区“少人值班、无人值守”仍不实现、依靠科技手段实现决策的能力仍显不足，总体难以满足现代化灌区的要求。解决这些突出问题，关乎灌区长远发展，也是我们面临的一项紧迫任务。

破解当前灌区存在的突出矛盾和问题，必须认清面临形势，抢抓发展机遇。一是2014年中央农村工作会议指出，中国人的饭碗任何时候都要牢牢端在自己手上，我们的饭碗应该主要装中国粮。确保粮食安全，这是党中央对农村水利工作提出的基本要求，也是我们努力的方向。大型灌区是农业生产的主阵地，中央的要求既是压力，更是动力，服务粮食安全，我们责无旁贷。二是水利部强调要牢固树立生态文明理念，结合灌区节水配套改造与新建，着力推进现代生态文明灌区建设。从2013年国家大幅度增加灌区工程建设投资的态势分析，要在2015年完成大型泵站更新改造、2020年完成大型灌区续建配套节水改造任务，大型灌区将迎来新一轮的大投入、高强度的改造建设机遇。三是省委、省政府明确要求大兴农田水利建设，实施大中型灌区续建配套节水改造，提高农业抗旱能力。大型灌区在建设“三个陕西”新征程中，必将大展身手、大有作为。四是刚刚结束的全国水利财务工作视频会议上，国家发改委、财政部表示要对农业灌溉水价实行财政精准补贴。省政府2013年还召开专题会议，研究农业水价补贴问题，落实了电费补贴和末级渠系费用补贴政策。五是厅党组非常重视农村水利工作，王厅长先后多次主持会议研究大型灌区安全防护、水价补贴，近期还要专门听取灌排政策执行情况汇报。六是事业单位综合改革工作也已全面启动，为灌区的综合改革搭建了很好的平台。各大灌区一定要抓住难得的历史机遇，以只争朝夕的干劲、勇于担当的精神，牢牢掌控灌区建设和自身发展的主动权，把省委、省政府的重视支持、灌区干部群众的热切期盼，变为灌区发展的强大动力，不断增强灌区发展后劲。

四、努力解决好灌区长远发展的重大问题

发展与改革是灌区永恒的主题。长期以来，从上到下，在灌区发展与改革问题上，做过许多有益的探索和尝试，也取得了一定的成绩和经验，但灌区的主要问题依然没有得到很好的解决，我们要从以下几个方向做出不懈努力。

一要着力解决好灌区的发展问题。近年来，随着城镇化建设的不断推进，陕西省部分灌区的灌溉面积呈逐年衰减趋势，灌区的生存和发展成为主要问题。我们要从灌区的实际出发，充分利用灌区的水土资源，实现水资源的高效利用和优化配置。一是抓住国家投资大型灌区建设的有利时机，尽可能地通过新建泵站和延伸渠道，不断扩大灌区的实际灌溉面积，实现灌区枝上开花。渭南的几个灌区要加大扩灌项目前期工作力度，力争早日实现扩灌100万亩的目标。农业灌溉设施建设项目涉及的6个扩灌工程，也要加大前期工作力度，做好立项的各项准备工作。二是全面掌握当地城市发展、城镇化建设和新型农业经营主体发展方向，主动出击，创造条件，尽可能地开拓和扩大灌区供水市场，为灌区的持续良性运行注入新鲜血液。这方面，石头河、桃曲坡、冯家山等几个灌区在城市、工业供水方面积累了一定经验，泾惠渠、东雷二黄、羊毛湾正在实施城市供水项目，其他灌区也要挖掘自身潜力，在保证农业用水的同时，力争在城市、工业供水上取得突破。三是充分利用现有条件，培育和发展旅游、养殖等多种经营产业，石门灌区在旅游开发上做得很好，其他灌区也要努力，开拓经营市场，壮大灌区经济实力。

二要深入研究和推进灌区综合改革。改革是最大的红利。促进灌区可持续发展，不仅要靠项目带动，更要深入研究和推进灌区综合改革。要积极贯彻省委、省政府的要求，审慎研究，先行试点，稳步推进，重点是抓住事业单位改革、财政补贴、减员增效和内部管理四个方面实现新的突破。一是按照国家《水利产业政策》和《关于分类推进事业单位改革的指导意见》精神，进一步深化水管单位体制改革，从体制和机制上解决灌区管理运行中存在的突出问题，增强发展活力，实现安全稳定、良性运行。二是在财政补贴方面，近几年农水处在“两费”和“两补”落实方面做了大量的工作，取得了一定成绩。灌区农灌水价政策性亏损问题正在与财政厅、物价局积极协调，这方面还需要做大量扎实细致的工作。我相信通过努力，一定会取得很大进展。三是在减员增效方面，要随着事业单位改革把灌区人员控制在合理范围内，实现灌区精简高效。四是在内部管理方面，各大灌区要从体制机制上研究解决影响本灌区发展的突出问题，大力推行事企分离，推进管养分离，严格绩效考核，调动全员积极性，促进灌区良性发展。

三要始终把安全放在重要的位置。安全就是生命线。灌区的安全包括工程安全、生产安全、质量安全等方面，各大灌区务必高度重视，落实安全责任制，

确保安全无事故。当前正是夏灌抗旱的关键时期，灌溉渠道满负荷运行，安全防护工作形势异常严峻。在这里，我特别强调一下灌区的渠道安全防护工作，安全防护直接关乎老百姓的生命财产安全，也关乎政府的形象和威信。各大灌区要充分认识渠道安全防护工作的重要性和紧迫性，以人为本，敬畏生命，有前瞻性和针对性地解决好安全防护存在的突出矛盾和问题，扎扎实实改善灌区防护面貌。一是对各自灌溉渠道输水安全和防护安全隐患进行彻底排查，摸清薄弱环节，确定重点部位，特别要注意穿越城镇、村庄、学校、厂矿等人口密集渠段和灌区桥梁的安全隐患。二是对重点部位采取绿篱、防护网、防护栏等工程措施，结合安全警示、危桥限行、加强巡护、及时救援等非工程措施，尽最大可能避免行人落水。同时要充分利用新闻媒体、印发传单、出动宣传车辆等方式，大力开展安全宣传活动。三是使用好有限的资金，把重点段的工作做好。农水处已经争取到1.2亿元，专门用于渠道安全防护工程，各大灌区要本着节约、实用的原则，优化方案设计，精心组织实施，严把质量关口，把渠道安全防护工程建成民心工程，让政府放心，让群众满意，树立水利部门的良好形象。

四要重视水文化建设和灌区软实力的提升。陕西省灌区有着悠久的历史和深厚的文化积淀，如何传承和发扬灌区的精神内涵，是摆在灌区管理者和建设者面前的新课题。近年来，厅党组高度重视水文化建设，建成了代表陕西水文化宝贵财富的仪祉纪念馆，2013年还成立了陕西省水文化研究会，旨在进一步传承和弘扬陕西特色水文化，促进生态和谐、人水和谐、社会和谐。省委、省政府提出了“水润三秦、水美三秦、水兴三秦”决策部署，各大灌区要以此为契机，挖掘自身建设发展历程中的精神文化元素，整合工程建设、灌溉管理、队伍建设、改革创新等方面的先进经验，提炼总结符合灌区实际的水文化建设思路，用文化凝聚人、用文化激励人、用文化发展人，变“泥腿子”为“蓝领子”，提升灌区软实力。

五要把廉政建设贯穿于工作始终。大家在基层工作，都很辛苦，成绩和荣誉来之不易，一定要常修为政之德、常怀律己之心、常思贪欲之害，堂堂正正干事，清清白白做人。十八大以来，党中央狠抓反腐败工作，从目前公布出的腐败问题看，大多都是与工程建设领域相关联。近年来，大型灌区的项目多、投资大，廉政建设更显重要，同志们要引以为戒。各大灌区要按照中央、省委和厅党组的要求，建立反腐倡廉惩防体系，落实党风廉政责任制，严格执行“八项规定”，反对“四风”，以狠抓党风廉政建设促进各项工作任务的完成，确保干部安全。

五、切实抓好当前工作

当前，正值灌区夏灌关键时期，其后灌区就要进入工程集中施工时段，紧抓当前，谋划全年，是当下的中心工作。

一是全力以赴促夏灌、保丰收。夏灌对于2014年秋粮丰收至关重要，也是各大灌区完成全年经济目标任务的关键。目前，已进入三伏，高温持续，蒸发量大，旱情严重，必须充分发挥农灌设施作用。一要加强灌区工程管护，强化行水巡查措施，及时化解水事纠纷，切实维护用水秩序。二要强化灌溉管理，坚持计划用水、科学用水和节约用水，优化水资源调配，努力做到管理精细化。三要加强对基层用水组织及行水人员的监督管理，解决好农村劳动力外出的现实问题，组建专业浇地服务队，通过他们使优质的服务深入田间地头。四要严格执行农灌水价政策，全面实行“终端水价制”，加强水费廉政建设，杜绝各种形式的变相加价，减轻农民不合理水费负担。

二是加快灌区工程项目建设步伐。工程改造是提升灌区灌排能力的主要途径，按期保质保量完成建设任务，既是国家的要求，也是省委、省政府考核我厅的重要指标。目前在建的灌区项目主要是2013年大灌和大泵改造工程，2014年项目的前期工作也正在积极推进。一要扎实做好项目前期工作，重点解决2014年稽察中暴露出的前期工作质量不高、深度不够等问题，努力提高前期设计质量，做好项目储备。二要加快在建项目建设步伐，严格按照下达的项目年度计划，正确处理好建设与灌溉、进度与质量之间的关系，统筹兼顾，精心组织，千方百计加快在建项目建设步伐。三要严格执行资金管理有关规定，坚持专款专用，加强资金使用管理，坚决杜绝违规违纪现象，确保资金安全。四要按照项目建设法人负责、招标投标、工程监理、合同管理“四项制度”要求，推行“业主负责、监理控制、企业保证、政府监督”的质量监督体系，确保工程建设质量。

三是抓好灌区田间工程配套。全省大型灌区1200多万亩灌溉面积上，分布着斗渠以下田间工程3.3万km，这些田间工程纵横交错、数量巨大、分布密集。但这些工程大多修建于20世纪80年代，目前近1/3出现了老化失修、淤积堵塞，“水中旱、渠边旱”屡见不鲜，严重影响着灌区农业生产，危及粮食安全。一要充分认识田间工程配套的重要性，在指导思想上要把“最后一公里”问题作为灌区工作的重点。二要在前期工作上把解决“最后一公里”的项目优先安排，突出暗管输水设计，投资尽可能向田间工程项目倾斜。三要在工程建设上合理工程布局，有条件的灌区要积极推广管道输水、微喷灌等高效节水技术，把田间工程管好建好。厅机关有关处室要把小水重点县、粮食产能县和省级小水补助资金项目与灌区骨干工程衔接好，发挥灌区工程整体效益。

大型灌区发展与改革工作任务艰巨，使命光荣。我们要进一步增强使命感和紧迫感，求真务实，勇于担当，开创陕西省大型灌区工作新局面，为建设“三个陕西”努力奋斗。

陕西省水利厅党组成员、副厅长薛建兴同志在省水利厅安委会扩大会议上的讲话

（2014 年 1 月 23 日）

2013 年以来，全省水利安全生产工作在厅党组的正确领导下，经过大家的共同努力，通过落实责任、完善制度措施、强化监督管理，扎实开展稳步推进，保持了水利安全生产总体形势持续稳定的良好态势。截至目前，全省水利行业没有发生人员伤亡的生产安全事故，被省政府评为 2013 年度安全生产先进单位，值得肯定和表扬。为了认真总结 2013 年的安全生产工作，部署好 2014 年安全生产工作，按照王锋厅长的指示精神，今天专门召开这次安委会扩大会议。刚才，德文同志传达了省安委会会议精神和王锋厅长对安全生产指示，通报了安全生产大检查的情况。下面我就当前安全生产形势和扎实做好 2014 年安全生产工作讲几点意见。

一、安全形势依然严峻

从刚才通报的 10 个组的检查情况来看，我们面临的安全形势依然严峻，从客观方面来看，一是陕西省水利工程建设正处于一个高峰期，涉及范围广、项目多，在建工程点多线长，大家要清醒认识到，当前水利工程建设最为迫切和紧要的问题是，我们还未完全从水利工程建设转入建管并重、更加注重管理上来，安全生产意识相对比较淡漠等现象依然存在。二是 2014 年冬季陕西省的气候异常干燥，进入火灾、爆炸等灾害多发易发时段，保证安全生产的难度越来越大。从主观方面来看，一是对安全生产工作重视不够。各地各单位对安全生产法规政策学习还不够深入，安全生产意识不强，重视不够，没有把安全生产工作放在与日常管理工作同等重要的位置来考虑。二是安全生产责任不够落实。虽然国务院发了有关安全生产工作的意见建议，省上发了安全生产的相关办法，厅里也有相关制度，但从目前的情况来看安全生产责任在有些单位还没有落实。三是现场管理安全监管不力。这是我们出现问题最为突出的地方，监管不力不光是建设单位、监理单位的问题，也有施工主体单位的问题，从我们抽查的情况来看安全监管确实存在较多问题，特别是施工单位和监理单位，其中监理单位“三控制一协调”的责任没有真正落实，只重视工程进度、质量，对安全生产管理投入不足，重视不够。四是隐患排查治理不彻底。隐患排查是消除安全事故的最根本的最基础的重要环节，隐患绝不能单单依靠抽查，应该从基层每个项目、每个细节、每个环节做起对隐患进行排查、拉网式排查，而不是日常督查、检查，隐患排查的责任要落在实处，要有备案，做到防患于未然。五是安全生产制度建设和执行还有待加强。这类问题存在比较普遍，包括应急预案、应急处理和日常安全管理标准等目前还不健全，同时，在安全生产方面出现问题的处理上，没有做到有法必依、处理绝不手软，没有做到对安全生产存在的问题零容忍。

二、下一步要抓的工作

近年来，陕西水利发展步子快、成果大、效果好，备受社会各界肯定和关注。这也对水利安全生产工作提出了更高的要求，同时出现了许多急需研究和解决的新问题，所以必须以高度的警觉，扎实细致的工作，使水利安全生产工作始终保持稳定持续的良好态势。

（一）必须提高水利安全生产认识

我们必须要强化底线意识和红线意识。水利安全生产重于泰山，敬畏生命是每个水利建设者的良知所在。安全生产事关人民生命财产、事关水利发展大局、事关系统的稳定与和谐。以往的经验教训令人心痛、引人发思。回想往事，假如我们的各级领导对安全更重视一些、工作更扎实一些、监管措施更到位一些、追究责任更严厉一些，可能安全生产问题就能避免。厅党组对安全生产工作一直以来非常重视，王锋厅长要求把安全生产作为压倒一切的首要任务抓实抓好，一刻不能马虎大意，时刻保持高度警惕，始终严密防守，做到防患于未然，确保水利工程建设实现安全生产、水利事业实现稳定发展。大家要充分认识到肩负的责任和使命，对安全生产工作常抓不懈，做到对安全工作负责，对事业负责，对自己负责。

（二）必须落实好水利安全监管责任

要认真贯彻执行《安全生产法》和《陕西省安全

生产条例》等法律法规规定，以及省水利厅有关安全生产制度，坚持“管生产必须管安全，谁主管谁负责”的原则，按照监管责任、管理责任和主体责任，强化安全生产责任落实，各单位主要党政领导就是安全生产第一责任人，分管领导负直接领导责任。各单位主要负责人对安全生产工作亲自抓，负总责。厅安监处在厅里是一个组织协调、监督指导检查机构，厅机关相关处室对分管业务范围内的安全生产工作负监管责任，厅直各单位对管辖范围内水利生产和工程建设的安全生产工作负管理责任，在建水利工程项目法人和监理、施工企业对工程建设安全负主体责任。各单位要通过层层签订责任书，将安全生产责任落实到所属单位主要领导、落实到工作部门、落实到具体人员，将工程建设的施工安全主体责任落实到各参建单位。

按照水利厅与省政府签订的安全生产责任书要求，安监处要结合厅直各单位的工作特点，分别拟定安全生产目标任务书，并于3月份以前组织完成签订工作。同时，要指导督促各地各单位与所属企业、单位签订安全生产目标责任书。建管局要按照《陕西省水利厅关于加强全省重点水利工程建设管理的通知》（陕水建发〔2012〕363号）职责分工要求，抓好全省在建重点水利工程的安全责任落实工作。安委会其他成员单位要按照《陕西省水利厅安全生产委员会工作规则》（陕水安监发〔2013〕8号）中的职责分工，结合各自业务督促各地各单位落实相关安全责任。一旦发生生产安全责任事故，将依据安全生产法规规定，对照责任分工追究有关单位有关人员的责任，要做到有法必依、绝不手软。

（三）必须突出重点开展安全生产监管

水利安全生产监管要以在建的重点水源、农田水利、防洪保安、城乡饮水、水土保持、水电、渔业、水库（病险水库）等领域的水利工程建设为重点，以“防坍塌、防火、防中毒”作为在建水利工程施工安全的重点，加强对起重机械、高空作业、临时用电等重点部位和环节的监控，落实各项安全技术措施，对施工现场实施全时段、全过程和全员安全监管，确保施工安全。

厅安委会成员单位要抓好各自分管业务范围内的安全生产监管工作。省水保局负责淤地坝和水保项目的安全监管工作；省建管局负责在建重点水利工程的安全监管工作；厅计划处负责中小河流治理工程安全监管工作；厅农水处负责灌区续建配套和泵站改造工程以及灌区运行的安全监管工作；厅建管处负责“三类人员”考核和水利安全培训工作；省渔业局负责渔业安全监管工作；厅河库处负责病险水库除险加固工程、水库运行、河道采砂、河道建设项目的安全监管工作；厅水电处负责农村水电建设和运行安全监管工作；厅供水处负责县城供水、农村饮水工程建设与运行安全监管工作；厅人事处要把安全生产纳入到对厅直单位及处室考核之中，按要求实施一票否决，真正体现对人员伤亡的零容忍；安监处负责抓好水利安全生产综合监督检查的安排部署，组织进行抽查，原则上要在年初、汛前、冬季各安排一次安全生产大检查；除重点项目外，对市、县也要抽查、检查，特别是要督促市、县对管辖的工程进行全面检查、落实检查责任。安委会各成员单位，要抓好各自业务范围内的安全生产监管工作，做到安全生产工作与日常业务工作同时谋划、同时部署、同时检查，安全生产专项检查每年不少于2次，通过精细化管理和过程控制，切实做好安全生产各项工作。

（四）必须统筹谋划抓好培训宣传工作

培训是提高安全保障能力的有效和重要的手段，省政府对我厅下达的安全生产控制指标中，明确要求在职职工安全培训率必须达到90%以上。因此，安监处和各单位要继续开展好涉安人员培训工作，及时举办水利安全生产培训班，加强对各地、各单位和安委会成员单位的分管领导和工作人员，以及省属在建重点水利工程施工单位项目经理及专职安全员的培训；厅安委会有关单位和厅直单位也要按照90%以上的比例要求，结合业务扎实开展好对职工的安全培训工作，不断提高安全监管人员和企业从业人员的素质和安全监察效能，防止和减少违章指挥、违规作业和违反劳动纪律行为。安全生产宣传工作的好坏，对水利人的安全意识起很大作用，宣传中心要对安全生产工作给予更多关心支持，要不断提高水利人的安全意识、关注意识、工作意识。厅直各单位的领导也要把安全生产宣传工作作为一项重要工作，努力提高行业的安全意识，确保凡参与水利工程建设的同志都树立安全生产意识。

（五）必须提早安排确保节日生产安全

春节将至，有关成员单位要加强办公场所、集体宿舍等人员聚集场所的安全监督管理，检查消防设施、电器设备，严防火灾等事故发生。要加强车辆交通安全管理，做好车辆的安全检查和维护保养，坚决杜绝超速和酒后、疲劳驾驶等行为，严防交通事故发生。春节期间，除公务用车外，车辆必须全部封存。在春节前，有关成员单位要结合各自分管业务，重点开展重点部位、薄弱环节的安全生产检查督查，督促被检查单位及时整改问题，没有停工的在建工程的厅直各单位主要领导同志也要对所管单位开展一次安全生产检查，排查整改隐患，确保度过一个平安祥和的春节。

陕西省水利厅党组成员、副厅长魏小抗同志在全省水文工作会议上的讲话

（2014年4月10日）

在全国水文工作会议和全省水利局长会议结束不久，召开今天这次会议，主要目的就是贯彻落实两个会议精神，凝智聚力，再接再厉做好2014年水文的各项工作。刚才，汉明同志的工作报告很全面，总结2013年工作客观准确，实事求是，分析问题透彻深刻，不遮不掩，安排2014年工作思路清晰，重点突出，具有开拓性，我完全同意。下面，我讲几点意见。

一、认清形势，迎难而上，为全省水利现代化建设提供技术支撑

近年来，全省水文工作按照新时期治水思路，立足于为防汛抗旱减灾、水资源管理和水环境保护服务，通过实施“项目带动”战略，使得全省水文基础设施、水文监测预报水平有了很大的提升，水文发展变化巨大。一是省水文局班子在汉明同志的带领下，围绕全省水利现代化战略目标，明确了业务立局、科技兴局、人才强局、开放办水文的“大水文”发展思路，发展方向更加清晰。二是紧紧抓住了中央加大水利投资和严格水资源管理的重大机遇，加大建设力度，水文基础设施条件进一步改善，水文站网密度显著提高，进一步提高了水文的支撑与服务能力。特别是中小河流水文监测系统建设，三年总投资达4.03亿元，创水文投入历史之最。三是积极发挥防汛减灾的“尖兵”和“耳目”作用，在抗御2013年渭河、汉江超警戒洪水和延安百年不遇的特大暴雨灾害中，广大水文职工以对党、对人民、对事业高度负责的精神，冒着生命危险，战暴雨，测洪峰，用及时准确的雨水情报为防汛指挥决策、水利工程的安全调度和运行提供了重要依据。四是充分发挥自身专业优势，积极开展水资源、水环境、水生态监测评价工作，主动服务重大水利工程建设，实现了全省水文事业发展的重大突破。五是积极贯彻落实党的十八大以来各项规定，践行群众路线，水文局班子团结，职工精神面貌良好，各项工作齐头并进。这一系列成绩的取得，水文局领导班子功不可没，水文局广大职工功不可没，借此机会，我代表省水利厅，向长期奋战在水文战线并作出重要贡献的广大水文干部职工，表示亲切的慰问和衷心的感谢！

在充分肯定取得的成绩的同时，我们更要清醒地认识到当前水文工作面临新形势新要求，推进传统水文向现代水文、社会水文转变的道路上还任重道远。一是随着近年来陕西省“双十双网”水资源配置工程的加速布局和启动建设，全省大水网的格局基本形成，全省供水网络的安全运转和保障对水文服务和监测提出了更高的要求。二是生态文明新战略要求强化水资源管理，2014年水利部等十部门已经全面启动了最严格的水资源管理制度考核工作，这也就要求水文部门必须优质高效完成水资源水环境管理，建立水资源开发利用监测预警机制，为做好这项工作提供优质高效的技术保障。三是受全球气候变化影响，近几年全省气候形势愈发复杂多样，陕北、陕南暴雨干旱时空分布异常，加剧的汛情和旱情远远超出以往的认识，城乡群众生产生活受到较大影响。事实再次告诫我们，一定要站好岗、放好哨，进一步加强江河旱限水位、流量的研究，加大墒情监测，为全省防汛减灾工作提供科学支撑。因此，广大水文干部职工一定要切实增强做好水文工作的责任感、紧迫感，正确对待发展中出现的新情况、新问题，紧紧围绕水利中心工作和经济社会发展需求，以提供决策服务和发展支撑为己任，再接再厉，再添措施，全力推进水文工作再上新台阶。

二、突出重点，夯实责任，全面做好2014年各项水文工作

2014年是全面深化改革的开局之年，也是完成“十二五”规划目标任务的攻坚之年。各级水文部门要结合实际，以深化改革为动力，以促进水利发展为目标，以服务经济社会发展为宗旨，创新思路奋力工作，力争各项工作再创佳绩。

一是以服务防汛抗旱为龙头，不断提高水文测报精度。水文信息是防汛抗旱科学决策的前提和依据，是防灾减灾工作的重要技术支撑。据气象部门预测，2014年汛期主要降雨区仍可能集中在黄河流域，但也有由此转南的趋势，防汛抗旱形势严峻。水文部门要

进一步增强责任意识和服务意识，认真做好2014年防汛抗旱水文测报工作。要扎实做好汛前准备和汛期测报工作，完善测报预案；配合防汛部门积极开展水库信息报送及分析工作；抓紧编制水情预警发布管理办法，及时发布洪水和枯水预警信息。在做好常规测报的同时，积极开展山洪和中小河流监测预警预报、水库洪水预测、土壤墒情监测、江河湖库干旱预警服务，不断提高水文服务区域经济社会发展的水平。

二是以实施最严格的水资源管理制度为主线，强化水资源监督管理。要完善站网设置和机构人员配置，夯实工作基础，提高监测能力，为实行最严格水资源管理制度提供优质服务；准确发布渭河主要来水站月旬径流预报及重点支流预报，为渭河水量统一调度提供可靠的决策依据；积极推进地市行政区界水资源监测断面建设，推进取用水户监测与资料汇交、复核分析工作；完善水功能区水量水质监测站网，逐步建立完善达标评价体系；开展全省重要江河纳污能力核定，提出限制排污总量意见。积极推进重要入河排污口的监测、完善监测方案；加强水资源分析预测工作，开展区域用水总量和排污总量分析评价试点及地下水超采区限采分析预测等工作；加强应对突发性水污染事件的能力，保障群众饮水和水生态安全。

三是以中小河流水文监测系统等项目建设为契机，力求水文基础设施有突破。中小河流水文监测系统投资规模大、建设任务重、管理要求高，对水文发展来说不仅是千载难逢的机遇，更是对水文系统干部职工的重大考验。同志们一定要珍视来之不易的水文重大项目，看到机遇与风险并存、权力与责任共担。严格按行政、技术程序和工作规则办事，最大程度优化建设方案，避免造成不可挽回的重大技术缺陷和行政决策过失。严把工程的招投标环节，对水文项目投标人必须认真审核，对资质不全、建设水平不高或有过不良记录的施工单位坚决杜绝进入。要建立监督检查机制，加强在建项目日常监督管理，及时解决项目推进中出现的问题，确保工程安全、资金安全、干部安全，建好经得起历史和群众检验的精品工程。中小河流水文监测系统项目量大、面广、点多、线长，要抓好实属不易。从目前的实施情况来看，水文局确实抓得好，不光厅党组是满意的，同时也得到上级部门的充分肯定。总的来讲，整个项目前期工作扎实，设计理念超前，建设管理规范，资金使用严格，通过项目的实施，带来的是行业发展，职工生产生活条件得到了改善。

四是以体制机制创新为动力，促进水文事业可持续发展。一要结合事业单位改革，积极推动水文测报方式转变。针对人员严重不足、业务大幅增加情况，从改变传统测报方式上下功夫，建立以计算机广域和局域网络为基础、以数据库为支撑、以自动测报为抓手、以水文巡测为重点的新测报体系。二要着眼水文事业发展需要，开放办水文，建立推进纵向与横向相结合的双重水文管理体制，争取更大投入和支持，更好地为当地政府和经济社会各行业及社会公众服务。要按照水利部的明确要求，加快设立榆林水文局、咸阳水文局，推进双重管理进程。三要加快水文科技创新步伐，有计划地引进高科技的先进测流仪器设备，逐步推广先进的流量、泥沙、水质测验设备，改善工作条件，降低劳动强度。要抓紧续编陕西省水文手册，为水利水电工程规划设计、水资源管理等提供重要基础支撑。

三、加强水文行业自身建设，努力实现风清气正、和谐发展

水文工作是陕西省水利现代化建设的重要环节，事关防汛抗旱工作成败和人民群众生命安全。水文干部职工要按照水利部“大水文”发展思路，紧紧围绕厅党组中心工作，通过持之以恒的拼搏努力，为全省水利发展作出贡献、有所作为。

一要树立现代水文理念引领行业发展。思路决定出路。水文工作要发展，就必须顺应现代水利发展形势，转变工作观念，加快改革步伐。要紧密结合陕西省水利发展构架已经建立、水利现代化建设正当其时的利好形势，进一步树立水文现代化理念，坚定不移推进行业水文向社会水文、传统水文向现代水文转变。要以水利现代化顶层设计为引领，高度重视引进和推广现代化水文新技术、新仪器、新设备，强化能力，规范管理，积极推进陕西省水文现代化进程。

二要加大对水文工作的支持。要进一步增强发展现代水文的责任感和紧迫感，围绕全省水利健康可持续发展，加强组织领导，按区域建立健全水文机构，推行省地水文共建共管，形成覆盖全省的水文水资源监测服务网络。厅直系统有关单位和处室要重视支持水文工作，始终坚持工程带水文的思路，在江河整治、中小河流治理、水资源管理、库区建设、病险水库除险加固、信息化建设等工程建设规划中，统筹考虑水文设施建设与改造，做到同步规划、同步建设、同步发展。

三要多渠道增加水文投入。“十二五”时期是落实中央惠水政策、推进水利提速发展的重要时期，也是水文基础设施建设大投入、大建设的关键时期，我们要牢牢抓住中省加大水利投入的难得机遇，用足用好有关政策措施，积极向水利部、流域机构、各级政府进行汇报，千方百计扩大政策和资金覆盖与支持。水文部门要密切与有关部门的配合协作，多沟通交流，多主动服务，不断扩大水文工作影响力，积极争取各方面的有力支持。

四要狠抓干部职工队伍建设。水文行业是一个清贫、艰苦、默默无闻的行业，水文人肯吃苦、能战斗、善打硬仗，这种优良传统一定要继续保持和发扬，确保水文行业的风清气正、和谐发展。要加强各级班子建设，建立公开公平公正的用人机制，让能干事、肯干事的同志有平台。要以市县正在开展的第二批群众路线教育实践活动为契机，多接地气、多听意见，为职工群众办实事、解难题。要执行中央八项规定和有关要求，全面强化水文廉政风险防控。要坚持“事业发展我发展”，合理合规增加职工收入、改善生活条件。

做好2014年水文工作，使命光荣，任务艰巨，责任重大。让我们以党的十八大和十八届三中全会精神为指导，充分认清水文事业发展面临的新形势、新机遇，坚定信心，鼓足干劲，不断提升水文服务能力与水平，为陕西水利现代化和“三个陕西”建设提供坚实支撑。

陕西省水利厅党组成员、纪检组长张敏同志在全省水利系统党风廉政建设工作视频会议上的讲话

（2014年4月2日）

厅党组决定召开全省水利系统党风廉政建设工作视频会议，主要任务是：贯彻落实中省纪委三次全会、省政府廉政工作会议和全国水利系统党风廉政建设工作会议精神，回顾总结2013年党风廉政建设和反腐败工作，安排部署2014年工作任务。厅党组书记、厅长王锋同志将作重要讲话，我们要认真学习领会，切实抓好落实。下面，我向会议报告工作。

一、2013年反腐倡廉工作回顾

2013年，全省水利系统坚持围绕中心、服务大局的工作理念，认真贯彻落实中、省党风廉政建设和反腐败工作部署要求，深入开展党的群众路线教育实践活动，严格落实八项规定，切实转变作风，全面履行党风廉政建设责任制，强化党员干部教育、管理和监督，推进反腐倡廉各项工作，为水利改革发展提供了有力保障。

（一）扎实开展群众路线教育实践活动，落实中央八项规定，切实转变作风

广泛发动，统一部署，精心组织，深入开展党的群众路线教育实践活动，严格落实中央八项规定精神。一是领导干部带头深入基层一线，征集群众意见建议，查摆纠正“四风”问题，厅党组提出了“想基层、转作风，想群众、解难题，想自己、找差距”的主题和“六突出”、“十不允许”的具体要求，切实纠正形式主义、官僚主义、享乐主义和奢靡之风，保证了教育实践活动扎实有效推进。二是严格落实中央八项规定精神。厅党组细化了24条措施办法，加大宣传教育和监督检查力度，形成了改作风、抓落实、谋发展的良好氛围。通过转变文风会风，合并会议，精简文件，厉行勤俭节约，轻车简从，减少接待并严格控制标准，水利厅机关三公经费支出与2012年相比，公款出国（境）费用下降40%、公车购置及运行费下降30.5%、公务接待费下降45.4%、会议费下降53.1%。对办公用房超标问题、超编超标配备公务用车和借占车辆问题进行专项清理，全部纠正到位。三是严肃工作纪律、转变工作作风。召开厅直系统动员部署大会，集中开展为期一个月的作风纪律教育整顿活动，与落实八项规定、开展群众路线教育实践活动结合起来，作风建设取得明显成效。

（二）加强组织领导，全面落实党风廉政建设责任制

一是抓好工作部署。召开全省水利系统党风廉政建设工作视频会议、厅党组廉政工作专题会议，学习贯彻中、省反腐倡廉有关会议精神，分析水利系统党风廉政建设和反腐败形势，研究具体落实措施，部署安排反腐倡廉建设各项工作。二是细化分解任务，明确目标责任。听取机关各部门意见建议，研究制定了2013年反腐倡廉工作责任分工一览表，把工作任务分解落实到部门和单位，层层签订目标责任书，夯实工作责任。三是加强监督检查，促进“一岗双责”“五个一”有效落实。结合“三位一体”目标责任考核，对厅直系统党风廉政建设责任制落实情况和反腐倡廉工作进展情况进行了半年督导检查、年终检查考核，推动了工作开展和任务落实。

（三）强化教育监督，不断推进领导干部廉洁自律工作

深入开展反腐倡廉教育，强化监督管理，促进干部勤政廉政。一是加强经常性反腐倡廉教育。结合党的群众路线教育实践活动，采取多种形式，扎实开展反腐倡廉宣传教育。在抓好自学、中心组集中学习的基础上，举办了十八大精神学习辅导讲座；组织党员干部到照金、李仪祉纪念馆等地接受传统教育；对市县水利局长进行党风廉政建设和反腐败专题教育辅导；参加关键岗位处长廉政教育培训等，党员干部廉洁从政意识进一步增强。二是强化干部廉洁自律。组织传达学习中央纪委和省纪委关于违反八项规定的典型案例，汲取教训，引以为戒。抓住重要时间节点，重申节假日纪律规定，打招呼、常提醒，加强监督检查，正风肃纪，净化节日风气，防范了违规违纪问题发生。三是推进反腐倡廉制度落实。制定出台了《厅直系统处级主要领导干部述廉评议实施方案》，开展述廉评议工作，积极推行领导干部重大事项报告、任前廉政法

规考试、廉政谈话等制度，强化了领导干部教育、管理和监督。

（四）认真开展监督检查，有序推进专项治理工作

对水利改革发展政策措施贯彻落实情况开展专项监督检查。组织中省投资水利项目稽察8批次99个项目，计划总投资27.96亿元，共发现5大类511个问题，复查存在突出问题项目12个，下发整改通知55份，纠正违规支付资金2289万元。建管部门出台了《水利建设市场主体信用信息管理实施细则》等5个规范性文件，建立水利建设市场主体信用信息管理系统，对认定的39个施工、监理单位不良行为在信用信息管理平台“黑名单”上进行了公示。按照中、省统一部署，集中进行公职人员违规借贷问题专项治理和会员卡、商业预付卡专项清退活动，厅系统78名纪检监察干部、3772名干部职工作出了会员卡、商业预付卡零持有承诺。

（五）重视做好信访办案工作，认真查处违纪违规问题

畅通信访渠道，对群众信访、稽察审计、监督检查中发现违纪违规问题和案件线索，依法依纪调查核实，及时报送调查处理结果，进行警示提醒和诫勉谈话。2013年共受理信访举报件28件（上级转办4件），基本做到件件有回音、事事有着落。对厅系统19个厅直单位、厅机关16个独立核算处室全面进行财务收支审计，对7名领导同志进行了离任经济责任审计，开展了50多条中小河流治理项目竣工决算审计，审减工程投资4000多万元，对审计发现问题组织闭门通报会，督促抓好审计整改工作，对相关人员进行诫勉谈话。

在肯定成绩的同时，我们要清醒地认识到，在当前大规模水利建设中，防范廉政风险的压力大、任务重，监管力量与任务不相适应的矛盾依然突出，水利工程建设领域和重要岗位的腐败问题依然易发多发。2013年媒体公开报道的水利腐败案件涉及37名市县水利局长以及关键岗位领导干部，2013年底到2014年年初水利系统先后有5名厅局级干部被“双规”或接受调查。近年来，陕西省也陆续发生了一些基层水利部门领导因违法违纪被查处和追究的案件，水利系统党风廉政建设形势严峻，任务艰巨。同时，反腐倡廉机制制度创新、方法与手段创新任重道远，教育不到位、制度不落实、监督不严格、执纪不严肃等问题在少数部门和单位还依然存在。对此，我们必须高度重视，采取有力措施，切实加以解决。

二、2014年党风廉政建设和反腐败工作主要任务

2014年水利党风廉政建设的总体要求是，全面贯彻党的十八大、十八届三中全会，中省纪委三次全会、省政府廉政工作会议和全国水利系统党风廉政建设工作会议精神，坚持党要管党、从严治党，进一步加强对反腐倡廉工作的组织领导；深入落实中央八项规定精神，扎实抓好纪律建设，坚持不懈纠正“四风”；始终坚持“重锤敲响鼓”，强化党员干部特别是各级领导干部教育、管理和监督；加强水利资金监管和审计稽察，确保资金使用规范安全高效；加大对违纪违法党员干部审查力度，保持惩治腐败高压态势；抓好反腐倡廉制度创新和落实，完善惩治和预防腐败体系；重视纪检监察队伍建设，全面提高履职能力，为推进陕西水利跨越发展保驾护航。

（一）深入落实中央八项规定精神，强化纪律建设，持之以恒纠正“四风”

全面加强党的纪律建设。严格执行党的政治纪律、组织纪律、工作纪律、财经纪律和生活纪律等各项纪律，坚决克服组织涣散、纪律松弛现象。领导干部要增强党性，正确处理个人与组织的关系，切实遵守党章规定，做到党员个人服从党的组织、少数服从多数、下级服从上级、全党服从中央。严格执行请示报告制度，敢于同违反党纪的行为作斗争，坚决反对消极应付、阳奉阴违，决不允许上有政策、下有对策。

深化作风建设，坚决纠正“四风”。巩固扩大落实中央八项规定精神和群众路线教育实践活动成果，严格落实党政机关厉行节约反对浪费条例，严禁用公款互相宴请、赠送节礼、违规消费；重点纠正领导干部利用婚丧喜庆、乔迁履新、就医出国等名义，收受下属以及有利害关系单位和个人礼金的行为；严肃查处党员领导干部到私人会所活动、变相公款旅游等问题。

加强执纪检查，坚决防止问题反弹。纪检监察部门要把落实中央八项规定精神和作风纪律建设作为监督检查重点，常抓不懈，持之以恒，形成常态。采取明察暗访等形式，强化执纪监督，加大惩戒问责力度，及时查处违纪违规问题，通报典型案件，搞好警示教育。

把加强党的作风建设与加强水利行风建设结合起来，与弘扬水利行业精神结合起来，以良好的党风促政风带行风，严肃查处损害群众利益、影响行业声誉的突出问题，让水利改革发展、民生水利建设成果惠及更多群众。

（二）落实反腐倡廉制度，推进廉政风险防控，完善惩治和预防腐败体系

认真贯彻中省关于强化体制机制创新和制度保障的部署要求，把机制制度创新和落实贯穿于反腐倡廉工作各个环节。切实抓好中央《建立健全惩治和预防腐败体系2013—2017年工作规划》和省委实施办法的落实，促进工作规划各项目标任务顺利实施，健全完

善以制度为支撑的惩治和预防腐败体系。

继续深入推进廉政风险防控工作。各级各单位要认真贯彻执行水利部《廉政风险防控手册》，结合形势任务、工作实际和业务特点，拓展防控领域，深化廉政风险点排查，细化工作流程，完善防控措施，努力构建覆盖所有水利业务管理领域的廉政风险防控体系，建立健全风险预警、纠错整改、内外监督、考核评价和责任追究机制，完善党务、政务和办事公开制度，促使权力规范、廉洁、高效运行。

进一步提高制度执行力，切实做到用制度管权、管钱、管事、管人。认真落实省纪委反腐倡廉有关制度，加大党风廉政建设责任制工作报告、领导干部任前廉政法规考试、公务接待廉政灶、向重大建设项目派出监督检查组等制度落实力度，扎实开展厅直系统主要领导干部述廉评议工作。结合实际，积极开展反腐倡廉方式方法、措施手段创新，并将成熟规范的做法上升到制度层面加以固化。不断完善议事规则、规范决策程序，提高水利工程建设、资金资产、干部人事管理等领域和重点环节监督制度落实力度，管住根本、管住过程、管住重点、管住热点，充分发挥制度反腐的综合效用。

（三）加大查办违纪违法案件工作力度，以零容忍的态度，保持惩治腐败高压态势

查办违法违纪案件是惩治腐败最直接最有效的手段，也是从严治党的重要体现。要把惩治腐败作为重要任务、放在突出位置，加大查办案件工作力度，坚决遏制腐败的滋生和蔓延。

坚持有案必查、有腐必惩、违纪必究。要依纪依法查处和整治各类违法违纪行为，特别是发生在领导机关和领导干部、重点领域和关键岗位的腐败案件，严肃查处滥用职权、贪污贿赂、失职渎职等案件，严肃查办发生在工程建设领域、资金资产管理领域、干部人事领域的案件，严肃查办领导干部利用行政审批权、资金分配权等权力牟取私利、插手干预工程建设项目牟取私利的案件，严肃查处侵害群众利益和发生在群众身边的腐败案件。严格审查和处置党员干部违反党纪政纪、涉嫌违法的行为。坚决克服怕得罪人、不愿办案、不敢办案的思想，严禁瞒案不报、压案不查，严禁跑风漏气、以案谋私。

加强对群众信访举报线索的受理工作。畅通和拓宽案件线索来源渠道，注意从财务审计、项目稽查、监督检查、执法监察等渠道发现案件线索，从工程质量和安全事故背后查找案件线索。凡是有具体线索的，都要认真核查，优先办理实名举报。

坚持抓早抓小，防微杜渐。对信访举报反映党员干部的苗头性问题特别是“四风”方面的问题，要早发现、早处置，通过谈话、函询等方式，及时了解、提醒、批评，防止小问题演变成大问题。

（四）坚持“重锤敲响鼓”，强化教育监督，促使领导干部正确行使权力

坚持把对党员干部的教育、管理和监督作为经常性、基础性工作常抓不懈，促进干部廉洁自律。深入开展理想信念和宗旨教育，加强党的纪律、廉政法规、岗位廉政、廉洁自律教育，开展经常性的警示教育，筑牢党员干部特别是各级领导干部拒腐防变的思想道德防线。厅党组决定从3月初开始进行为期一个月的反腐倡廉法规学习教育月活动并做了具体安排，各单位要采取集中学习、知识竞赛、统一考试等形式，不断深化学习效果。要充分发挥互联网等新型媒体的宣传效果，增强教育的针对性和实效性。推进水利廉政文化建设，积极宣传反腐倡廉重大部署、工作成果以及勤廉兼优的先进典型，营造以廉为荣、以贪为耻的浓厚氛围。

不断完善监督机制。认真落实党内监督各项制度，强化对权力运行的制约和监督，加强对领导干部特别是主要领导干部的监督。严肃党内政治生活，开展经常性的批评和自我批评。要充分发挥法律监督、民主监督、舆论监督和群众监督作用，形成监督合力，加大问责力度，坚决追究失职渎职行为。

加大水利建设市场监管力度。实行建设项目信息公示制，严格落实项目法人责任制，强化招标投标行政监督。继续健全完善水利建设市场主体信用信息库、信用评价、信用奖惩机制。要强化水利资金监管，加强项目稽察和审计监督，进一步发挥稽察审计预防、查错、纠弊的功能，确保资金使用安全高效。要加强和改进监督检查，按照“谁主管谁对纠正整改监督检查发现的问题负责”和“谁检查谁对监督检查的结论负责”的原则，建立监督检查责任追究机制，切实提高监督检查的科学性和有效性。

（五）深入调查研究，提高工作针对性，着力加强水利基层党风廉政建设

当前，90%以上的工程建设项目和建设资金管理责任主体都在基层单位，少数水利基层单位存在着制度不健全、管理不规范、监管不力等问题，一些腐败问题时有发生，加强水利基层党风廉政建设刻不容缓。水利部就加强水利基层单位党风廉政建设提出了明确要求，我们要切实抓好学习贯彻，结合陕西水利实际，强化责任落实，形成一级抓一级、层层抓落实的工作格局。一是深入开展调查研究。按照厅党组部署，2014年上半年将对全省水利基层单位党风廉政建设有关问题组织开展调研，了解把握基层现状，剖析存在的突出问题，研究制定切实可行的办法措施。二是进一步落实基层水利单位领导班子及成员的党风廉政建设责任，要强化“第一责任人”意识，做到重要工作亲自部署、重大问题亲自过问、重点环节亲自协调、重要案件亲自督办，以身作则、身体力行，管好班子、带好队伍。三是继续深化水利管理体制改革，落实监管责任。进一步简政放权，规范行政审批，健全资金管理制度，规范水利工程建设管理，加强水利建设市场诚信体系建设。按照分级管理的原则，落实“三重一大”民主决策制度和请示报告制度，加强对基层单位干部人事、财务管理等重要岗位以及招标投标、物资采购、资金拨付、项目验收等关键环节的监管，深化水利工程建设领域专项治理，防范违规违纪和腐败问题的发生。四是加强基层纪检监察队伍建设。县级水利部门和厅直单位要进一步健全纪检监察机构，设立专（兼）职纪检监察干部，加强综合业务培训和岗位锻炼，全面提升能力素质，充分发挥基层水利单位纪检监察执纪监督职能作用。

（六）全面落实“转职能、转方式、转作风”要求，进一步加强纪检监察自身建设，提高履职能力和水平

全省水利系统各级纪检监察机构和广大纪检监察干部要适应新形势、新任务要求，聚焦党风廉政建设和反腐败斗争主业，进一步增强责任感、使命感，坚守责任担当，求真务实，真抓实干。要坚定理想信念，加强党性锻炼，增强“三个自信”，牢固树立群众观点，带头改进作风，深入基层，深入群众，掌握第一手情况，做到严谨细致、严肃认真。要牢固树立执纪者更要带头遵守纪律、监督者更要自觉接受监督的意识，主动接受各方面监督，树立忠诚可靠、服务人民、刚直不阿、秉公执纪的良好形象。

纪检监察机构要坚决落实转职能、转方式、转作风要求，改进方式方法，坚决落实纪委的监督责任。转职能——依据党章和行政监察法，厘清职责权限，不再过多介入监督对象的具体监管行为，突出抓好主业，做到不越位、不缺位、不错位。转方式——坚持以发现和查处腐败问题为主，突出执纪监督和问责追究，加大查办案件力度，强化对监管者的监督，减少对监督对象工作过程的常规性检查，加强针对反映问题的专案检查，注重发现案源线索，有针对性地查处腐败。转作风——带头纠正“四风”，坚决纠正作风漂浮、软弱涣散、精神懈怠、无所作为等不良作风，防止跑风漏气、执纪不严、滥用职权等问题发生。要加强调查研究，善于从调查研究中发现问题、分析问题，探索解决问题的方法，提升解决问题的能力。善于总结发现基层经验，培育先进典型，宣传推广，以点带面，推动全局。

加强监督管理，强化基础工作。信任不能代替监督。对纪检监察干部要严格要求、严格教育、严格管理、严格监督。在深入调研、健全机构、充实人员的基础上，强化对厅直系统纪检监察干部的业务培训，提高履职能力和执纪监督水平。纪检监察干部要积极投身全省开展的严明党的组织纪律主题教育活动，提高纪律意识，严守工作纪律，规范工作流程和标准，严格按程序和规矩办事。

三、加强对党风廉政建设的组织领导，着力构建上下联动、齐抓共管的反腐倡廉工作格局

认真落实“两个责任”。中、省纪委三次全会强调，要全面落实党委在党风廉政建设中的主体责任和纪委的监督责任。各级党委特别是主要负责同志要牢固树立不抓党风廉政建设就是严重失职的意识，领导和支持纪检监察机构履职尽责开展工作。纪检监察组织要切实履行好监督责任，聚焦主业、强化执纪，主要做好四个方面工作：协助党组织加强党风廉政建设和组织协调反腐败工作；督促检查相关部门落实惩防工作任务；经常进行检查监督；严肃查处腐败问题。围绕履行监督职责情况，将对厅直系统纪检监察主要负责人进行约谈，进一步把握情况、推进工作。

全面落实党风廉政建设责任制。全省水利系统各级领导班子要切实加强对党风廉政建设和反腐败工作的组织领导，主要领导要担负起第一责任人的政治职责，常抓常议、警钟长鸣，真正做到业务工作与党风廉政建设工作一起部署、一起落实、一起检查、一起考核。要加大责任追究力度，发现对党风廉政建设领导不力、造成不良影响的，对本部门本单位发生严重违纪违法问题隐瞒不报的，疏于监督管理、致使班子成员或直接管辖的下属发生严重违纪违法问题的，既要严格追究领导班子和领导干部的主体责任，又要追究纪检监察机构的监督责任。

进一步形成反腐倡廉的强大合力。党风廉政建设和反腐败工作是一项系统工作，在强化“两个责任”的同时，也要明确相关部门的具体职责，整合资源力量，形成工作合力。全省水利系统各级纪检监察机构既要协助党组织加强党风廉政建设、组织协调反腐败工作，又要督促检查相关部门落实惩治和预防腐败工作任务。财务审计、项目稽察、安监质监等部门要发挥各自优势，加强协作沟通、情况通报和信息交流，形成规范有序、整体联动的工作模式。要进一步健全各级水利部门与同级监督部门联合检查机制，加强各层面的协调配合，推进党风廉政建设和反腐败工作持续有效开展。

推进全省水利系统党风廉政建设和反腐败工作，责任重大，使命光荣。让我们在省纪委和水利厅党组的坚强领导下，振奋精神、凝心聚力，开拓进取、真抓实干，为实现陕西水利新跨越，建设富裕陕西、和谐陕西、美丽陕西作出新的更大贡献！

陕西省水利厅党组成员、副厅长席跟战同志在全省重点水利工程建设管理工作会上的讲话

（2014年4月29日）

刚才，雷春荣局长作了一个很好的报告，全面总结了2013年度全省重点项目建设情况，对2014年建设工作特别是开展精细化管理年活动进行了安排部署，我完全同意。近几年，关于建设管理陆续开了很多专题会议，2013年上半年在王圪堵召开了重点项目建设推进会，下半年在李家河召开了严格建设管理现场会，2014年在全省水利厅局长会议上又就提升建设管理水平作了专题发言，如何加强建设管理讲了很多，在座的各位都是行家里手，想必已经很熟悉了，这次就不再多讲建设管理工作了。下面，结合会议主题和当前形势，我讲几点意见。

一、认真组织安排，确保实现活动预期目的

“天下之事，必做于细，而成于精”。精细化管理是源于发达国家的一种先进管理理念，是在现有资源的基础上通过深化管理、内部挖潜、堵塞漏洞等措施，向管理要质量、向管理要效益，是从粗放型管理向集约化管理转变的重要途径，是实现效益最大化的有力手段。从了解和掌握的情况来看，尽管近年来我们做了很多工作，采取了很多措施，也取得了一定成效，但建设管理仍然比较粗放，还达不到严格、规范、精细的要求，比如有的项目前期勘查测量深度不够，建设过程中不得不多次进行设计变更；有的项目未严格按照批复组织建设，建成后达不到预期效果；有的项目对关键环节和重要部位施工监督不严，建设质量和安全存在隐患；有的项目随意列支建设成本和管理费用，各项支出严重超概算。针对这些问题，2014年省建管局提出在全省重点水利工程建设中开展“精细化管理年”活动，很及时，也很必要。

各参建单位要从“四个安全”的高度来认识和对待这项活动，周密安排，精心组织，扎扎实实完成好各个阶段的工作任务，真正实现预期目的。一要加强组织领导。各项目法人和设计、建设、施工、监理、检测单位主要负责同志要亲自抓，成立领导小组，制定实施方案，明确目标任务，落实工作责任，做到目标清、措施实、要求严，确保这项活动有力有序开展。二要全员共同参与。重大项目建设涉及的每个单位、每个部门、每个人作为这次活动主体，都要积极投入到活动中去，紧紧围绕本职工作，规范操作流程，严格工作程序，夯实管理责任，做到精益求精、更优更好，使建设管理的每一个环节都达到精细化的要求。三要注重实际效果。通过这次活动开展，要达到三个方面的效果：一是查漏补缺、固强补弱，切实解决当前建设管理中存在的问题。二是认真总结、改进提高，在管理和制度层面形成一套系统成果，建立健全长效工作机制，全面提升建设管理水平。三是广泛宣传、大力提倡，使精细化管理理念深入人心，从上到下形成守规矩讲程序、重效益讲效率的良好管理氛围，把精细化管理变成一项长期性、经常化工作。建管局要将活动开展情况作为“仪祉杯”劳动竞赛评选的重要内容，并纳入年度目标考核范围。

二、扭住重点工作，圆满完成全年目标任务

2014年是实施“十二五”水利规划的重要一年，也是推进重点水利项目建设的关键一年，刚才雷局长在报告中提出了全省十大重点项目的量化考核指标，各建设单位要对这些考核指标进行细化分解，明确时间节点，倒排建设工期，在确保质量和安全的前提下，想方设法推进建设进度，特别是要突出抓好制约项目进展的重点和难点问题，高质量、高标准完成年度各项目标任务。

渭河综合整治工程要以年底全线贯通为目标，尽快解决制约工程进度的土地占用和资金短缺问题，高标准施工完成200km堤顶道路硬化、堤防绿化工程以及26座入渭口交通桥。

引汉济渭工程要按照2017年引水进关中总体目标，统筹规划安排，在持续推进建设进度的同时，着重抓好环境影响评价、土地预评审等前期工作。

引红济石工程要着重做好穿越F27断层带施工技术方案论证评审，尽快确定实施方案，使工程取得突破性进展。

西安李家河水库要按照年底大坝主体完工的目标，

组织相关单位，尽快研究制定右坝肩 F1 断层带处理方案。

咸阳亭口水库要优化施工组织设计，做好坝基截渗处理，提速工程建设。

榆林王圪堵水库要加快项目调概步伐，落实建设资金，推进移民安置工作进度，做好工程验收和运行前各项准备工作。

延安南沟门水库要继续加快大坝施工，抓好质量控制，适时开工管理设施建设。

安康东坝防洪工程要全力做好移民征迁，尽快合龙Ⅳ标段堤防，同时加快防洪泵站建设和其他扫尾工作。

铜川龙潭水库要尽快确定建设主体，履行好建设管理责任，使工程尽早实质性开工建设。

延安引黄工程 2014 年全面启动，从一开始就要按照精细化管理的要求，健全制度规定，规范工作流程，明确管理职责，为工程建设开好头、起好步。

三、严格资金管理，有效促进党风廉政建设

在前不久召开的全省水利局长会议和全省党风廉政建设会议上，厅党组、驻厅纪检组先后两次重点强调了党风廉政建设，这次会议再次把党风廉政建设作为一个重点来强调，是因为当前我们水利行业党风廉政建设面临非常严峻的形势：十八大以来，中央强力推进党风廉政建设，下大力气查处腐败问题，一些行业领域的“老虎”“苍蝇”不断被揪出，水利行业也不例外，2013 年全国水利系统有 129 名干部被查处、42 人被追究刑事责任，2013 年媒体公开报道的水利腐败案件涉及 37 名市县水利局局长及关键岗位领导干部，这些都是前车之鉴。各单位务必吸取教训，引以为戒。咱们十大重点项目作为全省水利的骨干和支撑，代表着水利行业形象，在党风廉政建设方面绝不能出问题，也不敢出问题。

十大重点项目投资量大集中，抓党风廉政建设的关键和重点是保障资金安全，各单位要深刻认识到这一点，在内部管理方面狠下功夫，持之以恒地严格资金使用，坚持不懈地推进长效预防机制，确保资金安全这条“红线”和“高压线”不被突破，确保在党风廉政建设方面不出问题。一要严格制度执行。要结合新形势新要求，健全完善管理制度，使资金管理有章可循，同时要强化制度执行力，把各项制度规定执行到位，确保管理行为合法合规、不出问题。二要严格程序控制。要严格执行财务审批、资金拨付、合同履行、价款结算、费用报销以及政府采购等资金程序，充分发挥程序的约束和控制作用，有效防止基建资金胡支乱花和管理费用超支。三要夯实管理责任。要认真执行资金管理“一把手负责制”，明确分管领导和具体人员，落实各自责任。要严格责任追究，任何环节、任何人在资金方面出了问题，都要一查到底，追究相应责任，绝不能姑息迁就。

四、转变工作作风，全力服务水利项目建设

2014 年是中央全面深化改革的起步之年，水利改革发展也必将提速推进，重点水利项目作为水利行业的排头兵，应该也必须在建设进度、质量和管理各个方面走在全省前列，重点项目涉及的省、市、县各部门、各单位要牢固树立“一盘棋”思想，紧紧围绕项目建设，上下联动，紧密配合，在转变作风中求突破，在管理创新上见效益，努力推动重点项目建设取得新进展。

厅规计处、财审处、建管处、稽察办、质监站等有关处室要将重点项目建设摆在优先位置，根据各自职责，积极主动地配合做好规划设计、计划审批、招标投标、资金筹措、建设管理等各项工作，时时刻刻为项目建设着想，急事急办、特事特办，切实提高工作效率和效能，为重点项目建设提供有力支持。

建管局代表省水利厅履行全省十大重点项目监管职责，要把确保项目“四个安全”作为头等大事来抓，积极开展监督检查，分析研究和解决存在的问题，为项目建设排忧解难。要经常性深入建设一线，进行调查研究，及时总结建设管理中取得的好经验和好做法，向省委省政府和厅党组汇报，在全省范围宣传推广。

各参建单位要以市县正在开展的第二批党的群众路线教育实践活动为契机，把建好工程、惠及群众作为践行群众路线的实际行动。项目法人作为建设主体，要认真落实项目建设全过程的管理责任，积极做好沟通协调工作，充分发挥枢纽核心作用。施工单位要以扎实务实的作风推进项目建设，铸造“精品工程”“优良工程”，确保项目建成后经得起历史检验。监理单位要以高度负责的精神履行好监督职责，关键环节和重要部位要必须做到旁站监理，对质量和安全问题要坚持原则、敢于碰硬。质量检测要做好施工单位自检、监理单位抽检和第三方检测，不合规范、达不到标准决不放过，切实保证工程质量。

同志们，当前水利改革发展对建设管理工作提出了更高更严格的要求，让我们在厅党组的坚强领导下，理清思路，明确目标，齐心协力，攻坚克难，以实实在在的建设成效回馈省委省政府的重托和人民群众的期盼。

陕西省水利厅总工程师王建杰同志在全省中小河流治理现场工作会议上的讲话

（2014年3月25日）

中小河流治理已经进入到大规模建设的攻坚阶段。国家对中小河流治理的重视程度前所未有，治理规模及投资强度都达到历史最高水平。陕西省紧紧抓住这千载难逢的机遇，积极争取，2013—2015年治理河流数、项目数、投资数均有大幅增长，成果喜人，但压力也很大，按照会议安排，我就中小河流治理前期工作讲几点意见：

一、中小河流治理前期工作回顾

陕西省中小河流治理前期工作主要分两个阶段：第一阶段是2009—2012年近期治理规划阶段。启动实施了56条河流的81个项目，综合治理河长898.84km，投资17.05亿元。这些项目从前期效果和后续稽查反映出的问题来看，初步设计深度不够，进度缓慢滞后，设计质量有待提高等，导致陕西省整体建设进度缓慢，难以适应大规模高标准建设的要求。第二阶段是2013—2015年规划阶段。陕西省共有135条河流的250个项目列入规划，规划投资54.3亿元（不含移民占地投资）。根据新规划项目量大、面广、工期紧、任务重的特点，结合试点项目和后续项目的勘察设计情况，我们将2013—2015年规划项目进行勘察设计"打捆"，通过招标竞争方式选择水平、资质比较高的勘察设计总承包单位，牵头组成勘察设计团队，通过大手拉小手帮扶带，实行统一勘察、统一设计的新机制。截至2013年底，共完成初步设计200个，完成审查190个，预计2014年3月底前可完成2013年尾留项目审批。从2012年至今新机制的运行情况来看，总设和参设单位都付出了辛勤努力，水利厅及时指导，与勘设单位一起想尽了各种办法，进度基本满足总体要求，达到了预期效果，顺利完成了与省委省政府签订的目标任务。目前，中小河流治理前期工作已经到了最后冲刺阶段，剩余项目的查勘和初步设计工作已经启动。

二、中小河流治理前期工作存在的问题

虽然新的设计总承包管理机制运行情况总体向好，但是面对量大面广的设计任务和高强度的建设需求，执行过程中前期工作也暴露出诸多问题。主要表现在以下方面：

一是前期工作进度滞后。从过去的两年中小河流治理前期工作各环节运行情况来看，前期工作滞后的主要集中在设计修改阶段。原因是：一方面，由于设计单位设计任务繁多，在比较短的时间内，设计人员往往兼职其他设计项目而不能专职于中小河流设计，加之设计工作量大、时间紧，设计质量控制体系执行不到位，内审缺失，把关不严，造成设计质量下降，从而使咨询修改和审查修改工作量很大。另一方面，一些项目所在市县行政干预太多，在段落、标准、工程结构形式和拆迁占地等方面意见与技术方案不统一，反复沟通和协调的时间较长，影响了设计修改进度。

二是前期工作质量有待提高。影响设计质量主要体现在以下几方面：虽然对现场查勘工作水利厅提出明确要求，但对项目现场查勘结果的确定执行不到位，而且存在缺乏对河流的水文、气象、洪水、地质等资料的搜集、整理；洪水调查、料场调查不够详尽；对河流治理总体规划方案和不同河段治理方案的协调不够；针对河流水沙特性和设防对象河流冲淤演变及河势变化、行洪宽度、河堤形式等分析论证深度和比选不到位。

三是治河理念有待创新。一些项目为了眼前利益，使圈河造地、侵占河道现象严重，破坏了河道的自然形态；一些项目的河道堤岸防护形式单一，与两岸和区域的生态环境极不相称，没有从水生态文明建设的高度去认识和解决河湖治理问题。

四是设计变更太多。有些建设单位以征地拆迁难、领导意见变化等为借口，没有设计单位意见和征得批复部门同意，在招投标前或建设过程中随意变更工程实施范围、调整工程规模和内容、改变布置和结构形式等，有的虽与设计单位有沟通，但在未完成相关程序的时候就开始动工实施，造成生米煮成熟饭的局面。在竣工决算和竣工验收的时候才匆匆想起补办变更手续，导致前期工作处于被动应付的低效率反复之中。

同志们，加快中小河流治理是贯彻落实中央决策

部署的重要任务，是保障和改善民生的必然要求，是完善防洪减灾体系的迫切需要，是对我们各级水利部门的重大考验。而项目前期工作是一切工作之首，必须把思想统一到中小河流治理工作的一系列决策部署上来，充分认清加快中小河流前期工作的重要意义，切实增强加快中小河流治理的紧迫感、责任感和使命感，把行动落实到设计技术工作的各个环节中去，花大气力，下真功夫，为确保2015年中小河流治理项目全面建成创造条件。为此，我提几点要求：

一、倒排工期，节点控制，切实加快中小河流设计进度

省水电设计院要进一步完善设计总承包机制，充分发挥设计领头羊、排头兵作用和技术实力，整合院里现有资源，集中优势兵力，优化工作流程，提高设计效率和工作质量，确保目标任务全面完成。同时厅里支持总设计单位对审查中屡次出现质量不高、延误进度的协作单位，剔除出中小河流设计队伍。对完成设计的项目力争在3月底按照审查意见修改补充到位。剩余所有项目要在4月底前完成实地查勘，6月底前完成设计成果出案并及时修改完善到位。省水电设计院要根据以上节点，拿出所有未审批项目的进度安排表，倒排工期，细化节点，分工到人，夯实责任。参与咨询的单位要提前介入，参与省水电设计院的方案讨论，同时也要有自己相应的进度安排表，落实责任。要根据设计进展情况及时组织，排除干扰，集中咨询，集中审查，限时修改出案。只要我们心往一处想，劲往一处使，我相信我们一定能完成这一光荣任务。

二、通力合作，高效运转，切实提高中小河流前期工作效率

中小河流项目虽小，但时间紧、任务重、强度大、要求高，这就要求我们参与中小河流项目各个部门、各个单位要加大配合协调力度，密切合作，步调一致，各负其责，无缝衔接，形成合力，高效运转，限时审批。

规计处作为中小河流项目总牵头部门，要牵好头，服好务，深入到前期工作的各个环节，发现问题，及时协调，及时解决。总工办要做好技术支撑和技术把关工作，充分依靠好、发挥好专家的作用，迅速有效地收集整理好专家意见，做好反馈工作。这里要强调一点：技术咨询和技术审查，当天要消化整理好专家意见，形成书面咨询和审查意见。设计单位内部也应该加强组织协调和沟通，减少管理环节和各专业流转时间。过去审查的项目中，存在个别项目的设计修改时间长达四五个月，除了设计单位的因素外，还应反思，如咨询、审查和其他环节，是否存在沟通、衔接不到位的问题。对于确属协作单位设计水平的问题，省水电设计院要快刀斩乱麻，立刻接管项目，对于其他因素迟迟修改不到位的，厅里规计、总办、咨询等部门要好好研究下，看是哪个环节的问题，提出相应的改进措施，提高工作效率。

另外，最重要的是勘察设计过程中要做好与项目所在市县水利部门的沟通衔接。需要强调的是项目实施必须依据治理规划，经主管部门、设计单位以及项目法人等方面共同确认后，不允许出现重大方案调整和重大设计变更现象发生。

三、精心组织，科学规范，全力抓好前期工作质量

我们初步设计中是有工期紧、任务重、资金下达快倒逼的客观实际，但不应成为我们设计质量不高或者不切合实际造成频繁变更的理由。中央非常重视中小河流治理前期工作质量问题，根据中小河流治理目前普遍存在的问题，为了进一步提高中小河流治理勘察设计质量，加强项目前期工作管理，水利部印发了《关于进一步提高中小河流治理勘察设计工作质量的意见》（以下简称《意见》）。首先，参与中小河流治理的各单位、各部门和设计单位要切实贯彻落实《意见》精神，认真排查和整改那些存在着前期工作质量影响工程质量、安全和效益发挥的问题项目，如已建成的，则尽快采取补救措施；在建的，则采取有效措施予以妥善处理；正在开展前期工作的，应尽快优化设计方案，避免带病审批。其次，各单位和各部门在项目前期工作过程中，要按照总体规划、分步实施、突出重点、科学防治的原则，树立以人为本、因害设防、防治结合、以防为主的治理理念，合理确定治理范围、防洪标准和建设任务；统筹协调好上下游、左右岸、干支流、区域和流域的关系，优先治理人口集中、洪水威胁大、洪涝灾害易发、保护对象重要、治理成效突出的河段；要加强整治河宽和堤距的分析论证，因地制宜，因势利导，科学确定治导线布置方案，尽量保持河道的自然形态，保持河势稳定及河道冲淤平衡；设计单位要更新治河理念，重视生态环境建设，在保障防洪安全的前提下，优先考虑生态治理措施，优先选择经济环保的建筑材料，促进人水和谐；第三，要加强基础资料的收集和分析工作，加强现场测量勘察和技术方案论证，要落实前期工作责任制，保证设计内容和深度要求，尽快拿出成熟的初步设计成果，为各项工作顺利推进奠定基础。第四，完善设计成果质量评价体系。每个项目即将竣工验收时，我们将发放“中小河流治理项目勘察设计质量评价表”，要求项目法人对设计成果和服务质量进行评价打分。结果将作为考核依据，与支付勘察设计费数额挂钩。第五，

2013—2015年中小河流治理前期工作已近尾声，参与各方为此均做出大量工作和努力，成效显著，也有许多经验和教训，需要认真总结，请有关单位和部门在完成现有治理项目任务的前提下，精心组织，抽调人员对前期工作认真回顾总结。

四、规范出案成果，积极主动，提供优质设代服务

初步设计审批后，设计单位要认真履行合同要求的职责和义务，按照工程整体施工安排，及时提供正规的施工图纸，并进行必要的技术交底，确保施工质量和进度要求。另外，设计单位要重视现场服务工作，中小河流治理工作点多面广线长，针对这一特殊情况，设计单位要提出切实可行的服务体系，确保及时周到、优质服务。我们已经在省水利厅网站上中小河流治理专栏内将每一个项目的设计代表姓名、电话进行公示，建设单位在项目实施过程中有技术问题和难点应及时联系与设计单位解决。设计单位会在最短时间内积极响应，到现场提供有效服务。厅规计处、总工办也提供服务热线，参建各方有什么问题，可以反映，他们会第一时间予以答复解决。陕西省推出勘察设计总承包机制，主要目的是提高设计力量和设计水平，这一举措受到水利部的表扬，我们必须要继续深化这一机制，共同为这一机制的良性运转献智献策、共同维护好这个创新点。

同志们，中小河流治理工程是倍受中省及社会各界高度关注的重大民生项目，前期工作又是首当其冲的重点和难点工作，前期工作的好坏直接关系到这一民生工程的成败，让我们凝心聚力，真抓实干，攻坚克难，科学严谨，细致入微，保质保量地做好中小河流治理前期工作，为2015年全面完成治理任务奠定一个坚实的基础！

陕西省水利厅总规划师黄兴国同志在全省水利规划计划工作暨水利发展“十三五”规划编制工作视频会议上的讲话

（2014 年 5 月 15 日）

近期，国家发改委和水利部先后就“十三五”规划编制工作进行了安排部署，管黎宏副厅长 5 月 6 日在全国水利发展“十三五”规划编制工作视频会后，也就做好陕西省水利发展“十三五”规划编制工作提出了明确要求。下面，我结合中省要求，对陕西省水利发展“十三五”规划编制工作安排谈几点意见。

一、充分认识“十三五”编制工作的重大意义

“十三五”是陕西省全面建成小康社会、加快“三个陕西”建设的关键时期，也是全面深化水利改革、加快水利现代化步伐的重要战略机遇期，科学编制好水利发展“十三五”规划，对于完善水利基础设施体系、深化水利改革、强化水利管理、全面提升水安全保障能力具有重大意义。

（一）做好“十三五”规划编制对全面推进“三个陕西”建设至关重要

省十二届四次全会作出了建设“富裕陕西、和谐陕西、美丽陕西”的重大决定，既对全面加快水利改革发展提出了更高要求，也对进一步深化水利改革、不断拓宽水利发展领域带来了重大历史机遇。因此，“十三五”既是陕西省加快建设“三个陕西”和实现“陕西梦”的关键时期，也是推进水利改革发展的重要战略机遇期。面对这一重大历史机遇，我们要清晰看到陕西省水利发展的短板，着力破解体制机制瓶颈制约，科学谋划陕西省“十三五”水利发展的基本思路、目标任务和战略布局，编制出适应时代发展要求、符合水利发展实际的规划，进一步完善水利保障体系，支撑“三个陕西”建设全面推进。

（二）做好“十三五”规划编制对促进陕西省水利改革工作至关重要

目前，陕西省水利发展存在着工程建设管理体制单一、筹融资机制不活、水价与市场脱节、市场在水资源配置中的作用未充分体现等问题，这些问题已严重制约了陕西省水利持续健康发展。按照十八届三中全会《关于深化改革若干重大问题的决定》和水利部《关于深化水利改革的指导意见》要求，“十三五”规划必须对深化水利改革作出全面部署，破解瓶颈制约，释放改革红利，为加快推进陕西省水利发展增添活力。

（三）做好“十三五”规划编制对加快推进陕西省水利现代化建设至关重要

陕西省水利现代化规划纲要明确提出了 2020 年部分地区和部分领域率先实现现代化，2030 年全省水利基本实现现代化的目标任务。随着渭河汉江整治、引汉济渭、东庄水库、陕北引黄等“十大工程”全面部署实施，一个纵跨南北、横贯东西、覆盖全省、支撑陕西长远发展的现代化水利基本构架已基本形成。“十三五”是推进陕西省水利现代化进程的关键时期，做好“十三五”规划，就是要围绕水利现代化目标，努力夯实水利现代化基础，把水利现代化的目标和任务落到实处，为 2020 年实现水利现代化的阶段目标提供保障。

二、做好“十三五”规划编制工作要把握好几个重点

编制“十三五”规划，要深刻领会党的十八大提出的经济、政治、文化、社会和生态文明建设五位一体总布局的科学内涵和全面建成小康社会对水利工作的根本要求，深入贯彻落实中央和陕西省的系统治水思路，围绕陕西省全面建成小康社会和建设“三个陕西”的目标要求，努力破解事关全局和长远发展的重大水问题，全面提高陕西省农业灌溉、城乡供水、防汛抗旱、水生态环境的安全保障能力，坚持与时俱进、改革创新，坚持系统谋划、突出重点，科学设定规划目标指标，通盘考虑重大水利工程建设，正确处理政府与市场的关系、全省与地方的关系、发展与改革的关系，坚持开放、民主编制规划。

规划编制中要努力把握好几项重点：第一，要站在全局、战略的新高度着力推动治水思路转变。要把习近平总书记提出的“节水优先、空间均衡、系统治理、两手发力”的保障水安全的基本思路，切实贯彻

落实到陕西省水利发展“十三五”规划编制工作中，体现在规划的指导思想和总体思路上。规划要体现新思路，项目筹划要有新举措。第二，要以国情、省情和水情为基础科学合理的确定规划目标指标。要认真评估“十二五”水利发展规划的实施情况，针对陕西省不同地区的发展要求和水资源、水环境承载能力的基本约束，坚决贯彻以水定产、以水定人、以水定城发展理念，把节约用水放在突出优先的位置，因地制宜制定差别化的发展目标，科学合理制定约束性的发展指标，提高规划刚性约束力。第三，要突现水资源管理、节约、保护目标着力解决水利发展面临的新问题。以生态文明为主要内容的五位一体总布局和最严格的水资源管理制度对水资源管理工作提出了新要求，陕西省水资源短缺，分布不均，再加之一些地区水资源过度开发利用，导致江河湖库生态水量不足、水质污染，甚至河道断流，水生态严重退化，这与建设“三个陕西”的要求不相适应。因此，“十三五”期间既要努力缓解水资源紧缺，也要把水资源的严格管理、节约保护和改善水生态水环境作为重要的工作内容，寻求和部署系统有效的治理之策。第四，要以水资源的优化配置为目标统筹谋划全省重大水利工程建设。要针对资源性、工程性缺水地区以及防洪体系有较大缺陷的河流和区域，在进一步谋划一批重大蓄水工程、引调水工程、城市水源工程和重要江河治理工程的基础上，统筹谋划陕西省重要区域江河水系、水库湖泊和人工输配水工程的连通联网联合调度的网络化工程，着手打造陕西省现代水网框架。同时要站在新的起点上，高标准统筹一批面上水利项目，进一步加快农村饮水安全、灌区节水改造、中小河流治理、水土保持、农村水电等民生水利建设，坚持面上民生项目与重大水利工程协调推进，充分发挥工程的综合效益。第五，要加强重大问题调查研究坚持开放民主编制规划。水利发展“十三五”规划事关陕西省国民经济和社会发展各个领域，涉及不同部门和各个地区，规划编制工作中，既要加强对重点问题的调查研究，找准制约陕西省水安全问题的着力点和关键环节，提高规划的针对性和指导性，也要坚持开放民主编制规划，广泛征求各方面对发展思路、目标任务、总体布局、改革管理和政策措施的意见和建议，集中各方面智慧提高规划编制成果的质量和水平。

三、规划编制总体安排和2014年重点工作

（一）“十三五”规划编制总体安排

按照水利部的规划编制安排要求，陕西省水利发展“十三五”规划编制工作分为四个阶段：

第一阶段2014年5月至10月底，主要任务是开展前期重大问题研究，起草形成规划思路报告。厅规计处要尽快制定规划编制工作方案，会同有关处室和厅直单位组织开展重大专题研究和专项规划编制，起草形成陕西省规划思路报告。要求7月底前研究提出陕西省纳入全国规划基本思路和水利发展的重点内容，9月底前完成全省规划思路报告，10月上报水利部；各市区也要抓紧起草规划思路报告，8月底前报省水利厅。

第二阶段2014年12月至2015年6月，主要任务是在重大专题研究和专项规划基础上，起草形成全省水利发展“十三五”规划初稿，6月底前上报水利部。各专项规划及各市区水利发展“十三五”规划初稿，要求2015年5月底前报省水利厅。

第三阶段2015年6—12月，主要任务是按照中省要求对规划报告进行修改完善，对重大工程和项目进行筛选汇总，开展征求意见、与相关规划衔接协调及专家咨询审查等工作，完成“十三五”规划及各专项规划的修改完善。

第四阶段2016年1—6月，完成陕西省水利发展“十三五”规划的报批及成果印发等工作。

各有关处室和厅直单位、各市区水行政主管部门，要按照上述总体要求，切实做好规划编制工作的具体组织安排。

（二）2014年重点工作

2014年要重点抓好三个方面工作：一要做好重大问题研究。为提高规划编制的科学性和针对性，要深入分析水利发展面临的形势、主要矛盾和突出问题，重点围绕陕西省水安全战略、谋划“十三五”水利发展的目标任务、重大水利工程布局、水资源基础设施建设、城镇化进程中的水利保障、水生态文明建设、水利投融资政策、重点领域改革等重大问题开展调查研究，提出今后的发展方向、目标任务和重要举措。各市区也可根据当地实际适当开展规划的重大问题研究。二要做好规划思路报告起草。在对重大问题调查研究的基础上，要广泛听取各方面的意见及建议，起草形成规划思路报告，提出符合陕西省实际的规划指导思想、基本原则和目标任务，为“十三五”规划编制打好基础。近期省水利厅将赴各市区进行调研，听取各地对规划思路的意见和建议。三要做好重点专项规划编制。专项规划是“十三五”规划的重要组成和重要支撑，各地各单位要紧紧围绕“十三五”水利发展思路和战略重点，针对保障供水安全、防洪安全、粮食安全和生态安全，开展重要领域的专项规划编制工作，做好与总体规划的衔接和协调，形成陕西省水利发展“十三五”规划的完整体系。

四、规划编制工作的具体要求

“十三五”规划编制工作综合性、系统性强，关系

全局和长远，面临问题多，技术难度大，协调任务重，时间要求紧。各单位要高度重视，精心组织，通力合作，扎实有效开展。

一要加强领导，落实责任。编制“十三五”规划是各级水利部门的重要职责，为加强规划编制的组织领导，省水利厅成立了王锋厅长任组长，管黎宏副厅长、黄兴国总规划师任副组长，有关处室和厅直单位主要负责同志为成员的规划编制工作领导小组。各市区水利（水务）局也要加强规划编制的组织领导，建立领导机构，明确专人负责，强化组织保障，落实编制经费，确保按期高质量完成规划编制任务。

二要注重协调，搞好衔接。水利发展“十三五”规划既要与国民经济和社会发展规划、土地利用总体规划、城市总体规划、环境保护规划等相关领域的规划相衔接，也要与已经审查或批准的流域综合规划、水资源综合规划等水利规划相协调，要高度重视各规划之间的协调衔接，使各类规划定位清晰、功能互补、统一协调、形成合力。

三要强化基础，提供支撑。各单位和各市区要高度重视规划基础工作，认真调查研究，全面分析梳理，针对水利发展中的主要问题和突出矛盾，兼顾需要与可能，统筹当前与长远，科学谋划战略布局，合理筛选重大项目，为水利发展“十三五”规划提供可靠支撑。

四要广泛参与，集思广益。“十三五”规划既要体现国家利益，也要反映公众需求，要使规划编制过程成为发扬民主、集思广益、科学决策的过程，成为凝聚民心、汇集民智、发扬民力的过程。要健全规划咨询制度，充分发挥专家在规划编制中的论证、咨询、审查作用。

同志们，“十三五”规划编制工作关系长远、责任重大、任务艰巨。各级水利部门要增强责任感和紧迫感，把规划编制作为2014年水利工作的重中之重，切实加强领导，周密细致安排，明确目标，落实责任，通力协作，有序推进，确保高水平、高质量地完成规划编制任务，为加快陕西省水利现代化进程、支撑“三个陕西”建设奠定坚实基础。

政策法规

【规范性文件】

陕西省大中型水库移民避险解困试点项目管理办法

第一条 为了做好大中型水库移民避险解困试点实施工作，规范和加强试点项目管理，根据国家和陕西省大中型水库移民避险解困试点工作的有关规定，制定本办法。

第二条 本办法适用于陕西省大中型水库移民避险解困试点实施方案的编制、审批，项目的实施、监督检查和验收。

第三条 试点项目包括：

（一）安置点建设用地平整、地基处理；

（二）安置点水、电、路等配套基础设施建设；

（三）帮扶对象安置住房建设；

（四）安置点生态建设及环境保护；

（五）帮扶对象的产业扶持和技能培训；

（六）支持安置地经济社会发展的其他项目。

第四条 大中型水库移民避险解困试点项目管理工作坚持"政府统一组织、部门分工实施"的原则。

第五条 试点县应当组织编制试点实施方案，实施方案应达到初步设计阶段的工作要求。其中，帮扶对象搬迁至当地集中安置点的，或以非移民资金为主建设的配套基础设施项目，实施方案应主要说明建设单位、建设地点、建设规模、建设时间及房屋的户型面积等情况。

第六条 实施方案主要内容包括：

（一）安置住房建设实施方案；

（二）配套基础设施建设实施方案；

（三）帮扶对象建（购）房补助资金的发放标准、程序、方式；

（四）搬迁安置工作进度计划；

（五）帮扶对象产业扶持和技能培训方案；

（六）帮扶对象原有住房的拆除方案；

（七）安置点生态建设及环境保护方案；

（八）移民权益保护及稳定措施。

第七条 试点实施方案由县级人民政府确定的单位组织编制，经县级人民政府同意后，由县级发改、财政、水利（移民）部门联合报市级发改、财政、水利（移民）部门审查批复。批复文件及实施方案报省级发改、财政、水利（移民）部门备案。

第八条 经批复的试点实施方案应严格执行，任何单位和个人不得随意变更。确需变更的，须报经原审批部门同意，并报省级发改、财政、水利（移民）部门备案。

第九条 试点单项工程实行"谁出资、谁负责、谁管理"的原则。多部门出资建设的项目，由主要出资部门按本行业项目管理有关规定执行。

第十条 帮扶对象安置房，采取统建和移民自建方式建设。移民自建的，县级有关部门要做好技术指导和服务。

第十一条 统建安置房及配套基础设施项目，实行项目法人责任制、招投标制、合同管理制和建设监理制。

第十二条 试点县应以试点村为单元，以帮扶对象为主体，成立试点项目群众监督小组，对试点项目实施进行全程监督。

第十三条 单项工程项目由项目主要出资部门，依据项目技术规范，在实施完成后半年内组织其他出资部门和有关单位进行验收。

所有单项工程项目验收合格后，由县级人民政府对试点项目组织初验，市级发改、财政、水利（移民）部门组织验收。

第十四条 试点县项目实施单位应加强项目建设管理。各级发改、财政、水利（移民）部门应加强对项目实施及资金使用情况的监督检查。

第十五条 试点单项工程档案由工程建设单位按照档案管理有关规定收集管理。试点县项目档案由项目实施单位负责管理。试点县项目档案主要包括下列内容：

（一）帮扶对象搬迁安置意愿调查表；

（二）帮扶对象搬迁安置协议；

（三）帮扶对象建（购）房补助资金的发放表；

（四）单项工程主要资料；

（五）试点项目验收资料；

（六）其他相关资料。

第十六条 试点项目的监督检查按照《陕西省大中型水库移民后期扶持工作监督检查和责任追究办法》（陕监发〔2007〕8号）有关规定执行。

第十七条 各试点县可根据本办法制定实施细则。

第十八条 本办法自发布之日起30日后施行，试点项目实施完毕后自行废止。

（雷宏刚）

【依法行政】制定了《2014年全省水利系统依法行政暨水政工作要点》，安排部署了全省水利系统依法行政工作。大力推进依法行政示范单位创建工作，围绕迎接省政府考评验收，召开了专题会议，对照《陕西省依法行政示范单位创建标准》和《考评验收标准》，组织协调有关处室、厅直有关单位，督促落实各项创建目标任务的完成，并按照验收标准划分11个方面50项，逐项收集、完善整理了近4年来有关创建工作的大量佐证材料，通过了省政府的考评验收。配合省委依法治省领导小组办公室、省公务员局对省水利厅依法行政和法制宣传工作进行调研，召开了座谈会，查阅了工作资料，听取了与会同志对新形势下如何破解问题和困难的意见建议，调研组对水利厅依法治水和法制宣传工作给予了高度评价。加强了水行政审批制度改革工作，召开了改革座谈会和专题会，学习了国务院和省政府关于简政放权、深化行政审批制度改革的有关文件，明确了简政放权的目标，部署了行政审批制度改革工作，论证了现有行政许可和非行政许可审批事项，提出了拟取消下放和保留行政审批事项的意见，提请厅党组会议两次研究，将水利厅省级行政许可审批项目由原来的29项减少到13项，其中许可项目10项，非许可项目3项，位列省级部门之首，受到省政府通报表扬，并多次向审改办、省发改委报送了第三批拟取消下放和保留项目审批事项、涉水行政许可项目审批权限、涉水许可项目下放审批权限后需要修改地方性法规建议、精简涉水行政许可项目全面清理非行政审批项目的意见等，全面取消了非行政许可审批项目，新增3项渔业船舶方面的许可项目。精简下放许可审批事项后，行政审批项目明显减少，2014年共收到行政许可申请60项，受理60项，连同上年结转办结59项，办理结果公示于陕西水利网，提高了行政许可审批工作的透明度。

（雷宏刚）

【水利改革】省水利厅党组高度重视水利发展改革工作，认真贯彻落实党的十八届三中全会精神，组织学习了省委《关于贯彻落实党的十八届三中全会精神全面推进各项改革的意见》、水利部《关于深化水利改革指导意见》和水利部深化水利改革工作座谈会精神，先后2次召开了深化水利改革专题会议。成立了深化水利改革领导小组，省水利厅厅长王锋任组长，副厅长薛建兴任副组长，并在政法处设立改革办公室，厅政法处、规计处、农水处主要负责同志分别任改革办主任、副主任，为深化水利改革提供了组织保障。组织开展深化水利改革专题调研，研究制定出台了水利厅《关于深化水利改革的实施意见》（陕水发〔2014〕33号），《实施意见》共四部分，具体改革举措10个方面36条，全面部署了全厅当前和今后一个时期深化改革工作。同时，制定下发了《贯彻落实深化水利改革重要举措分工方案》（陕水政发〔2014〕19号），将《实施意见》改革举措细化为111条具体事项，分工到相关单位和处室，分解落实了责任。水利厅机关各有关处室、厅直各有关单位按照省水利厅的统一部署，不断创新体制机制，加大重点领域、关键环节改革力度，在行政审批制度改革、水价改革、落实最严格水资源管理制度、农村小型水利产权改革等方面取得重大进展。

（雷宏刚）

【政策调研】按照水利厅党组部署，组织有关单位和处室，紧紧围绕重点问题开展政策调研，先后组织撰写了《学习贯彻习总书记重要治水思想，加快推进水利体制机制创新进程》《站在新的历史起点上深入推进水利改革和法治建设》《关于丹江口库区水行政综合执法的思考》等调研报告，其中前2篇分别在水利部《水利发展研究》和《陕西水利杂志》发表。《关于丹江口库区水行政综合执法的思考》被推荐参加省直机关优秀调研报告评选。围绕“十二五”水利政策法规建设规划完成情况，着眼“十三五”水利政策法规体系建设，完成了《关于陕西省水利改革法规体系建设和深化改革问题研究》报告。围绕2011年“中省一号文件”的贯彻落实，加强调研检查，完成了《关于2011年中央一号文件有关政策措施落实情况的报告》。2014年初，组织开展了全省水利系统2013年度领导干部调研成果评选工作，组织专家对筛选出的58篇领导干部调研成果进行了评选，评选出优秀调研成果35篇，其中一等奖5篇、二等奖12篇、三等奖18篇，并进行了通报表彰，颁发了荣誉证书，编印了优秀调研成果汇编。

（雷宏刚）

【水利立法】省水利厅根据省人大、省政府法制办2014年立法计划要求，一是加大水利立法调研力度。围绕抗旱条例实施细则、地下水条例，协调省人大农工委、省政府法制办，多次召开调研座谈，广泛征求各方意见建议，先后赴延安、铜川、渭南等市县区开展立法调研，听取基层对全省抗旱立法、地下水管理立法的意见建议，并与省法制办、省防办对抗旱条例实施细则草案进行了3次集中修改。《陕西省实施〈中华人民共和国抗旱条例〉细则》已通过了省法制办办务会审议，并已上报省政府待批。通过积极协调争取，《陕西省地下水资源管理条例》已初步列入省人大2015年度立法审议计划。二是启动了两项立法后评估工作。省水利厅与省法制办于2014年初启动了《陕西省取水许可制度实施细则》《陕西省水资源费征收办法》立法后评估调研工作，成立了立法后评估工作领导小组，制定了立法后评估工作实施方案，赴延安、渭南、铜川等市县开展了实地调研，召开了座谈讨论会，发放了立法后评估调查问卷，对收集到的500份调查问卷对照评估内容和标准进行了数据整理分析，形成了立法后评估分析报告。在11月底，与省法制办联合召开了立法后评估工作座谈会，听取省财政、物价部门、水资源方面专家及水利厅相关处室、厅直单位对两部规章的意见，评估结束后，在全面分析和研究整理的基础上，形成了立法后评估报告和《陕西省取水许可和水资源费征收管理办法》草案。根据省委、省人大主要领导指示精神，协助省人大法工委开展了《陕西省渭河流域管理条例》立法后评估工作，制定了立法后评估调查问卷，在网络和报纸上组织开展了问卷答题，与省人大法工委赴西安、宝鸡、咸阳、渭南等市开展了实地调研和座谈，了解了沿渭污水处理、水量调度分配、堤防道路建设、河道采砂及生态建设保护等方面情况，对条例立法后评估报告及修改条款提出了意见建议。三是开展了地方性法规清理工作。根据省人大、省政府要求，制定了清理工作方案，召开了清理工作会议，全面清理了水利厅起草实施并现行有效的10部水利方面地方性法规，及时向省人大农工委、法工委报送了清理结果，并对全省实施的水法办法、实施防洪法办法、水工程管理条例、水文条例等7部法规提出了修改意见，向省政府法制办报送了《陕西省实施野生动物保护法办法》等两部地方性法规修订意见。四是加强了规范性文件审核报备工作。省水利厅组织对省移民办起草的《陕西省大中型水库移民安置项目建设管理办法》、省防汛抗旱办起草的《陕西省抗旱应急水源工程建设和资金管理办法》、省水利博物馆起草的《陕西水利博物馆捐赠管理办法》进行了合法性审核，出具了审核意见。其中前两个办法已正式印发执行，并及时向省法制办进行了报备。五是加强了有关法律法规草案征求意见办理。2014年省水利厅组织相关人员对中省转来的《农田水利条例》《陕西省果业条例》等15部有关法律法规草案征求意见稿，提出了修改意见和建议，有效地维护了法制的统一。六是根据全省水利管理需要和水利法规体系建设规划，向省法制办报送了2015年度的水利立法建议项目及其说明。

【综合执法】一是积极推进水利综合执法改革。制定了《陕西省水利综合执法示范点工作标准》，转发了镇巴县、柞水县水利综合执法实施方案，组织指导水利部综合执法示范点铜川和省级综合执法示范点周至、武功、蒲城、镇巴、柞水，以及市级示范单位洛南、华山、洛川、宝塔、清涧、岐山、千阳、蓝田开展试点工作，推动了全省水利综合执法工作的持续稳妥开展。二是以专项执法为载体，全力推动水政执法工作。集中开展了汉丹江流域打非治违专项执法、深化河湖专项执法、省际市际水事矛盾纠纷常态化排查化解三次专项执法检查活动，排查出117件违法违规行为和项目，110件已整改到位，占94%。在专项执法活动过程中，加大了对违法违规行为的重点督查和挂牌督办，并提出了具体的整改要求。1月份，由省水利厅副厅长薛建兴带队到安康市、旬阳县就水利部、省水利厅提出丹江口库区陕西安康段整改要求的落实情况进行了督促检查。2月初，组织有关处室和单位围绕水资源管理、涉河建设项目管理、河道采砂管理、水土流失治理、入河排污口设置等方面，对汉中市汉江上游段进行了全面排查。5月份，在安康市召开了汉丹江流域打非治违工作会议，对汉中、安康、商洛三市开展专项执法行动进行了再部署再动员。6月底7月初，与长江水利委员会联合对陕南三市打非治违专项执法情况进行了拉网式排查，检查了3市14县区28个项目。8月份，水利部政法司李鹰司长带队对全省打非治违专项执法活动开展情况进行了检查，充分肯定了陕西省在活动中取得的巨大成绩。12月11日，水利部召开汉丹江打非治违专项执法总结大会，陕西省问题整改到位率名列三省第一，受到水利部领导高度评价和充分肯定。三是开展了行政处罚案件案卷评查和省际水事纠纷排查工作。省水利厅组织对全省33件行政处罚案件进行了评查，并通报了评查结果。同时对省人大代表龙云庭提出的第20号《关于加大陕南水政执法力度的建议》议案，进行了认真研究，加强了与提案人的反复沟通，以陕水复函〔2014〕64号复函进行了答复，得到了提案人的“满意”评价。配合黄河水利委员会对甘肃庆阳宁县在省际界河道泾河咸阳长武县段违规修建工业园区进行了立案查处，避免了群体事件发生，保护了受害方群众的利益。四是全面完成了水政监察人员岗前培训。2014年，以省水利厅名义组织、由各市水利局和厅直单位承办的方式，先后对汉中、安康、榆林、宝鸡、咸阳、铜川市和省泾惠局、宝鸡峡、地下水、水文局等地市和单位水政执法人员进行了岗前培训，共举办培训班18期，培训考核人员2800多名，全面完成了全省10个设区市、8个厅直授权委托执法单位以及韩城、杨凌等市区执法人员的岗前培训任务。推进了新版陕西省执法证件和陕西省水政监察证件核发工作，核发水政监察执法标识、证件1900多套。五是切实加强水政监察基础设施建设。围绕提高基层水政监察能力建设，编制了《陕西省水政监察基础设施建设水上设备项目可行性研究报告》，组织召开专家组评审会进行了评审。争取了水利部下达的2014年水上装备项目资金200万元、中央水资源费分成项目资金140万元、省财政下达水政监察基础设施建设资金80万元、省发改委下达省级水上执法设备地方配套资金150万元，共计570万元，水上设备资金已经下达各项目单位实施，省级实施的部分正在按政府集中采购程序采购。

（雷宏刚）

【普法宣传】一是组织开展了第22届“世界水日”和第27届“中国水周”纪念宣传活动，制定下发了《关于组织开展2014年“世界水日”“中国水周”纪念宣传活动的通知》，对全省纪念宣传活动进行了安排部署。3月22日，陕西日报发表了王锋厅长《加强河湖管理　建设水生态文明》的纪念“世界水日”“中国水周”署名文章，全省同步开展了形式多样的宣传纪念活动。二是开展了厅领导集体学法活动，全年共组织领导干部集体学法4次。3月21日，组织观看了“领导干部法治思维和法治方式系列讲座”之二“法治思维与法治政府建设”；9月10日，举行了“法治陕西大讲堂”，邀请省委党校教授王诚安作《习近平总书记系列重要讲话的学习和解读》专题讲座；10月28日，组织厅领导和厅机关处室、厅直单位主要负责同志，学习了党的十八届四中全会公报，王锋厅长就深入推进依法治水发表了重要讲话；12月4日，举行了党的十八届四中全会精神宣讲报告会，邀请省委宣讲团成员、省人大常委会研究室副主任王希峰作了专题辅导报告。三是开展了“法律六进”活动，在“中国水周”期间，与有关处室、单位配合，深入渭南市华县赤水镇王里渡村、西安市实验小学和咸阳市举行了“送法进村入户”“送法进校园”“送法下乡进工地”活动，与市、县、镇、企业、学校有关负责同志、村民和学生召开了座谈会，宣讲了涉水法律法规，特别针对《陕西省渭河流域管理条例》和《陕西省水土保持条例》进行了集中宣讲和培训，受到了广大干部群众和师生的欢迎。加强了“六五”普法宣传工作，组织了水利普法依法治理知识问答活动。四是在全省范围组织开展了“江河卫士”评选活动，共评选表彰了10名陕西省“江河卫士”，其中1人被授予全国“江河卫士”称号。《中国水利报》、《陕西日报》、《西部法制报》、《各界导报》、《黄河报》、《人民长江报》和有关网站多次报道了水利厅水利法治建设、水行政审批制度改革等情况。2014年，水利厅被省委依法治省领导小组评为全省“六五”普法中期检查先进单位，受到了通报表彰。

（雷宏刚）

规划计划

【水利规划】2014年按照省委、省政府和厅党组的决策部署，陕西水利规划工作紧紧围绕全面提高水利对全省经济社会发展服务的支撑和保障能力这一总体目标，不断完善水利规划体系，有力推进了各项重点水利规划编制工作的顺利开展。

1.《全省“十三五”水利发展规划思路》报告编制完成

按照省政府和水利部对“十三五”规划的安排部署，2014年5月，省水利厅全面启动了水利发展“十三五”规划编制工作，为高质量、高水平地编制好“十三五”规划，组织制定并印发了《陕西省“十三五”水利发展规划编制工作方案》，对全省“十三五”水利发展规划的思路、目标和重点任务做了进一步明确，要求在遵循中央新的治水思路和省委、省政府对全省水利工作新要求的同时，按照习近平总书记提出的“节水优先、空间均衡、系统治理、两手发力”的指导方针，科学编制全省“十三五”水利发展规划，同时确定安排开展《陕西现代化水网框架布局研究》等17项重大专题调研和《全省“十三五”节水型社会建设》等13项专项规划，为做好全省“十三五”规划报告编制工作提供重要支撑。根据已完成的17项重大专项调研成果，全省“十三五”水利发展规划思路报告已经形成，并报送水利部和省发改委。全省“十三五”水利发展规划思路报告编制工作的完成，将对科学编制和实施好全省“十三五”水利发展规划奠定坚实基础。

2.启动编制《关中水系规划》

为贯彻落实习近平总书记关于“节水优先、空间均衡、系统治理、两手发力”和“山水林田湖是一个生命共同体”等新的治水思路及省委、省政府确定的“水润三秦、水美三秦、水兴三秦”的总体目标，2014年7月，按照全省重大水利工程领导协调会议要求，启动了关中水系规划编制工作，于12月底编制完成了关中水系规划初稿，在省政府主要领导听取专题汇报后，正在做进一步修改完善工作。该规划对构建关中城市群供水安全保障体系和水生态文明体系，有效支撑关中城市群建设和城镇化发展具有重要意义。

3.全面开展《全省治涝规划》编制工作

2014年2月，按照水利部统一要求，省水利厅全面启动了全省治涝规划编制工作，本次规划的重点任务是开展排涝河道治理、排涝涵闸、排涝泵站建设和滞涝水面整治等排涝工程建设，使涝区排涝标准显著提高，初步建立易涝地区的排涝工程体系和非工程体系。目前，全省治涝规划报告已经编制完成，全省涝区治理规模基本确定，正在与水利部和流域机构进行协调汇总。该规划将对指导全省加快推进大规模的涝区治理工程建设提供重要依据。

4.编制完成了《陕西省水利防震减灾规划》

按照省防汛抗旱指挥部（水利应急办）的要求，为充分应对地震灾害，做好全省在建和已成水利工程的防震减灾工作，省水利厅组织编制完成了陕西省水利防震减灾规划，对在建和已建水利工程的防震减灾工作提出具体的应对措施和防范方案，目前该规划已通过省水利厅审查，将对做好全省水利防震减灾工作具有重要的指导作用。

5.编制完成了《黄河小北干流陕西段综合整治规划》

为加快对陕西省黄河小北干流进行系统治理、改善沿岸整体环境面貌，促进区域经济社会可持续发展，省水利厅结合国家批复的晋陕豫黄河金三角区域共同发展的指导意见，组织编制完成了《黄河小北干流陕西段综合整治规划》，并通过省水利厅审查，该规划对有效推进和做好陕西省黄河小北干流治理项目的前期工作将奠定坚实的基础。

6.编制完成了《陕西省泾河综合整治规划》

为改善泾河生态环境，提高河道的综合承载能力，促进泾河沿岸区域经济社会可持续发展，编制完成了《陕西省泾河综合整治规划》，目前该规划已报省水利厅待审。

7.重大规划进展顺利

对《引汉济渭输配水干线工程总体规划》做了进一步修改完善，报省发改委；积极协调督促《全省水中长期供求规划》《全省水资源保护规划》《全省现代化灌溉发展总体规划》修改完善工作。目前，《全省水中长期供求规划》初稿已编制完成，正在与全国规划成果协调衔接；《全省水资源保护规划》正在加快编制，基础资料和现状分析成果已提交流域机构汇总，规划的项目和主要保护对象及任务已经确定；《全省现代化灌溉发展总体规划》编制完成，列入全国规划的新增灌溉面积和发展指标已经确定。

（惠忠德）

【水利基建项目立项审批】 2014 年全省共完成水利项目前期工作 2181 项，总投资 955.3 亿元。其中：中央审批项目 4 项，总投资 128.7 亿元；省级审批项目 425 项，总投资 102.9 亿元；市县审批项目 1633 项，总投资 105.8 亿元；已审待批项目 101 项，总投资 413.1 亿元。全年共审查和批复水利项目初步设计和实施方案 2125 项，总投资 408.9 亿元，较好地满足了年度水利建设需求。

中央审批项目中，国家发改委批复可行性研究报告 1 项，总投资 0.5 亿元，批复项目建议书 1 项，总投资 127.0 亿元；水利部审查可行性研究报告 1 项，总投资 38.7 亿元，审查初步设计 1 项，总投资 184.2 亿元；农业部批复渔业项目可行性研究报告 1 项，总投资 0.02 亿元。

省级审批项目中，省发改委批复初步设计和实施方案 93 项，总投资 16.2 亿元，包括重点水源工程、大型灌排泵站更新改造、规模化节水灌溉、农村饮水和水土保持等项目。

省水利厅（包括有关直属职能部门）批复初步设计和实施方案 332 项，总投资 86.7 亿元，包括重点水源工程、大型灌区续建配套与节水改造、大型灌排泵站更新改造、农田水利、渭河综合治理、中小河流治理、抗旱水源、山洪灾害防御、城乡供水、农村水电、农田水利、水土保持及渔业等项目。

经省水利厅审查报送省发改委待批的可行性研究报告 2 项，总投资 4.3 亿元，均为汉江综合治理项目；初步设计和实施方案 37 种，总投资 8.9 亿元，包括大型灌排泵站更新改造、汉江综合治理、退耕还林口粮田及水土保持等项目。

已审查待省水利厅批复的可行性研究报告 15 项，总投资 147.1 亿元，包括重点水源工程、农村水电、汉江综合治理、重要支流治理；初步设计和实施方案 39 种，总投资 12.7 亿元，包括重点水源工程、大型灌排泵站更新改造、城乡供水、汉江综合治理、重要支流治理、抗旱水源、山洪沟防洪治理和渔业等项目。

重点水源项目方面，本年度引汉济渭可研究性报告通过国家发改委批复，初步设计已经水利部水利水电规划设计总院审查；东庄水库项目建设通过国家发改委批复，可研究性报告全面编制完成；延安黄河引水工程初步设计通过延安市发改委审批，铜川龙潭水库初步设计通过省发改委批复，前期工作全面完成；榆林大泉黄河引水工程项目建设正在补充完善；汉阴洞河水库初步设计、彬县红岩河水库可研究性报告已报省发改委待批，斗门水库可研究性报告通过省水利厅审查。咸阳彬长矿区输配水工程初设、延安南沟门水库北线供水工程初设、羊毛湾水库乾县供水工程初设通过市级审批，渭南市卤泊滩排水改造工程初设通过省水利厅审查工作。

重要支流治理项目中，水利部印发了渭河、汉江、延河、丹江、嘉陵江、千河、伊洛河等主要支流防洪治理工程可研究性报告审查意见；泾河、窟野河、无定河防洪治理工程可研究性报告已通过黄河水利委员会复审；秃尾河—清涧河防洪治理可研究性报告通过黄河水利委员会初审正在抓紧修改完善；西汉水防洪治理工程可研究性报告通过省水利厅审查；褒河—子午河—旬河—金钱河防洪工程可研究性报告在编。

（惠忠德）

【重点水源工程前期工作】

1. 引汉济渭工程

2014 年 9 月，国家发改委正式批复引汉济渭工程可研究性报告（发改农经〔2014〕2210 号），标志着这项事关陕西省经济社会可持续发展的战略工程正式立项。同步推进工程分段初设报告的审查审批工作。截至 2014 年底，在先期完成秦岭隧洞全部试验段审查及三河口一期准备工程初设审查的基础上，完成了三河口水库二期准备工程初设（陕水规计发〔2015〕129）、黄金峡前期准备工程总体规划、黄金峡前期准备工程初设。工程受水区水资源配置规划、输配水干线工程总体规划的技术审查与服务也全面展开，保障了引汉济渭工程扎实稳步推进。12 月初，水利部水利水电规划设计总院审查了引汉济渭工程整体初设，工程全面实施的时机成熟。

2. 东庄水库

2014 年 4 月，中国国际工程咨询公司通过了东庄水库工程项目建议书的评估。7 月，上报国家发改委，进入国家审批程序。12 月，正式获得国家发改委批复（发改农经〔2014〕2653 号）。这是继引汉济渭可研究性报告批复之后，国家发改委 2014 年批复的陕西省第二个重大水利工程项目，也是东庄水库工程 60 多年的前期工作中第一次取得国家的阶段审批，实现了历史性突破。与此同时，继续加快工程可研究性报告编制过程中的技术协商咨询，超阶段完成了导流勘探试验洞实施方案审查（陕水规计发〔2014〕106），为导流洞开工建设创造了条件。

3. 陕北黄河引水工程

榆林大泉黄河引水工程项目建议书编制完成，可研究性报告编制工作也在同步加快进行。在2014年底完成延安黄河引水工程初步设计审查的基础上，继续协调加快延安黄河引水工程审批和准备工程的建设步伐。目前，延安市发改委已完成工程初步设计相关审批程序（延发改农〔2014〕26号），工程建设全面开工。

4. 斗门水库工程

为加快项目的前期论证工作，省水利厅提前介入方案论证，加强事先指导，三次召开会议研究座谈规划思路，统一思想，找准方向，促成在较短时间内完成了《斗门水库可行性研究报告》，并于2014年11月初召开斗门水库工程可研究性报告审查会，提出了技术审查意见（陕水规计发〔2014〕516号）。2014年12月斗门水库项目可行性研究报告正式上报陕西省发改委审批。

5. 地方重点水利工程

组织完成了咸阳彬长矿区输配水工程初设（咸发改〔2014〕766号）、延安南沟门水库北线供水工程初设、羊毛湾水库乾县供水工程初设（咸发改〔2014〕186号）、渭南市卤泊滩排水改造工程初设等技术审查工作，积极出谋划策，力求方案经济合理，设计安全可靠，有力地支持了地方水利工程建设。

（史　良）

【水利基建投资年度计划】2014年围绕年初确定的230亿元水利投资目标任务，明确责任，强化措施，多方筹措水利建设资金，及时编报并下达水利投资计划，加快水利投资计划执行，全省水利投资继续保持了平稳较快增长。全年完成年度水利建设投资232亿元，较上年增长3.6%，超出年初目标任务2亿元。按投资结构分，全年完成防洪工程投资56.1亿元，占投资完成额的24.2%，比上年减少23.1%，主要系渭河综合治理、汉江综合整治、中小河流治理、病险水库除险加固以及中省投资减少所致；完成重点水源及枢纽工程投资56.8亿元，占投资完成额的24.5%，较上年增加25.8亿元，比上年增长83.2%，主要系引汉济渭工程正式启动所致；完成灌排工程投资36.7亿元，占投资完成额的15.9%，较上年增长6.4%，主要系小型农田水利重点县增加投资所致；水土保持及生态环境建设16.9亿元，占投资完成额的7%，与上年持平；完成农村饮水工程投资13.6亿元，占投资完成额的5.8%，较上年减少2.4亿元；完成城市及县城供水、污水处理以及城乡排水项目投资22.8亿元，占投资完成额的10%，较上年增长27.9%，主要系西安污水处理、县城供水等项目市级投资增加所致；渔业及其资源保护项目投资4.4亿元，占投资完成总额的1.9%，与上年基本持平；水电及农村电气化工程投资11.2亿元，占投资完成额的5%，较上年增长16.5%，主要系民间投入统计凭据得以完善所致；库区移民及后期扶持3.9亿元，占投资完成额的1.7%，较上年减少4.6亿元，主要系直补到人等资金未计入所致；水利机构能力建设等专项工程3.8亿元，较上年减少31%，主要系抗旱服务队建设资金、前期费用等资金减少所致；水生态及水环境建设5.8亿元，占投资完成额的2.5%。

（陈　艳）

【投资计划管理与改革】2014年紧密围绕年度投资目标任务，加大协调力度全力落实中省及各级水利建设投资，加快投资计划下达及执行进度，强化投资计划监督检查，投资计划精细化管理水平明显提升。一是首次开展了中央补助地方水利投资管理方式调研工作，编写完成调研报告并提出了改进投资计划管理方式的建议和意见，为水利部制定深化水利改革发展指导意见提供了支撑。二是下气力对全省2006—2013年中央水利资金使用管理情况进行了自查和重点检查，要求有关单位对自查和检查发现的问题及时限期予以整改，为确保水利资金使用安全，提高水利投资使用效率和效益奠定了基础。

（王小莉）

【中小河流治理】2014年是中小河流治理工作的攻坚之年，省水利厅全年紧抓中小河流治理工作，圆满完成年度计划任务。一是全面完成2013—2015年规划内项目前期工作。省水利厅相关处室、单位密切配合，全力推进前期工作进度。截至2014年9月底，全省2013—2015年规划内250个项目已全部完成审查审批任务，按时完成了水利部确定的前期工作目标任务，完成时间居全国前列。二是2013—2015年规划内项目进展顺利。截至2014年底，全省累计下达中小河流治理2013—2015年规划内项目30.9亿元，累计完成投资32.25亿元，综合治理河长873km，共160个项目完成主体建设任务，圆满完成了年度目标任务。三是足额配套，省级投资提供有力支持。陕西省2014年省级安排4亿元用于2013—2015年规划内项目配套。省级配套资金的提前足额到位，为全省加快中小河流治理项目实施提供了强有力的资金支持，同时也减轻了市县财政压力，极大地调动了市县工作的积极性，确保了中小河流治理项目顺利实施。四是狠抓建管，确保项目顺利进行。全面实行项目法人责任制、招标投标制、建设监理制、合同管理制，实行项目法人委托第三方质量检测制度。2014年3月底在西安召开了150多人参加的建设现场会，采取现场参观与大会发言相结合，对全年工作提前进行了安排部署。7月，省水利厅下放了招标实施方案审批和竣工验收，又专门下发了关于建设管理的补充通知，对相关细节重新进行了梳理，有力地保证了工程建设质量、安全、进度和投资控制。五是严控质量，“飞检”模式保证项目安全。对部分历次核查问题较多和首次参加中小河流治理项目的县区，采取事先不通知受检单位，通过“随机时间、随机委派第三方检测机构”的“飞检”模式，对项目进行随机检查，保障工程质量安全。例如，抽取的丹凤县项目，发现问题的堤防拆除重做。六是社会公示，落实责任督促进度。将中小河流治理项目责任单位及责任人公开向社会进行公示，加强社会及群众公开监督，促使各有关责任人按照责任分工履行各自职责，督促主管部门（业主）和参建单位，按照有关规定做好各项工作，确保中小河流的防洪效益得到充分发挥。七是培训人才，提升建设队伍水平。中小河流治理工作开展以来，省水利厅深刻认识到基层管理、技术、财务人才的短缺问题，采取一系列措施，一方面积极组织相关培训，突出指导性和可操作性；另一方面积极总结经验教训，编制《陕西省中小河流治理管理知识问答》与法规汇编，对中省相关法规文件进行了细致解读，指导基层系统化的开展相关工作。八是多方检查，确保四个安全。为了确保工程安全、资金安全、干部安全和生产安全，建立健全了严格的监管制度。采取自查与抽查相结合的方式，定期或不定期对项目实施情况进行督导检查；委托省财政投资评审中心对年度实施项目实行拉网式的全面核查，重点核查资金到位与使用情况、工程建设进度和质量；接受省水利稽察办对项目的专项稽察，对稽察中发现的问题，下发了整改意见，明确了整改限期，并视整改意见落实情况组织了复查；接受水利部组织的两次专项检查，对发现的问题及时进行了整改，建立了监督检查机制。

（李　烨）

水资源与水文

【水资源概况】

1.降水量

2014年陕西省年平均降水量为701.5mm，折合降水总量1442.32亿m^3，比多年平均降水总量1349.16亿m^3增加了6.9%，比2013年降水总量1456.93亿m^3减少了1.0%。其中黄河流域年平均降水量589.9mm，比多年平均增加了11.5%，属偏丰水年；长江流域年平均降水量907.3mm，比多年平均增加1.9%，属平水年。

2.水资源量

2014年陕西省水资源总量为351.64亿m^3（其中：地表水资源量325.85亿m^3，地下水资源量124.12亿m^3，地下水资源与地表水资源重复计算量98.33亿m^3），比上年减少了0.6%，比多年平均减少了16.9%。其中黄河流域水资源总量为102.92亿m^3，比多年平均减少了11.7%；长江流域水资源总量为248.72亿m^3，比多年平均减少了18.9%。

（薛亚莉）

【水资源开发利用】2014年全省各类供水工程总供水量89.81亿m^3，其中地表水供水量55.16亿m^3，占总供水量的61.42%；地下水供水量33.30亿m^3，占37.08%；污水处理回用及雨水利用量1.35亿m^3，占1.50%。

蓄水工程供水20.20亿m^3，占地表水供水量的36.62%；引水工程供水23.70亿m^3，占地表水供水量的42.97%；提水工程供水11.24亿m^3，占地表水供水量的20.38%；人工载运供水量0.02亿m^3，占地表水供水量的0.03%。深层水供水4.54亿m^3，占地下水供水量的13.63%；浅层水供水28.51亿m^3，占地下水供水量的85.62%；微咸水供水0.25亿m^3，占地下水供水量的0.75%。污水处理回用及雨水利用工程供水1.35亿m^3。

全省各行业实际用水量89.81亿m^3，比上年增加0.60亿m^3。其中农业灌溉用水量57.86亿m^3，占总用水量的64.42%，比上年减少0.21亿m^3；工业用水量14.02亿m^3，占总用水量的15.62%，比上年增加0.26亿m^3；居民生活用水量12.75亿m^3，占总用水量的14.19%，比上年增加0.29亿m^3；城镇公共及生态环境用水量5.18亿m^3，占总用水量的5.77%，比上年增加0.26亿m^3。

（薛亚莉）

【水资源管理】

1.紧抓考核，落实水资源管理责任

坚持节水优先方针，发挥水资源“三条红线”的约束性、控制性和先导性作用，率先在全国建立覆盖省市县三级的水资源管理“三条红线、六项指标”体系。在国务院首次考核中获得第七名，取得了实施最严格水资源管理制度的开门红。出台陕西省实行最严格水资源管理制度考核工作实施细则和年度考核方案，协调10厅局对各市区政府“三条红线”落实情况进行了全面考核，落实地方行政首长负责制，促使各级政府更加重视水资源管理。

2.精细管理，强化水资源管理支撑

在深入调研总结的基础上，创新六大举措对规划层面、建设项目和少量取用水的水资源论证实行全覆盖，被水利部刊载在水资源信息上在全国推广。编制全省地下水超采区划定及保护方案，在5市18县（区）划定地下水超采区15个，总面积1427km^2，压减目标2亿m^3。联合国土资源厅印发了全省地面沉降防治规划，计划投资2.5亿元，实施重点区域地面沉降控制。强化取用水计划管理和水量调度，渭河流域实现连续8年下泄水量和流量双达标。加快推进国家水资源监控能力项目建设，省级信息平台搭建完成。

3.发挥市场调节机制，水资源费征收任务超额完成

开展《取水许可实施细则》和《水资源费征收办法》立法后评估工作，关中和陕北地区城市供水非居民用水水资源费标准提高到0.72元，水力发电水资源费标准从0.003元/(kW·h)提高到0.005元/(kW·h)，提前完成了三部委下达的“十二五”水资源费调价目标。2014年，全省征收入库水资源费5.76亿元，完成全年任务的125%，再创历史新高，并积极争取中央分成水资源费1941万元，用于水资源管理能力建设。

4.创新探索，加快水生态文明建设

西安市水生态文明城市建设试点方案获省政府批复，杨凌示范区成功申报为第二批国家试点。启动省级水生态文明城市创建工作，制定陕西省水生态文明试点建设指标体系和实施方案编制大纲，确定眉县、西乡县等5个县（区）为第一批省级试点。创新渭河生态水调度机制，提高了渭河干流宝鸡段100多km河道生态流量。推动渭河水生态补偿机制的建立，积极争取财政支持，为宝鸡峡稳定与发展提供有力支撑。加强红碱淖保护省际合作，多次与黄河水利委员会、内蒙古水利厅沟通协调，拟通过上游放水补充红碱淖来水不足。

（杨建宏）

【地下水监测管理】

1.地下水监测

坚持日常监测和重点监测相结合。一是加强地下水水位监测。在做好地下水位日常监测的同时，切实加强全省470个水位考核监测站动态水位监测，对监测数据反复分析核实，对异常监测站进行现场核查，全年共监测处理动态水位监测数据5.3万个，保证了最严格水资源管理制度考核工作顺利进行。二是首次启动了地下水水质监测工作，编制了《陕西省地下水水质监测实施方案》，建立了省、市、县三级水质监测工作体系，选定了398眼地下水水质监测井，组织开展了两个频次的地下水水质采样分析，积累有效数据1.5万余个，基本摸清了全省地下水水质状况。三是积极推进地下水监测站网建设和管理，定期对自动监测设施设备进行巡查维护，对西安、咸阳、宝鸡三市395个监测站进行高程引测。积极推动《国家地下水监测工程》项目实施，该项目已进入初步设计和组织实施阶段。四是地下水监测成果分析应用进一步强化。编制完成《地下水通报》3期，《水资源公报》《水资源简报》《陕西省沿渭（河）重要城市地下水监控简报》各1期，完成《陕西省地下水监测成果报告》，及时报送地下水监测动态信息、全省地下水旱情监测信息等，为各级开发利用和保护地下水提供了准确依据。

2.地下水管理

加强地下水管理是实现地下水资源可持续利用的有效途径，通过完善制度，规范管理，不断提高全省地下水管理水平。一是积极推进《陕西省地下水管理条例》立法，初步确定条例列入省人大2015年立法计划。二是加强钻井资质管理，完成全省255家钻井施工单位资质年检，受理35家单位资质变更、78家资质申报咨询事宜，完成对15家新申报资质单位的考察评审。举办全省第22期钻井工技能鉴定考前培训班，培训钻井工300余人，建立了钻井工数据库。三是加强水政执法人员的业务培训，提高了水政执法规范化水平，指导市县开展地下水水政执法93起。四是从可持续发展的战略高度推进全省地下水超采区治理，完成全省地下水超采区评价、划定，编制了《陕西省超采区划定与保护方案》。

3.地下水研究

立足长远，扎实开展地下水基础研究，完成了《关中地区地下水水质评价》《关中地区地下水动态研究》；开展了《神府榆地区煤炭开采对地下水资源影响分析研究》《陕西省石川河地下水库调蓄研究》，根据地下水研究成果，制作了富平地下水库模型，在杨凌农高会上参展，获得好评。完成了全省水利普查工作任务，承担了农田水利、中央小水、水库移民等项目技术服务工作。编辑出版《地下水》杂志6期。

（马能霞）

【水资源保护】

1.加强水功能区监督管理

对全省110个重点水功能区进行了复核，增加监测项目及频次，大幅度提升了监测覆盖率和监测数据准确性。完成了全省国家重要江河水功能区纳污能力核定和分阶段限排总量控制方案，向流域委提交重要水功能区监测方案，为水功能区达标考核奠定基础。

2.加强饮用水水源保护

完成了重要城市供水水源地水质监测监控系统可行性研究报告，提升水源地水质监测信息化水平。加强水功能区和水源地水质通报工作，实行季报和半年通报，开展专项检查，落实市级政府的保护责任。

3.认真做好入河排污口执法监管工作

积极落实省政府《关于取消和下放41项行政审批项目的决定》（陕政发〔2014〕13号）精神，制定下发了《关于进一步加强入河排污口监督管理工作的通知》，做好入河排污口设置和扩大审批权限下放后的衔接指导工作。下发了《关于落实汉丹江打非治违专项执法行动水资源执法工作有关事项的通知》，组织汉中、安康、商洛三市水利部门对陕西省汉江丹江入河排污口设置情况开展执法检查，对检查发现的排污口设置方面的问题督促地方及时整改，有效地保护了水资源。

4.认真做好突发水污染事件应急处置工作

妥善应对了渭河华县境内油污染等突发性水污染事件。针对兰州市自来水苯超标事件，下发了《关于进一步做好饮用水水源保护确保饮水安全的通知》，就进一步做好陕西省饮用水水源保护，确保饮水安全工作提出了明确要求。

（陈　博）

【节约用水】

1.强化节水考核

认真核算2013年度各市区万元工业增加值用水量及降幅，严格坚持评分标准，并将得分上报省考核办纳入对各市区目标责任考核。

2.加强节水制度建设

完成《陕西省行业用水定额》修订，通过了省质监局审查，并以地方标准形式颁布实施。新修订的行业用水定额创造性地设置了先进和通用两类标准，将有效指导水资源规划、论证、取水许可和用水计划监管等工作。按照时间节点扎实完成节水型社会建设运行机制及保障体系等两个课题研究阶段性任务。

3.抓好节水型社会建设试点工作

认真总结4个国家级6个省级节水型示范区建设经验，强力指导咸阳市完成试点验收自评估报告、专家技术评估、最终验收等几个阶段，圆满完成了试点建设验收工作，通过了水利部、黄河水利委员会组织的验收。

4.推进节水单元创建

在推荐5家国家级节水型企业的基础上，联合省政府机关事务管理局开展公共机构节水型单位建设工作，各设区市按照要求制定市级标准，按照计划有序开展工作。省级水资源管理资金专项列资190万元扶持节水示范和节水单元创建、中小学节水教育社会实践基地建设和水平衡测试等节水型社会建设项目。开展“节水器具进万家”活动，共计发放各类节水器具9000余套。

（孙　琦）

【水文】

1.前期与基础设施建设

完成了商州水文巡测基地建设方案的前期设计和审查工作；完成了省水文巡测基地、省水环境监测中心、省仪器检定中心、咸阳水环境监测分中心可行性研究报告的编写工作；完成了全省2012—2013年中小河流水文监测系统建设项目招标实施方案的编制和报批工作；完成了全省2012—2014年中小河流水文监测预警预报系统实施方案的报批工作；完成了省仪器检定中心改造建设实施方案的审查批复、神木水文站、恒口水文站基础设施改造建设实施方案审查批复；完成了《陕西省水文现代化规划》的编制工作；启动了《陕西省水文手册》编制工作，《陕西省水文手册修编技术大纲》通过省水利厅技术审查；编制完成2012—2013年中小河流水文监测系统7个施工标段，10个设备标段，3个洪水预警预报软件标段、3个监理标段的招标文件和工程量清单，完成招标工作；编制完成2012—2013年中小河流水文监测系统17个项目合同文件，并与各中标单位签订了合同；完成了2012—2014年中小河流水文监测系统水文站、水文巡测基地、预警预报系统建设施工设计工作，为工程建设实施奠定了基础，对省级应急监测队建设项目进行了法人单位工程验收。

配合黄河水利委员会水文局、长江水利委员会水文局完成了“黄河流域省界断面水资源监测站网15个水文站改建工程”、“长江流域省界断面水资源监测站网20个水文站改建工程”中凤阁岭、凤州、略阳、南宽坪水文站工程的初步设计、审查、招投标、合同签订、建设工作及凤阁岭水文站合同工程验收。2014年全省共新建51个水文站，改造9个水文站，9个巡测基地全面开工。

2.水文勘测

完成2013年省内水文资料复审验收，共取得基本站各类整编成果1019站年，其中水位96站年、流量91站年、泥沙66站年、泥颗20站年、水温20站年、蒸发51站年、冰情1站年、降水633站年、墒情41站年；取得中小河流水文监测系统等工程建设雨量站整编成果1457站年；全面完成了2013年度全省水文资料复审验收和中小河流监测系统建设站点资料整编及归档、入库工作，水文资料整编全部达甲等；配合长江水利委员会完成了1992年第6卷14册汉江水系水文年鉴恢复刊印资料整理、录入、校核以及复核工作。

3.水文情报、洪水预报

2014年受暴雨影响，汛期全省境内共有54条河流71站出现洪峰353次，其中有12条河流12个站出现超警戒洪峰22次，1条河流1个站出现超保证洪峰1次。

据统计，省水文局全年共接收、转发水雨情信息2388万余条，其中汛期1617万余条，编发水情快报31期，发送水雨情手机短信1.8万余条，制作发布正式预报12期、预报合格率91.7%，发布预警预报31期、枯水预警信号3期，发布水情简报12期；编发《报汛质量通报》12期。2014年各类报汛站达到4000余处，收转报文2388万余份，自动测报率达93%。汛期省属常年报汛站质量考核：差错率0.12%，时效内传输率99.6%，其中20分钟内传输率98.2%；网络传输率100%。发布预警预报31站次，为基层防汛抗洪减灾提供了科学依据。

完成陕西省水情综合业务系统和陕西省雨量分析系统的开发应用工作；选取陕西典型暴雨洪水25场次，出版了《陕西省典型暴雨洪水灾害实例选编》；组织省局、宝鸡局、西安局、安康局、延安局等水情预报人员，分4批对陕西省渭河、汉江安康段、黄河陕北河段进行了水文预报考察和实地踏勘，强化了情报预报人员对河流水系、水文站网、水库工程、河道演变、洪水演进规律的认识，为进一步做好水文情报、洪水预报积累了翔实的资料。

4.水资源监测与评价

编制完成了《2013年陕西省水资源公报》；参与全省最严格水资源管理考核工作，顺利完成了2013年陕西省行政区用水总量、水功能区及水源地达标考核评估工作任务。负责开展水功能区、水源地达标监测评价工作，及时启动用水总量监测统计工作，编制完成了全省三条红线“三项指标”考核细则及评分办法，举办了陕西省用水总量计量监测统计技术培训班，为全省进行最严格水资源管理制度考核提供了坚实支撑。完成2013年全省水质资料整编工作，发布陕西省重点河段水资源质量通报4期、重点城市重要供水水源地质量状况旬报30期；开展采样监测质量控制年活动，提升采样、监测质量。

陕西省长江流域省界水体水质监测情况顺利通过了长江流域水环境监测中心组织的验收；由省水文局编制的《陕西省黄河流域重要水功能区水质达标评价报告》顺利通过黄河流域水资源保护局审查验收；《陕西省水资源保护规划》《陕西省水质监测规划》通过流域及水利部审查；完成《2013年陕西省行政区用水总量、水功能区及水源地达标考核评估报告》，制定了红线考核三项指标，得到了上级充分肯定；结合陕西实际，在全国率先出台《陕西省用水总量计量监测统计工作方案》《陕西省用水总量计量监测统计技术方案》。

（岳红艳）

财务审计

【财会队伍建设】 按照《会计基础工作考核办法》，对厅直34个独立核算单位会计基础工作进行了全面复查，夯实和规范了财务工作基础，进一步提升了财务管理水平，增强了财务工作服务水利发展的能力；在西安、咸阳、三原分片举办了三期会计人员继续教育培训班，对厅系统所有会计持证人员进行了集中培训。同时还组织举办了厅直系统公务支出管理培训班，召开了厅直系统公务支出管理工作会议，对厅直单位、厅机关公务支出管理和报账人员进行专题培训。通过学习近期中省出台的《会计从业资格管理办法》《继续教育办法》《会计职业道德》《事业单位会计准则、会计制度》，以及会议费、差旅费、培训费、外宾接待费、因公出国经费、因公短期出国培训费用等公务支出管理办法，进一步增强了会计人员业务技能和综合素质，为做好新时期水利财务工作奠定了坚实的基础；采取召开座谈交流会、审计整改会、情况通报会等方式，加强对《中华人民共和国会计法》《会计准则》等有关财经法规的宣贯，不断强化各单位领导依法理财的思想意识，牢固树立财务人员遵纪守法的职业底线，筑牢财务关口，着力营造风清气正的理财环境；认真贯彻落实新颁布的《会计从业资格管理办法》，把好“资格准入、持证上岗、注册登记”等关口，切实保障会计人员能力满足当前水利财务工作需要。结合当前形势，对厅系统财务人员情况和后续教育情况进行了一次全面调查，准确掌握了财务队伍整体情况，促进了会计人员从业资格管理的科学化和规范化，实现了动态管理。

（侯渭涛）

【财务管理】 以预算管理为抓手，重点关注当前社会格外关注的“三公经费”、会议经费等公务支出，先后制定了加强“三公经费”、会议经费、专项资金的具体措施，以及加强公务支出的补充意见，转发了财政厅关于做好资产管理、车辆保险、会计工作等通知，用制度引领和带动财务工作，使厅系统财务管理更加符合当前形势要求。

1.争取落实预算资金

加强与省财政厅的联系沟通，积极申请并督促落实了2014年厅系统各单位部门预算资金，确保厅系统各单位持续良性发展。向水利部申请并落实引红济石、榆林王圪堵水库、西安李家河水库、延安市南沟门水库四个项目中央财政贴息6361万元，大大缓解了5个工程的资金压力，保障工程建设顺利进展。同时，严格按照“文到即转、款到及拨”的原则，及时转拨各类资金，拨付中小河流治理、农村水电站增效扩容等基建资金以及水利科技等专项资金7亿多元，加快了资金流转，提高了资金使用效率。

2.严格部门预算管理

按照省财政厅预算编制要求，经过“两上两下”工作程序，完成了厅直27个预算单位2014年部门预算的审核、上报及下达工作。在部门预算管理工作中，始终树立厉行节约意识，坚持突出重点、统筹兼顾的原则，合理优化预算编制和支出结构，有效控制了一般性支出增长，合理优化预算结构，不断细化预算编制，积极督促预算执行，从严控制预算支出，确保了厅系统良性运转，同时组织做好2013年部门决算工作，很好地完成了部门决算各项工作任务，得到了省财政厅的充分肯定。按照省上规定的范围、内容和时间，及时将2013年部门决算、“三公经费”决算情况和2014年部门预算、“三公经费”预算情况在水利厅门户网站向社会进行了公开。

3.严格财务收支预算管理

在认真总结上年财务收支预算执行情况的基础上，按照“综合预算、统筹安排、量入为出、收支平衡”的原则，对厅直12个单位编报的2014年度财务收支预算进行了审核审批，批复收支资金6亿多元，并对厅系统各单位资金使用、预算执行等情况进行了监督检查，指出和纠正了存在的问题，规范了水利资金使用，约束了收支行为，降低了财务风险，保证了重点支出。

4.严格厅机关经费管理

按照“以收定支”的原则，结合水利厅机关中心工作，科学编制了厅机关2014年度人员、车辆及经费预算，对各项支出按照最新财务制度规定，认真审核，从严把关，特别是对于“三公经费”及会议经费，采取了一系列行之有效的具体措施——因公出国未安排经费预算的不予列支，公务接待一律使用公务卡结算，车辆维修、保险、加油等实行定点管理、经费包干，会议支出要附全会议预、决算以及会议通知、报到册等资料，“三公经费”支出和会议费支出明显下降，厅机关经费支出得到进一步规范，确保了厅机关的正常运转。

（侯渭涛）

【资产管理】制定了《关于加强厅属企业财务管理工作的意见》，进一步加强和规范了厅直属企业、厅直事业单位所属企业的财务管理，强化了财务部门对水利资产的监管职责；按照省财政厅《关于清理整顿省级预算单位银行账户的通知》精神，组织厅直28个预算单位和11个学会（协会）开展了银行账户清理整顿工作，进一步强化了银行账户监管，增强了水利资金管理能力；以资产配置和处置为重点，严格审核审批，强化监督管理，把好资产入口出口关。对资产配置，严格按照配置标准审核，符合政府采购规定的，坚决履行有关程序，做到“应采必采”、阳光采购。对于资产处置，严格按照管理权限审核，并按规定向财政厅备案或报批，做到透明处置，防止国有资产流失；在厅系统全面开展了贯彻执行八项规定严肃财经纪律和专项治理“小金库”活动，对“三公经费”、会议费、培训费及“小金库”等违规行为进行了重点整治，强化了财务管理，完善了内控制度，进一步健全了防治“小金库”长效机制；按照财政厅统一部署，在厅系统组织实施了厅系统行政事业单位资产管理信息系统（二期），进一步提升了工作效率、降低了管理成本、促进了资产管理与预算管理的有机结合。

（侯渭涛）

【审计工作】坚持“重槌敲响鼓”，严格审计程序，规范审计内容，加强审计管理，提升审计质量，组织完成了中小河流治理、灌区续建改造等53项基建项目审计工作，涉及概算资金10亿多元，核减投资3200多万元，提出审计意见和建议200多条，以实实在在的审计成效推动了建设管理水平的提高；按照厅党组安排，对建管局、江河局、设计院、宝鸡峡、交口、桃曲坡、供水办、水电中心等8个单位进行了领导干部离任经济责任审计，指出了预算管理、资产管理等方面存在的问题，进一步强化了各单位内部管理；2014年，国家审计机关先后6批次对厅系统进行了审计检查，分别是：审计署西安办对全省土地出让金的审计调查、对财政存量资金的审计调查，审计厅对厅系统楼堂馆所的审计调查、对江河局和设计院“三公经费”会议费的专项审计、对稳增长促改革调结构惠民生政策措施落实情况的跟踪审计、对渭河综合治理项目的跟踪审计，厅财审处积极组织有关单位，主动配合审计检查，耐心细致地做好解释沟通工作，确保了审计顺利完成。针对审计指出的问题，召开专题会议通报审计问题，组织有关单位建章立制、扎实整改，巩固了审计成果，推进了长效预防机制建设。

（侯渭涛）

工程建设与管理

【概述】2014年，全省水利工程建设管理工作认真贯彻落实全省水利工作会议精神和厅党组年度工作部署，围绕全年目标任务，强化市场监管，创新管理机制，提高服务效能，坚持不懈地推进重点工程和民生水利建设，进一步强化水利建设管理。截至目前，重点工程进展顺利，水利工程招投标市场持续规范，工程验收工作有力加快，市场信用体系建设全面实施。

（潘　登）

【重点水利工程建设情况】2014年，全省在建重点工程共9项，分别为渭河综合治理工程（含南山支流）、引汉济渭调水工程、引红济石调水工程、西安李家河水库工程、咸阳亭口水库工程、榆林王圪堵水库工程、延安南沟门水库工程、延安黄河引水工程、安康东坝防洪工程等，工程建设全年发展态势良好。一是工程完成投资额创新高，达到66.6亿元，为历年之最。二是工程建设管理深入强化。省水利厅对各重点工程实施了“精细化管理年”和“仪祉杯”劳动竞赛活动，巩固了工程定期巡查制度。三是年度建设目标完成较好，进度控制到位。各工程都完成了主要节点目标，其中渭河综合治理完成堤顶道路铺筑及绿化202km，占年度任务的101%，支流入渭口交通桥建成27座，在建21座，占年度任务的123%。引汉济渭调水工程得到国家发改委可行性研究报告批复，全年隧洞掘进16km，占计划的133%。引红济石调水工程攻克TBM掘进技术难关，实现月掘进251.1m，2014年度完成了TBM隧洞掘进1.6km，为实现隧洞贯通创造条件。西安李家河水库6月底大坝混凝土浇筑到设计高程884m（坝高98.5m），11月28日顺利实现大坝下闸试蓄水，12月18日实现试通水，12月25日已正式向白鹿塬水厂供水。延安南沟门水库6月8日大坝填筑至852m设计高程，马家河低坝工程基本完工，提前半年达到年度目标任务。榆林王圪堵水库枢纽工程基本建成，坝后电站顺利实现机组启动试发电并网运行，进入发挥效益阶段。四是工程质量总体稳定，安全生产管理切实强化。各重点工程基本落实了质量管理体系，开展了第三方质量检测，部分工程还开展“飞检”工作，工程建设质量稳中有升。同时，工程建设中“安全为先、质量第一”的理念得到了贯彻落实。落实了安全生产管理经费，加大安全检查、隐患排查与整改工作频次，建立安全生产长效机制。全年未发生重大工程质量与安全生产责任事故。

（竺泽林）

【招标投标】常态化指导在水利工程招投标活动中全面建立了最高限价的无标底招标制度，推行了主要管理人员出具养老保险证明等举措；全面推行了《陕西省水利工程建设项目施工招标评标报告格式及编写大纲》和《陕西省水利工程建设项目施工招标投标情况备案报告格式及编写大纲》，统一和规范了招投标工作的书面材料格式；进一步加强全省水利工程建设项目招投标活动监管，下发了《关于完善陕西省水利工程建设项目招标结果公示内容的通知》（陕水建发〔2014〕142号），改进招标结果公示方式，完善公示内容，对中标单位及其项目负责人等主要人员姓名及证件号一并公示。落实责任并提高透明度，预防和制约市场主体租借资质参与投标；针对厅直系统负责实施的总投资1千万元以上的建设项目招标投标工作，起草了《关于加强厅直系统重大建设项目招投标监管工作的通知》，从各个环节上加强监督和廉政风险防控管理，有效规范厅直系统项目法人行为；在评标过程中，对投标单位的信息认定统一以全省水利建设市场信用信息管理平台公布的信息为依据，防止投标人用虚假信息骗取中标，确保招标市场的公正、公平。积极处理各种投诉，全年单独或会同厅监察室共同派员，对厅网站及厅长信箱中8起有关水利工程招标投标的质疑和投诉，进行了认真的调查核实，并逐一予以回复；改进工作作风，提高办事效率。全年共核准了325种项目招标实施方案，公开招标率99.78%，办理了227个工程项目招标信息的公告和805个标项招标结果网上的公示。招投标日常行政监督工作的力度与透明度进一步加强。

（董春喆）

【工程验收】加强指导，督促各地市提高工程验收工作质量，完成了市属灌区的冯家山、洛惠渠、东雷抽黄灌区 2011 年及 2011 年第二批续建配套节水改造项目和田间高效节水项目的竣工验收和东雷抽黄灌区北棘次等 3 座大型泵站改造项目竣工验收，组织完成了洛南县石坡河等 20 多条中小河流治理项目竣工验收，有力促进已成工程效益发挥；对厅直单位实施的工程，严格按照《水利水电建设工程验收规程》，组织完成了交口抽渭灌区田市、西楼、西排等 3 座泵站更新改造工程和交口抽渭灌区 2011 年及 2011 年（第二批）续建配套节水改造、省级财政专项节水项目以及宝鸡峡灌区 2010 年及 2010 年第二批续建配套节水改造项目和宝鸡峡灌区塬上总干渠宝鸡市区段防护工程、宝鸡峡灌区终端水价试点工程竣工验收工作；主动服务，靠前服务，先后对榆林王圪堵等 3 座新建大中型水库蓄水验收准备工作进行了政策指导和技术咨询。加强对竣工验收工作的归口管理和综合协调，督促小水重点县、农村安全饮水等面上水利工程竣工验收工作有序推进。

（潘　登）

【水利建设市场信用体系建设】全省水利工程建设市场信用体系建设取得实质性的进展，已成为陕西省优化水利建设管理工作的一大突破。一是覆盖面广。克服重重困难，对所有在陕西省境内从业的省内外水利施工、监理企业等 388 家建立起了信用档案，并在省水利厅门户网站上向社会实行了信息公开。二是配套制度齐全。对信息填报、审核（比对），上网公开和信息使用等建立了相对完整的配套制度。同时，下发了《关于规范在陕从业水利建设市场主体信用信息报送及更新工作的通知》，制定了简易明了的工作流程并在信用平台上公布，极大方便了群众办事。三是作用突出。陕西省已明确规定了信用信息在水利工程招投标活动中使用时限、原则、动态管理等各项要求，信用信息已全面与水利工程招投标、行业评优等各种管理挂钩。四是积极推进行业内外信用体系的联动。派员考察学习了水利部全国水利建设市场信用体系建设情况，掌握行业内信用管理的政策与动向。省信用办对省水利厅信用建设调研后指出，水利信用体系建设已走在省直各厅局前列。信用体系建设的有效推进，标志着陕西省水利建设市场信用管理实现了有法可依，有章可循，初步建立了市场信用约束的监管机制，成为加强市场管理的新手段。

（潘　登）

【质量监督】2014 年全省水利工程质量监督工作，在厅党组的正确领导下，贯彻落实全省水利局长会议精神，紧紧围绕全省水利建设任务，切实履行监督管理职能，实施分级管理，全面推进县（区）级水利工程质量监督机构建设，强化质量检测手段的应用，加大对参建各方主体行为和工程实物的监督检查力度，促进全省水利工程建设顺利进展，施工质量水平稳步提高。

一是实施分级管理，全面推进县级质量监督机构建设。为了解决县（区）水利工程质量监督工作薄弱的问题，根据全国水利建设质量管理工作会议精神和陕西水利建设的实际情况，全面推进全省范围内县（区）水利工程质监机构的建设，截至年底全省 80%以上的县（区）已设立了水利工程质量监督机构，逐步落实省、市、县三级政府质量监督工作分级管理，有效地缓解了基层水利工程质量监督力量薄弱的问题。省水利工程质量监督机构还注重指导各市、县（区）做好水利工程质量监管人员的业务培训，提高大家在工程建设方面的政策理论水平，增强事业心和责任感，规范执法，落实政府监督责任，提升全省水利工程施工质量的监督水平，确保工程质量。

二是加强工程质量监督检查，督促落实质量问题整改。2014 年以来，省水利工程质量监督部门科学合理地确定监督检查内容，加大检查、巡查和抽查的力度，对全省重点水利工程质量进行抽查 2 次，与各地市质监站分别对西安李家河水库、榆林王圪堵水库、延安南沟门水库、咸阳亭口水库、宝鸡市引石供水等大中型水利工程项目及中小河流治理项目的质量进行联合监督抽查 2 次，检查范围覆盖 12 个市（区），20 个大中型工程，对检查中发现的各类质量问题，认真抓好督促，坚决进行整改。

三是强化质量检测手段的应用，提高质量管理工作的科学性。2014 年，陕西省积极推行第三方强制性检测，不仅对全省所有的堤防工程和省、市重点水利工程实施了第三方检测，同时把第三方检测制度进一步向投资在 1000 万元以上的民生水利项目推行。在供水、水电、农发等项目也积极实施第三方强制性检测。省水利工程质量监督部门对渭河及中小河流治理工程质量实施了政府监督检测（飞检），在不通知参建单位的情况下，根据工程建设质量工作的需要，委派具备相应资质条件的检测机构随机对工程质量进行抽检。通过质量检测手段发现质量问题后，跟踪监督，直至问题解决，提高了水利工程质量管理工作的科学性。

四是认真履行质量监督职能，严把工程质量评定与验收关。水利工程质量监督人员认真履行质量监督职责，严格按照国家有关规定和技术标准开展质量评定和验收工作，注重做好工程建设过程中质量的跟踪监督工作，工程质量达到规定要求的，方可通过验收；工程质量未达到要求的，及时督导进行整改，直至符合工程相关质量验收标准后，方可通过验收。通过认真细致的工作，把工程建设过程中存在的问题，解决在平时，化解在萌芽状态，提升了水利工程建设质量水平。

五是加强交流沟通，促进全省质量监督工作共同提高。9月份，省水利厅组织在宝鸡市召开了全省水利工程质量监督工作座谈会，权渭南副巡视员出席会议并讲话。会议传达了全国水利工程质量监督工作座谈会精神，总结交流2013年以来水利工程质量监督工作经验，分析存在的困难，以及面临的新情况和新问题，研究讨论进一步推进县级水利工程质量监督机构建设和质量监管实施分级管理的具体办法，并对今后一个时期全省水利工程质量监督工作进行安排部署。各地市、杨凌区和韩城市水利工程质量监督站的主要负责同志以及引汉济渭工程和引红济石工程的质量监管负责人等20余人参加会议。座谈会对进一步规范水利工程实行分级从严监管，推进县级水利工程质量监督机构建设，全面提升全省水利工程质量监管水平，起到了积极的促进作用。

(赵来旺)

【安全监督】2014年，水利安全监督工作按照中省有关要求，通过落实责任、强化监管、加强宣教等措施，全面完成了各项目标任务和省政府下达的安全生产控制指标，确保了全省水利安全生产总体形势持续稳定。全省水利行业没有发生生产安全责任事故。省水利厅被省政府评为“2014年度安全生产工作先进单位”。

1.加强学习，增强安全生产意识

为强化安全生产工作、增强安全意识，省水利厅于1月23日召开了水利厅安委会全体会议，传达学习了全国和全省安全生产电视电话会议精神，通报了2013年12月水利安全生产督促检查情况，安排部署2014年水利安全生产工作，并于9月9日召开了厅安委会全体（扩大）会议，学习传达了中省有关安全生产文件精神，通报了全省水利系统安全生产应急救援演练活动开展情况，安排部署了水利行业“六打六治”打非治违等水利安全生产工作。通过学习，各成员单位进一步增强了安全生产意识，提高了安全监管的自觉性。

2.明确任务，确保安全生产工作高效开展

为切实把安全生产工作抓好抓实，制定下发了《陕西省水利厅2014年安全生产工作要点》和《陕西省水利厅办公室关于进一步加强安全生产工作的通知》，明确了安全生产工作的总体要求和主要任务，指导了全省水利安全生产工作。

3.签订目标任务书，落实安全生产责任

按照年度工作目标责任书要求，年初，由主管副厅长分别与19个厅直单位签订了安全生产目标责任书，同时指导督促各市水行政主管部门与相关企业、单位签订了安全生产目标责任书。通过层层签订责任书，将安全生产和安全监督责任落实到具体部门和具体人。

4.及时部署，扎实开展安全检查和隐患排查

全年组织安全检查督查4次，组织抽查和暗访检查7次，强化了重点部位、重要时段的安全管理，确保了全年生产安全。全年水利行业共检查排查单位2318个（次），查出并整改隐患2461项，有效地预防了安全事故的发生。一是认真开展水利行业重要管线工程和今冬明春水利安全生产检查。1月6日，省水利厅以“陕水安监发〔2014〕2号”文件，下发了《陕西省水利厅关于开展水利行业重要管线工程安全专项排查整治和今冬明春水利安全生产检查的通知》，组织安排了全省水利行业和重点水利工程单位的重要管线工程安全专项排查整治和今冬明春水利安全生产检查工作。二是扎实开展汛前水利安全生产检查排查。为贯彻中省关于加强汛期安全生产工作有关文件精神，5月4日，省水利厅以“陕水安监发〔2014〕10号”文，下发了《关于加强汛期水利安全生产工作的通知》，组织全省水利行业，开展了汛前安全生产检查排查工作，重点对水利工程建设、工程运行管理等12个方面的安全生产情况进行了检查和隐患排查。三是开展建筑施工预防坍塌事故专项整治“回头看”活动。4月28日，以“陕水安监发〔2014〕8号”文，下发了《陕西省水利厅办公室关于开展建筑施工预防坍塌事故专项整治“回头看”的通知》安排部署了“回头看”工作，并多次以暗访检查、重点督查等方式对有关单位进行了检查。四是开展了水利行业“六打六治”打非治违专项行动。8月25日，以“陕水安监发〔2014〕21号”文，下发了《陕西省水利厅办公室关于印发<水利行业集中开展打非治违专项行动工作方案>的通知》，开展了水利行业六个重点领域的打非治违工作。9月23日，以“陕水安监发〔2014〕24号”文，下发了《陕西省水利厅办公室关于开展水利安全生产重点督查的通知》，组成6个督查组对水利行业“六打六治”工作和建筑施工预防坍塌事故专项整治“回头看”工作进行了督查检查。五是组织开展了7次抽查和暗访检查。采取不打招呼、突击检查的方式，分别对宝鸡峡管理局、石头河管理局、省引汉济渭公司、东庄水利枢纽工程现场建设管理处、省桃曲坡水库、泾惠渠西郊水库等单位不同阶段的安全生产工作情况进行了抽查督查。通过各类检查，全省水利安全生产工作，尤其是建筑施工预防坍塌事故专项整治“回头看”工作和“六打六治”工作，得到了有力加强，确保了水利安全生产形势持续稳定。

5.周密安排，抓好水利安全生产信息普查、填报工作和信息化平台建设

省水利厅在深化水利安全监管工作中，按照积极推广新技术、新方法的要求，扎实开展了水利安全生产信息化建设工作。根据水利部安排，及时成立了工作小组，制定了工作方案，组织了集中培训，扎实开展了安全生产信息化建设工作。2014年，水利安全生产信息系统中，全省录入企事业单位1855个，录入工程6167项，工程基本信息填报率100%。经水利部验收组核查，陕西省信息系统建设情况名列全国第一。

6.加强督导，积极推进安全评价和方案编制

为切实加强安全监管，及时掌握工程安全状况，防范安全事故发生，在2013年下发《关于开展水利水电建设项目安全评价工作的通知》的基础上，6月24日，省水利厅再次下发了《关于落实水利水电建设项目安全评价工作的通知》，推进全省水利工程安全评价工作。目前，《陕西省引汉济渭工程安全预评价报告(送审稿)》已经编制完成，并通过了水利部的审查，同时继续组织开展了全省在建水利工程保证安全生产的措施方案编制工作，确保工程建设安全。

7.精心组织，强化宣传教育

按照水利部和省安委会的安排，水利厅制定下发了水利行业“安全生产月”活动方案，组织开展了以下五项工作：一是与厅工会联合组织开展了以“弘扬企业安全文化，加强班组安全管理”为主题的“安康杯”竞赛活动。二是组织全省水利行业职工积极参加水利部开展的全国水利安全生产网络知识竞赛和摄影大赛等活动，获得优秀组织奖。三是组织厅直单位扎实开展了安全生产应急救援演练周活动，现场指导了省引汉济渭公司、东庄建设管理处、交口管理局、宝鸡峡管理局、省泾惠渠管理局、省水利博物馆的演练活动。四是4月22—23日，举办了水利安全生产信息系统建设与应用培训班，各地各单位负责安全生产隐患排查治理信息和事故信息统计上报的工作人员共计39人参加培训。五是加强安全宣传教育，组织厅安委会各成员单位，参加了省安委会举办的“6·16安全咨询日”活动，制作宣传展板3块，发放安全知识宣传资料5000余份，活动期间，薛建兴副厅长、马景国副巡视员亲自到场指导。同时多次在水利部安全监督网、陕西水利网等媒体发布了安全生产信息。

8.积极配合，完成了水利部安全生产考核

5月7—10日，水利部第2考核组对陕西省2013年水利安全生产工作进行了考核；11月13—17日，水利部第8考核组，对陕西省2014年水利安全生产监管工作进行了考核。备考期间，共计收集整理各类文件、资料、奖牌等举证材料7类320余份，同时积极联系指导西安市水务局、咸阳市水利局、商洛市水利局、省引汉济渭公司、省石头河管理局开展抽考准备工作，最终陕西省水利安全生产监督管理受到了考核组充分的肯定，较高标准通过了水利部安全生产考核。

（武　勇）

【水利稽查】2014年，按照厅党组对稽察工作“查细、查深、查透、查实”的新要求，扎实开展水利工程建设项目稽察工作，通过不懈努力，共完成62个项目的稽察，超额3%完成了全年稽察任务。

1.制订稽察工作计划

年初，制订年度稽察计划，计划对重点水利工程、渭河及汉丹江综合治理、水文监测、灌区续建配套及泵站改造、末级渠系节水改造、水电站增效扩容改造、中小河流治理、病险水库加固、小型农水、农村供水和水土保持等60个项目进行稽察。稽察的方式采用事先通知和现场通知两种方式，并加大现场通知稽察的力度。

2.扎实开展项目稽察

全年共组织7批次17个稽察组，稽察了全省12个市（区）41个县（市、区）、9个厅直单位的中省投资水利项目共12类62个项目，超额3%完成了全年稽察任务，其中：重点水利项目1个，渭河综合治理项目6个，汉丹江综合治理项目2个，中小河流（含防洪工程）项目10个，水文监测项目1个，病险库加固项目8个，水保项目4个，灌区续建配套与节水改造项目4个，农村饮水安全项目9个，小型农田水利项目12个，末级渠系节水改造项目4个，小型水电站项目1个。稽察项目总投资36.1亿元，共发现523个问题，纠正不规范结算资金1.49亿元，纠正违规支付资金3443万元。

3.狠抓项目稽察整改

针对稽察发现的问题，首先，及时向项目主管部门和项目法人及项目参建单位反馈，及时下发整改通知，提出限期整改意见和建议，全年共下发稽察整改通知53份。其次，对已稽察的项目进行全面清理汇总，分析整改落实情况，对整改不落实的项目督促限时完成整改，严肃督促整改销号，对不具备整改条件，对相关责任单位和个人进行批评教育，对其中严重的问题督促项目主管部门按照法律法规给予处理。最后，在稽察县（市、区）其他项目时，对前三年稽察过的项目加强复查，发现同类问题再次出现，严肃批评，要求项目法人坚决彻底进行整改，保证在今后项目建设过程中，杜绝类似问题重复发生。

4.认真开展项目复查

对稽察中发现的突出问题、重复出现的共性问题，

或不按时整改、整改不到位的项目，结合项目稽察组织复查，全年先后对引汉济渭、引红济石、交口抽渭2012年度灌区续建配套与节水改造、勉县漾家河定军山镇段防洪工程、旬阳县胜利水库除险加固等13个项目进行了复查，督促整改落实到位。

5.出台下发稽察管理制度

制定了《陕西省水利厅稽察人员管理办法》《稽察人员行为准则》《稽察人员责任制度》《稽察人员佩戴工作牌制度》《厅管项目动态跟踪稽察制度》《稽察问题归档记录及整改销号制度》《党风廉政建设制度》《稽察办内部管理制度》等办法和制度，完善了《稽察回避制度》，进一步规范各项稽察工作，使稽察工作有章可循。

6.参加水利部稽察培训

组织稽察办全体人员和部分稽察专家共60人，参加了水利部的稽察培训。

7.完善稽察专家库

在全省范围征集稽察专家，经筛选和审核，共新增专家36名，主要是从事水利建设管理的专业技术人员，壮大了稽察专家队伍，为稽察工作更有效开展奠定了人才基础。

（王　媛）

灌区建设与管理

【宝鸡峡灌区】2014年，省宝鸡峡灌溉管理局紧紧围绕“三保一促”工作新思路，认真贯彻落实十八届三中、四中全会精神，深刻领会省水利厅厅长王锋在宝鸡峡灌区调研时的讲话内涵，不断巩固升华群众路线教育成果，紧盯目标任务不放松，强化安全管理不懈怠，坚定创新发展不停步，持续加力促作风转变，党建精神文明建设助推发展，全局和谐稳定，经济稳步提升，超额完成了年度各项目标任务。

一、年度目标任务完成情况

1.水利经济

实现经济总量13309万元，占全年目标任务的124%，其中农灌供水收入2503万元、发电收入3999万元、综合经营产值6807万元。

2.灌溉发电

农灌完成斗口水量1.46亿 m^3，占年度目标任务的122%；发电上网1.29亿kW·h，占年度目标任务的161%。

3.项目建设

完成了林家村水库下游水毁修复加固工程、塬上总干渠安全防护工程以及林家村冲砂闸除险加固、王家崖水库除险加固等专项工程的年度建设任务，共计完成投资2800万元。完成了2013年节水改造项目渠道衬砌68.7km，改造建筑物311座，完成投资6650万元，完成省水保局下达2013年塬上总干渠防护工程单面防护15.8km，桥梁防护11座。完成咸阳市安排的防护工程单面防护16km，桥梁防护20座。完成礼泉区域防护工程8.37km，完成防护投资980万元。泵站改造进展顺利，第二批泵站改造项目春灌投运，第三批4座泵站夏灌已经发挥效能，累计完成投资923万元；完成了2013年度1713万元的维修养护任务；完成了灌区2012年度末级渠系改造任务，完成投资1995万元；完成了2013年度农业综合改革示范项目659万元的年度建设任务。水利工程专项治理按期完成，未发现违规违纪问题。

二、全年工作概述

1.理思路转作风，聚力发展氛围浓厚

针对“灌溉收入不稳定、发电收入递减、安全形势严峻”等实际，及时提出了“保稳定，保安全，保工资，促发展”的稳中求进工作新思路。敬终如始狠抓作风建设，严格落实中省厅公车使用、“三公”经费管理、厉行节约等有关规定，全局会议费、招待费明显下降。全面贯彻落实王锋厅长调研讲话精神，提升责任感、使命感，弘扬正能量。修订职称评审办法，激发职工的上进心，营造了敬畏制度、敢于负责、乐于奉献的良好环境。

2.规范灌溉管理，抗旱供水再创佳绩

以服务灌区、保障粮食安全为己任，面对冬灌欠产、春灌前期遭遇5次降水的困境，全局干部职工不松劲、不气馁、不懈怠，自我加压攻难关，围绕“灌溉管理规范年”，精心组织开展“夺旗争奖，赶超春灌任务”劳动竞赛，不断规范管理，提升服务质量，激发用水积极性，春季灌溉稳步推进。沉着应对夏灌长期伏旱，积极响应省抗旱预案，早安排、早部署，扎实开展“践行承诺、服务群众、赶超任务”旬评季创夏灌劳动竞赛，在冬春灌欠产不利形势下，夏灌用水创近五年新高，超额22%完成了全年任务。

3.保生态顾大局，发电生产安全高效

不断强化大局意识，坚决落实省厅确定的电站运行方案，及时从林家村水库下泄生态水，全局电费少收入1300多万。创新发电生产安全管理，抓机组大修、促日常维护、保安全高效，投资150多万元解决了魏家堡电站前池渗漏和输水管道沉陷问题，改造了林家村电站输电线路，扎实开展安全大发电劳动竞赛，取得了发电上网1.29亿kW·h的好业绩。

4.下硬茬抓质量，项目建管水平提升

制定工程管护标准，建立管护责任考核体系，严格落实工程质量、进度、安全管理主体责任；健全工程建设信用体系、完善现场安全管理制度，实行工程建管质量“月通报”制度，先后下发了48期督查通报，工程监管力度显著增强；扎实开展“五比一保”和“为项目增力，为党旗添彩”劳动竞赛，量化评比、严格奖罚，营造了“用良心专心保质量，用压力动力保进度，用荣辱责任保安全”的良好氛围；整顿监理队伍，举办监理业务培训班，提升素质，夯实了质检基础；调整了“三修两清一绿化”以奖代补兑现方式，按整修长度补助、按质量评定等级奖励，促进了全局冬修工作顺利完成和质量标准的全面提升。

5.强管理树形象，企业发展能力增强

不断强化管理，提高管理水平，狠抓质量管理，加大开发力度，积极争取社会市场份额，加强项目成本管理，总体效益稳中有升。工程局年内完成产值6319万元。设计院完成设计项目31项，审查通过率达到98%。万方监理公司完成产值238万元。

6.抓安全重实效，灌区发展和谐稳定

采用安全培训教育、召开98km工程和北干渠安全专题会议等形式，不断强化安全防范意识，做到了安全隐患早发现、早处理；成立了安保维稳工作领导小组，完善各类安全预案，立足实战抓演练，先后开展了发电机组事故应急、渠道安全救生、防溺水安全等预案演练，成功处置了8起200多人次的群体上访、闹访事件；以6座水库和塬上总干渠作为全局防汛工作重点，科学制定防汛预案，扎实开展汛前检查，及时下拨资金，限期治理隐患、补充防汛物资，加强各级领导责任和带值班，灌区防汛安然无恙；严格执行渠道安全防护巡查制度，坚持现场执法和协调相结合，依法、有礼、有节开展维权活动，维护了灌区合法权益。

（肖永健）

【泾惠渠灌区】2014年，省泾惠渠灌溉管理局在省水利厅党组的正确领导下，深入学习贯彻党的十八大、十八届三中、四中全会精神，认真执行厅党组的各项决策部署，扎实开展“抓整改、建机制、促工作”“讲学习、守纪律、比贡献”等活动，强化措施，狠抓落实，全局各项工作呈现出良好发展势头，为灌区经济发展和新农村建设作出了新的贡献。

1.农业灌溉

始终坚持农业灌溉基础地位不动摇，修订《灌溉生产经营管理办法》《水量调配结算办法》等制度，优化了考核指标体系，强化了激励机制；在灌区安装自动遥测水位计、雨量计52台套，建立水位、雨量自动测报系统，提升灌溉管理现代化水平。通过召开灌溉系统领导干部会、专题会、现场会分析存在问题，制定应对措施，落实阶段任务，积极开展劳动竞赛，激发职工工作热情，形成了你追我赶、创先争优的劳动热潮，有力地推动了抗旱灌溉工作。全年完成斗口引水1.3亿m^3，灌溉农田160余万亩次，特别是面对近10年少有的夏伏旱，管理局上下一心，积极应对，夏灌斗口引水5916万m^3，取得了20余年夏灌最好成绩，保障了灌区农业生产和粮食安全。

2.项目建设

紧抓项目前期工作，完成了灌区2013年农业灌溉设施建设项目、2014年续建配套项目、2014—2020年信息化建设规划等13项工程项目的报审工作，落实项目资金计划1.1亿元，保证了灌区工程建设顺利进行。严格执行项目建设“四制”，狠抓项目建设管理，制定科学的施工方案，合理安排工期，严格质量管理，抢晴战雨，攻坚克难，完成了徐木泵站更新改造工程、北干分支渠、四支过清、南干渠改造工程、2013年农业水价综合改革示范项目等9项工程建设任务，徐木泵站抽水能力提高3m^3/s，改造各级渠道121km，全年完成投资9160万元。

3.工程管理

落实年度工程维修养护实施方案，签订维修养护合同148份，扎实开展工程维修养护工作，累计完成投资1538万元，顺利通过了省厅考核验收；健全组织机构，科学制定工程度汛计划及预案，落实安全生产责任制，加大检查力度，开展防汛实战演练，印发万余份放水安全通告，严格工程巡查，保证了灌区工程安全，全年安全无事故；加强水法规宣传教育，严格水政执法，依法查处水事违法案件7起，解决了西咸北环线高速公路穿越干支渠道等交叉工程问题13起，落实工程补偿费用，有效维护了灌区合法权益。

4.城镇供水

一支渠调水石川河输水工程经多次组织现场踏勘，确定最优输水线路，完成了907m箱涵及引水闸、分水闸水下工程施工任务，阎良生态供水项目具备了供水条件。西安渭北工业园供水项目湾子水厂输水工程可研究性报告、初步设计、招投标等前期工作全部完成，北干分支渠建成箱涵5.5km，输水工程剩余部分正在加紧实施。三原县城供水、富平热电联厂供水、渠首泉群开发利用等项目前期工作稳步推进。建成了西郊水库简易实验室及渠首中试实验室，积极开展水质监测，取得了阶段性试验成果。

5.综合经营

改革企业考核分配办法，加强财务监管，初步建立了企业上缴管理费制度；帮助企业解决生产中的突出问题，投入80余万元对渠首电站、新庄电站及机械公司生产设备进行改造，解决了安全隐患大、效益不高等突出问题；支持企业拓展市场，不断壮大经营实力。泾河工程局规范内部管理，狠抓施工质量与安全，高质量完成了西安市李家河水库工程等施工任务，完成产值1.18亿元。郑国监理公司取得ISO质量管理、职业健康安全管理、环境管理三项体系证书，提升了形象，扩大了市场，承揽了冯家山一级水电站增效扩容改造工程等25项工程监理业务，完成产值756万元。恒立质检公司取得了实验室资质及第三方检测资格认证、CMA计量认证合格证书，为自身发展创造了有利条件。资源开发成果丰硕，郑国渠遗址保护发展规划编制完成，西郊水库育苗基地建成并初具规模，水库生态养殖初步实施，仲山龙泉饮品有限公司建成桶装水生产线，取得食品生产许可，产品已面向市场销售。管理局2014年综合经营完成产值1.5亿元，实现利税880万元，上网电量4075万KW·h，收入1263万元，继续保持强劲的发展势头。

（周娟辉）

【交口抽渭灌区】2014年，在省水利厅党组的正确领导下，省交口抽渭管理局认真领会习近平总书记系列重要讲话精神，贯彻落实厅党组决策部署，正确把握“强化管理、开源节流”的总体要求，精细管理，低调务实，埋头苦干，全面完成了年度各项目标任务，保持了全局稳中向好的发展势头。

1.灌溉供水

认真贯彻落实省防总抗旱指示精神，始终把抗旱灌溉当作第一要务来抓，科学防抗，主动应对，克服了河源来水短缺、电力供应不足等制约因素的影响。全年引水历时185天，净用水175天，累计灌溉面积228.5万亩次，斗口引水1.71亿 m^3，实现国营水电费收入3151万元，水费回收率100%，灌区灌溉水利用系数达到0.555。

冬灌大流量引水41天，在大冻前完成了越冬作物灌溉任务。于正月初六启动春灌用水，一鼓作气在清明前完成灌季引水任务。夏灌比往年提前9天开机，赢得抗旱主动权，灌季引水突破1亿大关；完善灌溉任务分配和领导包片、科室包站制度，深入开展“兴水杯”和灌季劳动竞赛活动，形成齐抓共管、自我加压、奋勇争先的工作局面；修复加固临时拦河坝，解决渭河主流偏离进水闸问题。加强与供电部门联系，对渠首站供电设施进行增容改造，解决了困扰多年的电力不足问题，渠首抽水流量从 $36m^3/s$ 增加到 $40m^3/s$；组建专业浇地服务队，实行“修渠、送水、浇地”一条龙服务。在夏灌前夕，急群众之所急，不计水量损失，为东干辖区4000亩大棚西瓜单独安排了一次“膨大水”灌溉，受到广大瓜农的称赞。夏灌期间，主动出击，连续作战，有效抗御了多年罕见的严重伏旱，发挥了大型灌区的主力军作用，渭南市临渭区区委、区政府向交口抽渭管理局赠送了“抓早动快抗旱魔，情系灌区保丰收”的锦旗；8月底灌区强秋淋发生后，管理局不等不靠，立即启动沿渭河2座泵站排水设施，连续抽排5昼夜，排水300万 m^3，防御了灌区内涝灾害的大面积发生，保障了灌区群众生命财产安全。

2.项目建设

积极实施项目带动战略，加快推进项目前期和在建工程，全面完成了节水续配、信息化和泵站改造项目的年度建设任务。全年累计衬砌干支渠道33km，改造泵站7座，完成投资6350万元，占省水利厅下达任务5000万元的127%。

积极开展渠首应急水源工程、灌区扩灌工程和灌区排水改造工程的项目前期工作，努力实现灌区项目建设的有序接替；按照项目建设与抗旱灌溉两不误的原则，利用春灌停水间隙，重点实施张排泵站改造工程和3个标段渠道工程，在5月底前达到运行条件，实现了节点目标。8月底夏灌结束后，迅速召开秋季项目建设动员大会，提出“大干60天”“11月15日达到通水条件”的建设目标，优化施工方案，昼夜施工，加快总干渠箱涵、桥梁等控制性工程进度，克服强秋淋天气对工期的影响，提前5天完成了年度节点任务；坚持质量第一的思想，坚持项目“四制”，建立周例会、旬点评、月检查的抓质量机制，优化施工方案，加强现场检查，注重过程管理，严格验收程序，在建工程质量取得新突破，总干渠、张排泵站等工程质量得到水利部、省发改委专家的充分肯定。

3.综合经营

从政策、项目、资金上加大对局属企业支持力度，推动企业加快发展。全年完成产值4543万元，实现利税229万元，分别占目标任务的123%和176%，产值较上年增长9%。

渭河工程局在实施局内项目的同时，狠抓陕南、河南市场开发，全年产值达到3530万元；泵（电）站检测调试中心在管理局的支持下，建成水利工程质量检测综合实验室，通过了省质量技术监督局资质认证，取得农村水电站安全生产标准化评审资格，成为西北首家具有5类资质的水利工程质量检测机构，市场竞争力得到较大提升；秦东水利机械公司在水库除险加固、城乡供水等多个项目中承揽业务，市场进一步拓宽；秦东水利水电设计院加强与有关院校合作、开展设计回访，设计能力不断提升。兴水监理公司在市场竞争中崭露头角，经营业绩创出新高。

4.管理工作

坚持把精细化管理贯穿到各项工作当中，向管理要效益、促发展。实行机关部门月度督查和基层单位季度考核，以强化跟踪督办和绩效考核为抓手，促进工作任务落实和绩效提升；先后制定了《财务管理办法》《包干经费管理办法》《财务内审办法》《机电配件仓储管理办法》，有针对性地开展财务内审和“小金库”专项治理工作，财务管理规范有序；坚持“高起点、高标准”的原则，扎实开展维修养护、渠道清障、“三修两清”、渠道绿化等工作，工程设施管理迈上新台阶。建成了以官底站、田市站为代表的站容站貌、渠道设施维修养护样板站，年度项目通过省厅考核验收，名列前茅。建立渠道清障月通报制度，清理渠堤违规种植累计17.3km，取缔广告牌和违章建筑，渠道侵权问题得到有效遏制。建立泵站设备维修台账、规范废旧机电设备处置，完善维修费用计划审核及报销程序，管理更趋规范；以设备检修和故障排除工作为重点，加强机电设备安全运行管理。全年机电设备安全运行185天，渠首累计抽水约2.35亿m^3，抽水用电4605万kW·h，管理局泵站年平均能源单耗4.69kW·h/(kt·m)，全年大修机组112台次，更换配件429件，维护变配电设备165台套，辅助设备63台套，设备完好率达到98.3%以上，全年设备无安全事故发生。依法开展渠首河道违规采砂、关山小城镇建设占用渠道、引黄入渭工程穿越灌区等维权工作，有力维护了水利设施的完整及功能的正常发挥。

5.安稳工作

认真贯彻落实中、省有关安全生产指示精神，切实加强水利安全生产工作，强化安全措施，加强安全管理，全年安全生产实现"零事故"、人员"零伤亡"。扎实开展渠道防护、安全度汛、灌季生产、应急演练和"六打六治"专项治理排查活动，消除安全隐患20多处，全面提高了应急处置能力；围绕"强化红线意识、促进安全发展"主题，积极开展安全生产月活动。悬挂安全警示标语35处，散发安全宣传单500余份，组织超过80%的职工参与了水利安全生产知识网络竞赛；严格安全生产信息月报网络填报制度，推进安全生产信息化建设。专职人员培训学习，熟练软件操作运用，共建立安全生产客户端9个，填写71个工程项目安全信息，按时完成安全生产信息月报工作和阶段统计上报任务；做好灌区维稳工作。坚持人民群众来访接待制度，出台了《信访工作责任追究办法》，明确责任，及时妥善处理来信来访，有效遏制信访矛盾纠纷苗头，维护了灌区和谐稳定大局。

6.科技工作

按照"项目带动、科技兴水"的工作思路，不断加强水利科技创新和应用，科技工作成效明显。液压传动"U"形渠道切缝机研究项目通过省水利厅审查，列入省级水利科技项目投资计划，该项目总投资18万元；完成了全省第八届陕西水利优秀科技论文推荐上报工作。征集的论文涉及灌区排水工程管理、小型抽水站机组选型及泵站改造施工等多个方面，对充分调动科技人员创新积极性，促进灌区水利科技工作持续发展起到了积极作用；认真组织第二十一届"科技之春"科普知识宣传活动。为普及灌区群众的水利科技知识，增强群众爱水、节水意识，3月份，按照省水利学会统一安排，结合灌区群众关心的水利热点、疑点问题，通过制作宣传展板、发放宣传单等多种形式，就节水灌溉、水资源保护、水利设施保护等几个方面进行了广泛宣传。

7.民生工程

管理局在岗职工人均年收入达到4.35万元，占目标任务的114%，较上年增长6.1%，离退休职工生活补贴较上年增长8%。通过扩大灌溉收入和压缩非生产性开支等措施，千方百计保工资，在岗职工人均年收入较上年提高6.1%；投资75万元，调增基层职工夜餐费及误餐补助费标准，并对全局1165名在岗和离退休职工进行体检；筹措资金100多万元，对家属楼供电线路、机关供暖设施以及渠首站、田市站、蒲阳站等6个基层单位进站道路等生产生活设施进行维修改造。

（曹小兵）

【石头河灌区】2014年，省石头河水库管理局在厅党组的正确领导下，以党的十八届三中、四中全会精神和习近平总书记重要讲话精神为指导，以贯彻落实全国水利厅（局）长和全省水利局长会议精神为动力，紧紧围绕年初确定的目标任务，深化改革促发展，改进作风抓落实，全面完成了全年各项目标任务。

1.水利经济

坚持供水、发电、灌溉、综合经营四轮驱动，大力发展水利经济。全年实现经济总量9580.14万元，城市供水7489.96万m^3，灌溉斗口水量2433.82万m^3，发电上网5746.3万kW·h，综合经营产值3202万元，分别占省厅年度考核任务的127.6%、136.2%、111.2%、127.7%、109.3%。

2.引红济石工程

在地质条件复杂多变的情况下，经过历时三年的坚韧不拔的努力，Ⅳ标TBM改造完成，效果理想，运行正常，于6月25日开始全断面试掘进并顺利穿越F27断层，枢纽管理房、水保治理（一期）工程全面完成，Ⅰ、Ⅱ标的所有分部工程通过验收。全年完成隧洞掘进1600m，混凝土衬砌1684m，超额完成了年度目标任务，为隧洞早日贯通打下了基础。

3.城市供水

坚持把安全稳定供水作为重大社会责任，把城市供水作为推动石头河飞跃发展的动力引擎，不断加强水源保护和水质检测，在巩固市场、扩张总量、强化管理、提升效益上下功夫，西安供水保持稳定，咸阳供水分类计价正式执行，杨凌供水用量上升，宝鸡供水于3月底正式通水且水价于6月份得到省物价局批复，太白山旅游开发区供水达成初步意向，实现了西安、宝鸡、咸阳、杨凌三市一区的全辐射，进一步巩固了"关中水塔"的战略地位。全年城市供水量达7400万m^3，创2003年以来最好成绩，供水收入创1996年以来历史最高纪录。

4.农灌抗旱

严格执行"流量包段、按量计费、昼夜连灌、日清日结"的管理办法，加强配水、结算、工程巡查等环节管理，实现全年安全行水，干支渠利用系数较2013年提高了5个百分点，灌溉单方水价首次达到省批水价0.13元，水费收入达到320万元，节约水量1000万m^3，实现了农灌抗旱与节水增效的双赢。

5.面上项目建设

水库除险加固大坝泄洪洞工作闸门，于4月24日提前6天改造完成并具备泄洪条件，黑沟弃渣坝除险、溢洪道及输水洞机电设备改造全部完成。电站增效扩容按计划实施，将于2015年上半年完工。2012年度灌区续建配套与节水改造、水保综合治理项目完成主体建设任务，2013年度灌区续建配套与节水改造6个单项工程和灌区水利工程维修养护完成全部建设任务。

6.防汛度汛

认真落实全省防汛电视电话会议精神，及时安排部署防汛工作，修订完善了水库度汛计划及抢险应急预案，明确了各重点设防单位职责和责任人，调整充实了防汛指挥部组成人员，组建了5支共300余人的防汛抢险队伍，落实了防汛经费，补充了防汛物资，对度汛设施、预报系统、各类机闸进行了全面排查，在水库枢纽举行了防汛抢险实战演练，保证了水库大坝和骨干工程安全度汛。

7.安全生产

开展了第三届“泰山杯”安全生产竞赛，逐级签订了安全生产责任书，先后进行各类安全检查15次，实现了全年安全生产无事故。

8.水利反恐

采取局级领导包站驻守、基层单位具体负责、机关科室全面参与、职能科室蹲点督查等措施，加强了水利反恐工作，有力处置了汤峪水利干部中心拆迁等7起涉水案件，依法保护了水利工程安全。

9.水源保护

进一步完善库区水源保护设施，在库区新增警示牌8组、防护网1.5km、视频监控设施6组。在咸阳市开展了大规模的水质宣传活动，进一步增强了石头河的社会影响力。

10.体制机制改革

完善理顺“六大板块”管理体制，健全了基层党组织和纪检、工会组织，实现了新的管理体制顺畅运行。健全“六大板块”财务管理机构，全面实现了财务集中管理、统一核算。按照“集体承包、核定基数、自主经营、自负盈亏”的原则，转换了太白宾馆和水产站的经营机制。加大力度推进后勤服务社会化改革，组建成立了3个物业办，后勤管理体制进一步完善。

（王彦军）

【桃曲坡灌区】2014年，省桃曲坡水库管理局全面贯彻落实党的十八大、十八届三中、四中全会以及中央、省委、省政府有关精神，紧紧围绕省水利厅工作部署，抓机遇促发展，抓改革促创新，抓学习促能力，抓管理促效益，各项工作取得了明显成效。

1.科学合理调度抗旱灌溉水源，服务灌区经济民生

桃曲坡灌区2014年水源整体偏枯，灌区用水矛盾突出。为此，管理局统筹兼顾，科学调度，充分发挥南干渠与岔口连通工程作用，科学调配清洪库塘水源，实行小流量长历时轮灌模式，加强旱情、墒情调查和水雨情信息采集，及时分析用水信息，合理调配水量，减少输水损失，提高灌溉水利用率，最大限度节约用水。在抗旱灌溉工作中，加强水费廉政建设，严禁加量、加价现象出现，降低群众用水成本；充分发挥农民用水者协会作用，积极组织群众抗旱灌溉，维护用水秩序，服务灌区发展稳定。全年抗旱灌溉斗口引水4084万m^3，灌溉农田41万亩次，确保了灌区农业增产、农民增收、农村稳定。

2.水库防汛井然有序，保下游群众及工矿企业安澜

加强桃曲坡、红星、尚书3座水库防汛度汛预案修编，夯实防汛行政及技术责任；汛前进行了三次大检查，对桃曲坡水库低洞弧形闸门进行更换，完成了马栏引水隧洞出口明渠应急抢险工程，消除防汛隐患；补充防汛物资，筹建防汛机动抢险队，参加防汛抢险应急演练；汛期严格执行24小时带值班制度，畅通雨水工情，超前预警，科学防范，精心引洪蓄库，变控制洪水为利用洪水，确保了水库安全运行，保障了下游群众及工矿企业安澜。

3.注重城市及工业供水管理，不断提升水质和供水服务质量

加强用水指标管理，根据省水利厅渭河流域水量调度要求和水量指标分配情况，年初及时制定各用水户年度用水计划，实行计划管理，积极推进两部制水价结算。在坚持做好水保综合治理及水生态修复、清洁水源及水源安全保护等日常工作的同时，集中开展为期10天的水源安全专项整治活动，出台了《桃曲坡水库水源地一级保护区管理办法》，建立起了水源保护长效机制。加强制水过程和水质管理、管网和工艺设备管理，严格出厂水、管网末梢水水质检测化验，水质合格率达100%，供水保证率达到99%以上。开展行风评议、供水水质服务咨询、饮用水知识宣传及用户问卷调查等；邀请铜川市民代表参观制水工艺、市政协委员回访水质安全管理提案落实情况；制作《水碱之忧》专题宣传片，传播日常生活用水常识等，切实提升供水服务质量。全年完成城市及工业供水量1650万m^3，有力支撑了区域经济社会发展。

4.节水工程建设和维修养护齐头并进，灌区面貌焕然一新

项目前期紧锣密鼓步步跟进。西沟水库可研究性报告上报省水利厅，并与地方政府达成初步意见，编报了“十三五”规划建议书，红星水库灌区农发节水改造项目初设、农业灌溉设施项目末级渠系节水改造二期工程、水保项目实施方案获得批复。节水工程建设克难攻坚进展顺利。克服低干渠输水工程到位资金差的困难，自筹垫付资金确保工程建设进度。低干输水渠工程主体完工，尚书水库干支渠节水改造、2012年度末级渠系节水改造全面完工，各类项目共改造干支、斗农渠61km，建筑物467座。水保项目完成2012年度尾留及2013年度工程建设任务。维修养护不断创新全面升级。在全面完成省厅下达年度维修养护项目建设任务的基础上，完成斗分渠养护173条103km，新栽苗木6777株，维修养护标段季度考核A档以上格次占总标段数的66%。西干渠维修养护工作在全省率先探索过村段渠道由政府、群众与水管单位联合整治的新路子，取得了良好效果。一系列节水措施的有效实施，使得灌区渠系水利用系数明显提高，年节水1200万 m^3。

5.积极开展多元化服务，助力水利经济发展

遵循“以水为主、发挥优势，突出发展、注重效益”的服务理念，积极发展水利施工和水生态旅游，助力水利经济发展壮大。局属飞龙公司改变经营思路，加大市场开拓力度，落实专人筹资金、找项目、竞投标，努力“走出去”；加强安全质量管理，在每个工地设立安全警示牌、安全标语等，落实安全生产责任制，全年未发生一起安全责任事故；狠抓工程施工管理，完善项目“四制”管理制度，严把工程建设质量关，牢固树立“质量为先”的管理理念，不断提升工程建设水平，着力打造精品工程，年内完成水利施工产值4030万元。水生态旅游坚持保护式开发的原则，以打造国家水保示范园为目标，大力加强库区生态建设，进一步提升水生态旅游品质；积极开展会议培训和继续教育工作，年内接待游客43911人次，接待会议、培训班64个，培训专业技术人员1.07万人次。水利旅游及会议服务、培训全年实现收入397万元。

6.水政执法标本兼治依法推进

开展“世界水日”、“中国水周”宣传和法律“六进”活动，营造良好的法治氛围。为全局24名水政监察人员办理了执法证件，开展了水政执法人员业务培训，着力规范水政执法行为。稳步推进依法维权工作，先后查处了东干九支非法建桥等水事案件，推进依法治水工作。

7.安全生产有力有序稳步推进

年内开展了5次安全生产大检查及安全生产月活动，集中开展“六打六治”和“打非治违”专项治理及“四防”工作，全年无一起安全责任事故发生。

扶贫帮困崇德向善。春节前，领导班子成员深入困难职工家中发放慰问品、慰问金10000元。积极开展扶贫帮困工作，派2名业务骨干驻村开展扶贫工作，全局副科级以上干部对口扶贫淳化县车坞镇南胡同村64户困难户，落实扶贫资金5.2万元，用于首批20户群众发展种植、养殖及村医务室建设，对扶贫点2014年新考入大学的10名学生进行资助，扶贫工作反响良好。

8.内部管理持续加强，保障单位强势发展

一是坚持周评议、月小结、季考核的绩效考核工作机制，将考核结果与绩效工资挂钩，全年绩效考核A、B档职工达846人次，占在岗职工总数的25.6%，极大地调动了干部职工的工作积极性。二是严格执行财务计划管理和内控制度，推进公务卡结算，全额收回本年度及大部分陈欠工农业供水水费，尽力保证职工工资福利兑现和项目建设资金。三是投资100余万元为枢纽、马栏站等四家单位改善职工宿舍办公条件。实现了职工医疗社会统筹，为全局372名职工及离退休人员进行体检。建立困难职工档案，坚持慰问走访制度。

9.作风建设务实民主接地气

一是围绕“破解发展瓶颈、增强发展后劲、推动持续发展”开展“金点子”征集活动，收集建言献策78件，抓好“含金量”较高的20个“金点子”落实工作。二是以干部下基层工作为抓手，局班子成员等31名机关干部深入到引水枢纽、施工工地和基层灌溉站等一线与职工同吃同住同劳动，并开辟了《蹲点日记》和《基层工作见闻》两个宣传专栏，下情上达，以上率下。三是夯实“一岗双责”，为全局124名在职党员制作廉政承诺牌，对59名中层干部进行了廉政提醒谈话，全局69名科级以上党员干部落实了反对“会所中的歪风”签名承诺，观看了《我们不能没有信仰》《小官大贪》等教育光碟。严格督促落实工程建设“四项制度”，农灌水价实地调查走访农户135户，城市供水开展“问卷调查”和行风评议活动，严格执行“节假日纪律”，制定了《关于严控婚丧宴请的规定》，规范各类宴请活动，制止“吃请聚会”，切实纠正“四风”。

（李建邦　李　惠）

【冯家山灌区】

1.项目建设

项目强化管理，实行法人责任制、工程建设监理制、招投标制、合同管理制。灌区续建配套节水改造项目，实施的南干渠、北干十一支渠及退水渠、北干

十五支二三分支渠、北干普庵段改造工程，完成渠道混凝土衬砌25.84km，改造建筑物188座，完成中省投资3380万元。泵站更新改造项目，高里泵站和南一抽一、二级泵站更新改造工程，完成中省投资1100万元，主体工程已基本完成，目前正在进行自动化设备的安装调试和附属设施建设施工；北四抽二级泵站更新改造项目，完成中省投资320万元，目前进水前池及主、副厂房主体工程已基本完工，正在进行出水管道安装和变电站改造等项目的施工；实施的二级电站增效扩容改造工程，完成中省投资506万元（地方配套45.24万元），目前已并网发电。正在实施的一级电站增效扩容改造项目完成中省投资446万元（地方配套54万）。2014年工程建设共完成总投资5851.24万元，占年度目标任务5337万元的109.6%。完成中省投资5752万元，占年度目标任务4500万的127.8%。在抓好项目建设的同时，注重项目前期工作和审计验收工作。一是编制完成了灌区续建配套节水改造项目2014年实施方案，第一批概算总投资3507.69万元，第二批概算总投资2753.70万元，已上报省水利厅审查；二是编制完成了2013年十五支二、三分支渠改造项目的调改上报工作；三是编制完成了北三抽一、二、三级泵站更新改造项目的设计工作，已上报省水利厅进行审查；四是完成了2011年续建配套节水改造项目竣工验收及2012年续建配套节水改造项目竣工决算审计工作。

2.供水生产

供水生产是水库的主业，一年来充分发挥大型蓄水工程的优势，一是调动干部职工积极性，全力抓好农业灌溉，服务好农业灌溉，全年灌区冬灌和夏灌共行水93天，渠首灌溉引水量5148.277万m^3，落实支口水量2524.12万m^3，完成斗口水量1875.695万m^3，占年计划任务2060万m^3的91%；灌溉农作物27.85万亩次（其中库水灌溉24.05万亩次，小型灌3.8万亩次），占年计划任务30万亩次的92.8%。二是统筹安排，科学调度，全年给城市、二电厂和长能公司供水4945万m^3，占计划任务3800万m^3的130%。

3.小水电建设

2014年，冯家山水电站3台机组安全运行185天，完成上网电量773.3万kW·h，实现电费收入227.6万元。投资551.24万元对二级电站进行增效扩容改造，已通过上面有关单位验收及绩效评估，目前已并网发电，机组运转良好，效益显著。

4.渔业生产

积极调整养殖结构，规模化养殖鲟鱼，全年养殖商品鲟鱼7.23万kg，取得了养殖鲟鱼以来的最好成绩。向水库投放鱼种5.79万kg，保护了生态平衡，确保了水生渔业的可持续发展。加强渔政管理，积极组织渔政执法人员参加渔业行政执法培训学习，给渔政执法人员购买了渔政执法服装，添置渔政执法船，解决了执法中的交通问题，同时开展了休闲渔业餐饮服务，并不断加强内部管理。

5.综合经营

在保障城乡和工业供水服务的基础上，依托水资源优势，水电公司、设计院、电站、渔场和库区结合自身工作特点，发挥优势，积极开展经营活动，全局完成综合经营收入2225.15万元，占年度目标任务1845万元的120.6%。水电公司实行项目管理，推行工效挂钩，全年共承揽项目7项，完成产值1413.8万元，上缴税金73.56万元。设计院强化管理，积极拓展市场，完成产值131.03万元，上缴税金5.8万元。

6.防汛保安

为确保水库安全度汛，管理局总结历年度汛特点和经验教训，认真贯彻“安全第一、常备不懈、以防为主、全力抢险”的防汛工作方针，层层落实防汛责任，提升信息预报能力，完善防汛预案，做好汛前检查，备好防汛抢险物资，强化管理、狠抓落实、科学调度，确保了水库安全度汛。并于2014年5月30日进行了冯家山水库防震减灾暨防汛指挥应急演练活动，通过演练，增强了全局职工的抗震、防汛减灾意识，起到了提高认识、锻炼队伍的作用。

7.工程管护

修订完善了《工程管理办法》，进一步明确了工程规范化、标准化管护内容和要求。抓好正常管护的同时，投资83万元对灌区17项重点工程进行维修，共改造桥梁4座、集中清淤2段、修复水毁渠道8处、新修斜坡道1处、加固工程2处。投资8.7万元对支斗渠进行维护，同时加强工程维权，依法依规处理了法门新区扩建、宝平高速修建、宝麟铁路占堤施工、千阳县城道路改建、天然气管道穿越南北干渠等涉及工程安全问题，既维护了水利工程权益，又给予了建设方很好的配合，为灌区工程安全运行及项目建设创造了良好的环境条件。

8.综合治理、安全生产和信访维稳工作

把综合治理及安全生产和信访维稳工作作为单位的重要工作，由党政一把手亲自抓，坚持早安排、常检查、促整改、抓防范，为全局事业发展创造了良好的环境。结合局系统工作实际出台了《冯家山水库管理局安全管理工作制度》，做好重点地域安全管理工作，开展“安康杯”“安全生产月”竞赛活动；同时狠抓对职工的思想教育，建章立制，落实防范措施，加强检查，全局各项工作稳定有序，安全生产态势良好。在抓好综合治理、安全生产的同时，重视信访维稳，一年来接待来信来访22件（次），按政策和规定能办理的，立即给予办理，不符合政策的，逐一给予解释答复，做到了矛盾不激化，问题不上交，事态未扩张，工作无失误，保证了单位和谐稳定。

（景 亮）

【石堡川灌区】2014年，石堡川水库灌溉管理局在各级领导关怀支持下，全体干部职工认清局情，同心同德，克难攻坚，全面完成了各项目标任务。

1.灌溉引水创建库以来历史之最

在供水生产中，按总量控制与定额管理相结合的灌溉用水管理制度下达实际用水计划，供水中实行水权集中、统一调配、分级管理、流量包段、水量包干的水资源调度原则，组织各站逐一校核渠首和各支口量水设施流量曲线，加密各涉界量水断面的施测频率，全年斗口引水3059万m^3，创灌区开灌40年之最，比历史第二个引水高峰年多25%，也完成了市局下达1100万m^3任务的278%，灌溉面积26.53万亩次，是市局下达16万亩任务的166%。加强农民用水者协会建设，微机开票到户率达到100%，水量对口率达到98%，农灌水量完成年度农灌水量的151%，果林比例达到44%，农灌水利用系数达到0.5，亩次耗水80m^3，完成省市政府下达的各项节水指标任务，2014年水利部将灌区列入全国“创建节水型灌区”示范单位。用水结构不断调整，城镇供水业务常态化，全年向五一库供水6次，水量490万m^3，成为澄城县城主要水源，白水县城供水工程正在建设之中。

2.立项引资工作成效显著

7月中旬在全局抽调50多名技术干部分8个编写组，通过实地勘查、研究政策、考察学习、探讨交流，分别完成灌区2015—2025年发展战略规划、“十三五”发展规划、灌溉供水、现代管理、灌区骨干工程续建配套节水改造、水源工程建设、末级渠系、灌区水保生态环境建设等18个规划和可研究性编写，理清灌区发展思路，明确发展方向和目标。特别是4.8亿元的骨干工程续建配套与节水改造项目征得中省同意，申报工作正在抓紧进行。全力抓好资金争取工作，争取中省市各类项目资金4200万元，其中中央资金700万元，省级资金3350万元，市级资金150万元，为改善灌区基础创造资金条件。

3.项目建设工作完成年度任务

对右肩库岸进行修复加固，延长溢洪道导流段，完成水库水毁修复工程投资1958万元，对2.0km防汛路和三洞闸门及启闭机进行修复改造，完成信息化建设项目年度建设任务，完成了灌区煤石油天然气水土流失治理工程年度任务，治理水土流失面积10.91km^2，其中林草措施完成水保林99.4hm^2，封育治理976hm^2，渠道绿化8.48km，种草15.52hm^2，投资600万元，干支渠绿化8.48km，树木成活率达到95%。

4.工程管护常抓不懈

在维修养护费用没有到位的情况下，按照“应急处理保安全”的原则，年内完成干、支渠维修项目51个，完成投资30.91万元，完成灌溉期间抢险及灌溉应急处理项目14项，加强干支渠日常维修养护和水毁修复，特别是利用冬修对骨干工程进行全面养护和重点维修，完成渠道整修55300km，干支渠道、防汛公路及枢纽完成割草整修21.39万m^2，骨干工程完好率达到85%以上。

5.招商引资600万元，超额完成市局下达的550万元招商引资任务

伟业公司以市场为导向，以效益为目标，外树形象拓市场，内抓治理提素质，改革机制注活力，降本增效求发展，全年完成经济指标1200万元，实现产值100万元。宏基公司顺利完成公司资质升级工作，取得乙级资质，完成监理产值42万元。

6.高度重视安全生产工作

针对水库安全，拟编《石堡川水库调度规程》，落实工程管理、防汛和安全生产责任，严格领导带班制度，制定防汛应急预案，组建防汛抢险队伍，召开防汛联席会议，加强防汛值班和巡堤查险，严格雨情、水情、汛情检测，及时抢修水库水毁工程，确保了安全度汛，实现了全年无安全生产事故、无水利工程质量事故的目标。在灌区开展“安康杯”生产安全竞赛活动，加大了水行政执法和水事纠纷调解力度，高度重视灌农和职工反映问题解决，强化水费廉政建设，保障了灌溉行水安全和供水生产市场的规范有序发展，保证了单位和灌区稳定。

（成相忠）

【羊毛湾灌区】

1.重点项目建设及前期工作进展顺利

2012年、2013年节水改造项目，完成临平等4座抽水站、14.26km渠道衬砌和信息化建设任务，完成投资2400多万元。2014年重点水域重点段防护工程，在水库、渠道加设防护栏8600m、安装警示牌42个，完成投资200万元。全年累计完成水利投资2600万元。配合国家发改委稽查组完成2011—2013年节水项目稽查，羊毛湾位于全国检查75个大型灌区第11名。完成了老鸦咀水库除险加固项目技术预验收及竣工验收。

2.抗旱灌溉及冬修工作扎实有效

据作物墒情适时开闸灌溉，全年出库水量1648万m^3，灌地24.1万亩次，水费收入270万元。冬修工作抓早动快、全员参与，投入100多万元，狠抓干渠清淤、支渠铲草、设备检修等维修工作，共整修水库坝坡2.64万m^2、防汛道路4.4km、各级渠道458km，

清淤 1.69 万 m^3，维修各类建筑物 643 座，为 2015 年度开展灌溉工作奠定了基础。加强水费廉政建设，积极做好已组建 18 个农民用水协会的监督和指导工作。

3.防汛工作准备充分，灌区平稳度过汛期

2014 年汛期，羊毛湾水库管理局密切关注气候变化和水情动态，严防死守，科学调度，确保汛期安全。汛前开展险工险段、机电设备检修隐患排查，修订完善防汛预案，严格落实防汛物资和抢险队伍，及时召开联防会议。汛期严格执行防汛纪律和值班制度，加强信息传递，防汛工作 10 月中旬结束，水库安全度汛。累计传递信息 663 条（次），拍发水情电报 161 份。

4.其他各项工作稳步推进

开展事业单位分类前期工作，依据承担的社会功能，报请咸阳市编制委员会批复同意将咸阳市羊毛湾水库管理局定性为公益一类事业单位。为加强水源保护及灌区工程设施管理，经市级编制部门同意，新增设水源保护巡查大队和新阳抽水站 2 个内设机构。按照咸阳市政府、水务集团要求，注册成立羊毛湾水库原水有限公司。启动开展灌区水利设施确权划界登记工作。加强大坝监测、水源保护及水质检测等。

（张宝宏）

【洛惠渠灌区】2014 年是洛惠渠灌区全面深化改革的开局之年，也是灌区各项工作取得新成果的一年。在渭南市委、市政府和市水务局的领导下，管理局干部职工以践行群众路线、推进灌区发展为主旨，紧紧围绕灌区中心工作，狠抓抗旱灌溉，扭住工程建管，确保安全稳定，灌区工作取得了较好进展。

1.灌溉生产

2014 年度洛惠渠灌区完成斗口引水 6212.00 万 m^3，占全年灌溉任务的 88%，灌溉面积 68 万亩。

2.工程管理与建设

2014 年洛惠渠灌区“三修两清一绿化”累计完成干支斗渠清淤 236km，整修各级渠道 946km，完成土泥方 36 万 m^3。建筑物维修 425 座，机闸设备检修 26 座，量水设施修复 256 处。渠道绿化 14km。

2014 年洛惠渠灌区续建配套与节水改造项目建设，根据陕水规计发〔2014〕345 号文件批复和渭发改发〔2014〕438 号下达计划，分别为总干渠衬砌改造工程、中干渠衬砌改造工程、洛西一支渠衬砌改造工程 3 项。计划投资 1925.00 万元，完成投资 1602.63 万元。计划混凝土工程量 2.184 万 m^3，浆砌石 0.358 万 m^3，土方 21.084 万 m^3，沙石 3.130 万 m^3，渠道长度 12.317km，建筑物 49 座。完成混凝土 1.723 万 m^3，浆砌石 0.318 万 m^3，土方 18.598 万 m^3，沙石 2.857 万 m^3，渠道长度 10.962km，建筑物 41 座。工程于 2014 年 11 月 1 日开工，现均在建设期间。预期改善灌溉面积 1.97 万亩，节水 240 万 m^3，增加粮食产量 232 万 kg。

3.经营管理

2014 年洛惠渠灌区各项收入 3453.17 万元，其中农田灌溉水费收入 1410.17 万元，工业用水水费收入 341.00 万元，回收率 100%，全年经费支出 3875.39 万元，当年亏损 422.22 万元，连年亏损 8177.85 万元，年末固定资产净值 22302.99 万元。

（吉燕莉）

【石门水库灌区】2014 年，石门水库管理局在汉中市委、市政府和市水利局的正确领导下，紧紧围绕“确保水库安全，全力维护农业灌溉、发电生产稳定，着力提高三产效益”的目标，通过扎实开展党的群众路线教育活动，正风肃纪，有效地提高了工作效率。通过加大水利工程设施改造和电站增效扩容技术改造，增强了生产和服务能力。以制度建设为保障，提高全局管理水平，着力提升三产企业发展活力。通过干部职工的努力，全局各项工作稳中有进，各项任务全面完成。

1.服务三农，全力做好农业灌溉引水工作，为灌区农业丰收提供保障

石门灌区继续深化农业水价改革，强化用水管理服务工作，积极采取措施应对 2014 年夏灌期间严重的旱灾。一是认真做好“三修两清一绿化”和岁修工作，自筹资金 72.3 万元，对灌区 145 处严重影响通水的水毁渠段进行了彻底修复，整修灌排工程 167 处，衬砌渠道 6.5km，维修及改造渠系建筑物 156 座，检修机电设备 32 处，累计完成土石方 16.85 万 m^3，完成干、支、斗、分引渠清淤 2720km，使灌区各级渠道的输水能力和安全保障能力显著提高。二是根据长期天气预报夏灌期间石门灌区可能出现旱情，按照“早部署、早动员、早安排、早落实”的原则，及时调整灌溉引水方案，提前安排石门水库及灌区各塘库保水蓄水。到夏灌和复水两个关键节点前，石门大库水位分别达到 618m 和 617m，灌区塘库基本达到库满，为夏灌抗旱任务的全面完成奠定了良好基础。三是针对夏灌复水期间持续干旱高温导致全灌区抗旱形势十分严峻的局面，及时采取应对措施，成立灌区抗旱应急小组，局领导分别带领相关科室人员深入灌区协同管理站职工，重点解决尾水地段输水困难问题，同时发动灌区群众挖掘水源积极抗旱，维护良好的用水秩序。四是根据所掌握的水雨情、灌区农田旱情等具体情况，按照三条干渠引水口高低分布，采取了先南干渠，后东、西干渠，最后再南干渠的干渠轮灌引水措施，让水库有效的水量发挥出了最大作用。同时，提前对灌区洪沟河等抽水站机电设备进行检修，在抗旱期间及时调

配和开启灌区内各抽水设备全面投入抗旱，保证了尾水农田适时灌溉，受到当地政府和群众的好评。五是在夏灌期间对灌区12个干支渠水位点的水位流量曲线进行了多达50个测次的校测，并根据校测结果进行了修订，使灌区水量调配更加科学合理，保证灌区上、下游均衡用水。全年灌溉引水总量27039万m^3，灌溉农田45万亩。

2.强化措施，全力确保防汛安全

管理局始终坚持预防为主，防汛抗旱并举的方针。在水库防汛调度中，严格执行省防总批复的石门水库度汛计划，坚决服从上级防汛主管部门的统一指挥，用新的防汛理念，优化水库调度，确保了大坝安全和农田灌溉用水。2014年管理局针对汛期提前出现，旱情与汛情交替的异常气候，不断强化措施。一是按照《石门水库2014年汛期调度运用计划和防洪应急预案》调整充实了局防汛领导小组成员，组建了100人的防汛抢险应急队伍，修订完善了防汛安全责任制和泄洪预警办法，相关科室站签订了防汛安全目标责任书，防汛责任到岗到人。做到了大、小水库度汛责任同步落实。二是及时调整了值班时间，从4月25日起局领导和相关科室就开始防汛值班，带班领导和值班人员24小时坚守防汛工作岗位，互通信息，密切配合，及时处理遇到的汛情、灾情。三是在汛前组织了两次安全大检查，对水库区域大坝泄洪启闭设施、流域监测系统及卫星传输设备，进行了全面细致的检查、维护，确保汛期石门水库洪水调度系统信息传输畅通，也为上级部门指挥决策、查询水库实时信息提供了可靠依据。四是在汛期水库调度过程中，严密监控流域内水雨情，科学分析，精确计算，适时开孔泄洪、关孔拦蓄洪水落峰段尾水，既确保了水库安全度汛，又合理兼顾兴利作用。在夏灌严重干旱时段，抓住有利时机，先后两次在流域上游留坝境内实施人工增雨作业，增加河源入库水量，确保了石门灌区夏灌用水。全年启闭底孔及大孔口泄洪6次，泄洪历时223小时，水库共泄洪1.112亿m^3。

3.抓安全促效益，全力以赴完成技改任务

2014年，石门水电站继续坚持“预防为主，安全第一”的原则，认真落实安全生产责任，做到了生产、项目建设“两手抓，两不误”。全站努力克服干旱带来的不利影响，共完成发电7543万kW·h，安全生产累计已达5197天。同时，站上合理安排项目建设，在保证安全、质量的同时，赶抢工期，加快实施河床坝后电站增效扩容改造项目。截至目前，已完成了2台主变保护和综合控制柜改造，机组安装及厂房土建工程正在紧张施工中。石门水电开发公司加大对外发展力度，城固双溪电站实现发电1820万kW·h，勉县红岩电站建设进度加快。

4.争取项目资金促重点工程建设

项目争取一直是石门局良性发展的有力支撑，2014年在提前储备项目，早规划、早准备的基础上，通过努力，共争取到库区水土保持、灌区水利工程维修养护、防汛抗旱等中、省、市项目13个，资金4996万元，为库区、灌区可持续发展奠定了坚实的基础。其中，石门灌区2013年灌区续建配套节水改造、2013年度以工代赈东干龙王沟斗衬砌配套、2013年度省级小型农田水利基本建设、陕西省丹江口上游水土保持、2014年第一批特大抗旱补助、石门水库库区移民经济示范基地建设及移民培训等五个项目已全部完成建设任务；做好了灌区2010年、2011年节水改造工程验收准备工作；编制完成2014年省级小型农田水利基本建设、石门水库区潘家河项目区青桥沟小流域项目、石门水库库区移民区基础设施建设、2014年石门水库灌区水利工程维修养护等项目实施方案。同时，省水利厅组织专家组对石门水库大坝进行了安全鉴定，大坝被核定为“三类坝”，需要尽快进行除险加固。目前，除险加固项目前期工作正在有序推进。

5.水政执法工作力度进一步加强

一是积极开展水政执法宣传。参加了市上组织的“世界水日”和“中国水周”等大型水法规宣传教育活动，着重宣传了水工程设施保护相关法律法规；在库区及灌区设立水法宣传站，围绕“推进依法行政，促进依法治水”主题，通过出动宣传车，在集镇闹市张贴宣传标语，发放水法规宣传单等形式进行水法宣传。针对灌区渠道沿线村民向灌区各级渠道倾倒秸秆及生活垃圾，给灌区渠道行水带来很大安全隐患等问题，积极向市有关部门及领导汇报反映，并争取市政府出台了《关于加强灌溉渠道管理确保供水安全的通告》。通告下发后，除组织各管理站在灌区渠道堵塞严重地段和村民集中居住地宣传张贴、组织各乡镇村组学习外，还联系汉中电视台宣传播放了一个月，并将通告在汉中水利信息网站进行公示。经过有效宣传，灌区内随意向渠道倾倒垃圾、秸秆的现象有所遏制。二是严查灌区水政违法案件。按照管理局制定的“分管领导主抓，水政科负责，管理站管理”的水政工作机制，相关科室单位配合水政科、管理站强化水政执法。2014年共处理西成客专、宝汉高速、兴元新区、108国道拓宽等项目建设占用水工程设施事项12起；制止违法破坏水工程设施事件6起；协调解决建设占用、损毁水工程设施遗留问题多起，为灌区农业灌溉正常引水做出了努力，切实维护了水管单位的权益。三是加大石门水库库区保护力度。按照市政府2014年第二次常务会议关于尽快启用石门水库地表水水源地的决定，安排专人对库区316国道的宝汉高速项目建设、人为活动、经营生产进行全线监督巡查，同时设置了库区监测举报点，准确快速了解掌握库区情况。并多次联系市水保站、河管处组织汉台、勉县、留坝水保站、河管站等执法机构，对宝汉高速公路项目建设在石门库区及褒河流域内的施工情况进行联合执法检查，对发现的问题提出了整改要求，监督了整改落实情况。目前，库区及316国道沿途施工单位乱堆乱倒弃渣的行为得到了有效制止。

6.全力推进石门水库地表水水源地启用前期工作

年初，汉中市政府召开第二次常务会议决定“立即着手开展石门水库地表水水源地启用相关工作”，为尽快落实会议精神，成立了“石门城市供水筹备工作领导小组”，并在市规划局的指导下编制了《启用石门水库地表水水源地工作方案》；市政府2014年第八次常务会议研究审定通过了该工作方案。2014年6月，委托省水利电力勘测设计院编制了《汉中市石门水库饮用水水源保护区划分技术报告》，现已完成报告编制工作，并已经市水利局代市政府组织审查，上报市政府转呈省政府审批。同时，安排人员对预计处于一级保护区的沿水库岸边及316国道污染源进行清查登记，为下一步开展工作打下了基础。

7.三产企业管理逐步规范，经济效益稳中有升

一是石门栈道风景区加大规范化管理工作力度，提升管理水平，提高服务质量。2014年，石门旅游公司完成了《石门栈道风景区景观设施提升规划》编制、专家组评审和上报市政府审批工作；开展了创建“陕西服务名牌”工作；完成了“ISO 9000”质量管理体系认证；投入600余万元对景区景观设施和旅游设施进行了完善修复，新增了部分环卫设施和安全设施；建立健全了安全生产管理制度和安全应急预案，落实了安全生产责任制，加强日巡查和周自查，与石门派出所形成联动机制，使景区安全不留死角；全年投入经费170万元，采取在电视、报刊杂志、户外灯箱、LED广告屏和公路广告牌、公交车体设置广告，制作景区二维码、设置公用WIFI、建设维护景区网站等多种方式全方位全视角对景区进行宣传，使景区形象深入人心。全年景区接待游客40万人次，旅游总收入呈稳步增长态势。

二是医废中心细化管理，向管理要效益。2014年，对医废中心征费工作组进行了整合，将原来的两个征费组整合成一个工作组，既节约了人力物力又提高了工作效率，同时加强转运、焚烧环节监督管理，加大安全检查力度，严格要求医疗废物转运和焚烧按照相关制度和规范进行。对全市签约的590多家医疗机构产生的医疗垃圾做到了及时收集、转运、处置，共处置医疗废物1800余t，全市医疗废物集中无害化处置率达到97%以上。

三是危废处置中心认真完成试运行相关工作。危废处置中心在首次试运行的基础上，对试运行过程中出现的问题及时调整，加快推进项目竣工验收筹备工作，同时建立健全各项规章制度，调整充实市场业务工作人员，加大废物收集力度，陆续与市内各主要产废单位签订了处置协议，收集转运各类危险废物538t。

四是建安公司强化内部管理，继续保持良好的发展势头。2014年，建安公司立足“继承、巩固、创新、发展”的思路，以“争项目、保安全、讲信誉、谋发展”为工作目标，从经营管理、安全生产、廉政建设同步入手，建立了一整套经营管理制度，公司连续12年无重大安全事故发生，经济效益显著提升。

（邱存元　崔　欣）

【东雷—黄灌区】2014年，是东雷抽黄（一期）管理局灌溉生产迈上新台阶，服务民生、服务职工能力得到全面提升的一年。一年来，在渭南市水务局的正确领导下，认真学习贯彻党的十八届三中、四中全会精神，以深入开展党的群众路线教育实践活动为动力，扫“四风”、转作风，完成或超额完成了年度各项经济指标和工作任务，干部职工在发展中普遍得到实惠。

1.转变作风，巩固和拓展党的群众路线教育成果

群众路线是党的生命线，服务民生是灌区事业发展的落脚点。在深入开展党的群众路线教育实践活动中，管理局采取“三个结合”，巩固和拓展了教育成果。一是把宗旨信念教育与社会主义核心价值观教育相结合，坚持党员教育与职工学习同安排、同落实、全覆盖，增强宗旨意识，树立为民情怀。二是把扎实到位的规定动作与富有特色的自选动作相结合，在确保教育活动各阶段紧密衔接、压茬推进的同时，开展了“我的群众观”演讲比赛，诠释了行业精神，丰富了灌区文化，凝聚了发展民生水利的正能量。三是把转作风、扫“四风”与强化制度约束相结合，刚柔并济抓落实，促进各级领导干部过紧日子。与上年同比会议费下降了27%，接待费下降了53%，车辆费下降了14%，发展了风正气清的工作局面。

2.服务民生，年度斗口引水首次突破1亿m^3

全年完成斗口引水10084万m^3，灌溉农田144万亩次，创造了灌区投运35年来的新纪录，把全局干部职工多年的愿景变为现实，这一成绩的取得，主要是落实了“四抓一完善”。一是着力抓冬灌。创新农水结合实践，为发展良性灌溉市场总结了经验。二是强力抓廉政。整合力量，创新管理，成立了由纪委牵头的联合检查组，突出重点部位和关键环节，巡回检查，现场纠错，规范了南西干渠用水秩序，减少了跑冒滴漏。三是认真抓管护。坚持把制度化、常态化管理与集中检修整修相结合，增强了抗大旱的能力，总干渠首次实现60m^3/s大流量、长历时输水。四是精心抓落

实。领导干部经常深入田间地头了解作物需水信息，问计于民，做到知事早、预判准、行动快，牢牢掌握了抗旱灌溉的主动权。五是完善了制度。修订了《水量管理办法》，出台了新的《水量对口率奖惩办法》，提高了责任意识和管理水平。

3.主动出击，争取项目资金与政策支持取得新成果

项目支持是缓解灌区当前困难、解决灌区历史欠账的重要保障，政策支持是灌区引领新常态的有力推手。2014年，管理局坚持“两个确保，两个争取”。在项目争资上，确保续建配套节水改造项目及泵站改造项目投资力度不减，确保防汛抗旱、以工代赈等各项资金不漏项，共争取各类资金9000万元，其中续建配套中央资金2500万元，泵站改造中央资金5900万元。其次，与兄弟灌区积极联合，在争取工程维修养护费纳入省厅计划管理，争取水费补贴长效政策上取得新共识。完成了招商引资任务。

4.建管并重，项目工作受好评

建设优质工程，提高投资效益，是项目工作的着力点。面对灌溉运行时间长、项目工期短的矛盾，坚持工期再紧，创优质工程的标准不降低；施工难度再大，工程建设零事故的要求不走样；无论项目大小，执行“四制”的原则不变通。完成了尧头、坡里2座泵站改造及加西干渠、东雷三支渠等11条渠道改造任务，改造渠道46km。同时，完成了2011年续建配套6个单项工程及北棘茨站、东洼站竣工验收工作。

5.发挥优势，综合经营稳步发展

对实体单位不提空口号，不定不切实际的发展指标，以灌区建设为重点，内外结合，平稳发展。监理公司在富平、白水、潼关、渭南等地多点开花，保持了良好的发展态势。建筑公司班子团结，干群一心，单位凝聚力增强，管理水平、施工能力和质量意识有了明显提高。修配厂紧紧围绕项目建设与灌溉生产搞加工、讲效益、增技能，保证了灌区建设需要。养殖站以项目促发展，实施了老旧池塘改造，垂钓业务有了较快发展。黄河魂公司重服务、抓宣传，提高了创收能力。贸易公司开展场地租赁增加了收入。全局实体单位完成生产总值3120万元。

6.关爱职工，丰厚了干部职工的福祉

让干部职工在发展中得到实惠，是本届班子履职的出发点。2014年，管理局着力克服政策性亏损造成的困难和挑战，全面兑现了为干部职工办好事的承诺。一是及时兑现了超任务绩效工资，全局干部职工人均收入比上年度提高10%以上。二是根据全局1000多名干部职工的性别、年龄，科学安排，分层次进行体检，树立了健康生活新理念。三是提高了全局机电人员的劳动保护标准。四是给工作环境相对艰苦的塬下站210名干部职工增加了岗位补贴；给全局总值班长和小站负责人增加了岗位津贴。五是先后4次为职务、职称及技术等级晋升的干部职工补发了工资，受惠人数达2608人次。实实在在的举措，真真切切的实惠，使干部职工更加热爱灌区、崇尚事业。

7.以转变作风为重点，提高管理效能

一是坚持领导干部“一岗双责”抓安全，做到全年安全生产无事故。二是加强财务管理，做到预算缜密透明，报销严格把关，促进了增收节支，为给职工办好事提供了支持。三是全面加强灌溉管理，优化调度方案，提高了运行效益，斗口每立方米水用电量较往年下降10%，节约开支100万元以上。四是举办了水工、机电、信息化及财会人员培训班，全局440名专业技术干部和技术工人得到培训。开展了机电技术大比武，促进年轻同志学技能、长本领。五是强化了局务、站务、厂务十公开监督检查工作，同时敞开民主渠道，悉心听取职工意见，促进单位和谐发展。

8.以人为本，增强单位的向心力

一是积极开展争创先进党支部、党员先锋岗、先进工作者、优秀共产党员以及“五好文明家庭”、好媳妇、好夫妻创评活动，为灌区事业凝聚正能量。二是加强各支部班子建设，认真抓好党员承诺评议工作，促进服务型支部建设。全年接收新党员2名，按期转正党员2名。三是编办《东雷简讯》12期，并在报纸、杂志及主流媒体刊登报道40余篇，树立了灌区新形象。四是组织部分干部职工参加了美丽渭河徒步越野活动。分别组织离休老干部与退休党员赴习仲勋纪念馆和李仪祉纪念馆参观学习，丰富了活动内容。五是党政工一起对全局300多名离退休干部职工和困难党员、贫困职工进行家访慰问，做到慰问一人，温暖一户，影响一片。

（王成松）

【东雷二黄灌区】2014年，渭南市东雷二期抽黄工程管理局在市委、市政府、市水务局的正确领导下，在省水利厅等厅局的大力支持和帮助下，全局上下“立足抗旱灌溉，服务经济发展”，深入开展党的群众路线教育实践活动，出色地完成了全年各项目标任务。

1.灌溉生产

2014年，二期抽黄灌区极端天气频发，灌溉管理面临巨大压力。管理局坚持“优化调配、严格监管、规范管理、安全运行”的原则，在特大干旱年份，克服塬下总干渠过水能力不足、雷电阵雨频发等不利因素影响，全年共组织三季四轮灌溉，累计运行195天，斗口落实水量2.09亿m^3，灌溉面积300万亩次，年度引、用水量再次稳居全省12个灌区之首，运行规模、斗口用水、灌溉面积均创二黄工程运行以来新纪录，

为灌区农民增收、农业增效、农村发展作出了重要贡献。冬灌抢抓时机，坚持大流量运行，在气温骤降前完美收官；春灌开机坚持适时偏早原则，正月初四开闸引水，与兄弟灌区错峰用水，实现了用水效益最大化；面对夏灌期间的严重旱情，打破往年分两轮灌溉的惯例，边检修边运行，做到了开机放水早、运行时间长、灌溉效果好，最大限度地满足了灌区群众用水需求。同时，在计划用水、优化配水上不断创新，在用水细节管理上不断严格，基本做到用水有计划，配水有通知，量水有记载，账票有签字，斗口有公示，结算有公布，灌区用水管理逐步走上了规范化轨道。

2.工程机电

按照“年度统筹、季度安排、逐月落实”的思路，从完善工程管护制度入手，严格落实管护责任，加强设施设备管理，基本实现了“工程设备完好率提高，能源单耗降低；水量对口率提高，运行成本降低”的目标。全年泵站累计运行35.9万台时，设备完好率98.2%，工程运行195天，安全运行率99%。特别是在冬季“三修两清一绿化”工作中，各站及时总结历年来的冬修经验，通过示范引领，抓点带面，积极探索，做到了大站小站一个样、大渠小渠一个样、站前站后一个样，工程面貌焕然一新。

3.项目建设

2014年是二黄灌区的项目建设年，项目多、时间紧、任务重。项目领导小组正确处理项目建设与灌溉生产之间的矛盾，科学筹划，统筹安排，突出重点，灵活推进，实现了项目计划、争取、实施、验收工作一盘棋。全年共落实各类泵站改造、续建配套项目资金1.29亿元，各类在建项目完成投资5980万元。重点完成了泵站改造和节水改造年度建设任务，以及水保项目、小水项目、抗旱补助资金项目的实施和竣工验收工作。同时，落实年度省财政电价补贴1966万元，有效缓解了灌区运转压力。

4.水政执法

近年来，交叉工程逐年增多，水事矛盾不断上升，局党委广泛宣传，加强沟通，从纠纷排查入手，一手抓组织领导，一手抓行政执法，基本把水事纠纷化解在基层，消灭在萌芽状态。一年来，先后成功处置了退水淹没农田赔偿事宜，妥善处理了大荔县修建陵园将地面水直排总干渠问题，圆满解决了富平县公路扩建与支渠渡槽交叉等有关事宜。结合路线教育活动，成立了灌区用水协调工作组，制定了灌溉期间巡查工作制度，广泛开展农民负担及用水情况调查统计，有效制止了多起偷水行为，广大灌区群众的水法律意识和水患意识得到增强，依法治水、依法管水的理念得到树立，灌区用水秩序特别是干渠用水秩序得到明显改观，大大提高了水政工作的公信力和执行力。

5.综合经营

面对经济下行压力，局属各企业充分依靠团队力量，创新思维，开拓进取，抓宣传、抓管理、抓服务，基本完成了年度计划。祥龙宾馆从容应对经营严峻形势，适时调整思路，再创年度新业绩，先后被省旅游局、共青团陕西省委授予“青年文明号”称号，被市水务局党委评为“先进基层党组织”。工程公司大力发扬“开拓、创新、务实、奉献”的团队精神和实事求是、狠抓实干的工作作风，确保了公司业务、经营、效益稳步上升。监理公司坚持“抓经营、赢得市场，抓资质、拓宽市场，抓管理、促进效益”的经营方针，全年开展工程监理任务8个，经营收入稳步增长。祥龙汽修和蒲城祥龙宾馆积极参与市场竞争，不断打造行业品牌，管理经营双轮驱动，提前完成年度经营任务。

6.群众路线教育实践活动

自3月中旬开始，严格按照中央和省、市党委统一部署，在渭南市委第十三督导组、渭南市水务局党委第二督导组的精心指导下，16个党支部、143名党员积极认真参加了党的群众路线教育实践活动。全局上下紧紧围绕“为民务实清廉”主题，贯彻“照镜子、正衣冠、洗洗澡、治治病”的总要求，聚焦“四风”问题，践行“三严三实”要求，坚持高标准开展、高质量推进，广大党员思想得到深刻洗礼，党内政治生活得到明显净化，灌区群众关切得到及时回应，作风刚性约束得到有效加强，党的基层基础得到不断夯实，教育实践活动取得了突出成效，受到了渭南市委督导组、市水务局党委的高度评价和充分肯定。特别是在活动第三环节，针对查摆出的问题，局党委认真研究，逐项分析，制定整改方案，明确整改时限，落实责任科室，做到了教育与实践并重，实现了“两手抓、两促进”。活动的开展，集中解决了一大批热点、难点问题，有力地推动了灌区各项工作顺利推进，得到了广大职工和灌区群众的广泛认可。

（张超超）

农田水利

【农田水利基本建设】2014年，陕西省认真落实“中省1号文件”和全省水利工作会议精神，在各级党委、政府的领导下，全省各地大搞农田基本建设，加快基本农田项目实施，取得了较大成就，为农业发展和农民增收作出了新贡献，受到广大干部群众的称赞。全年新修基本农田53.1万亩，占任务的106.2%。

1.开展春、夏、冬三季基本农田建设成效显著

及早下发通知，加强宣传引导，推动各地春季农建工作，全省冬春农建任务超额完成，投入资金超百亿元。提早部署关中和延安夏季农建工作，下发开展夏季农建通知和夏季农建考核评比办法，夏季农建任务顺利完成。组织夏季农建考评，通报表彰了宝鸡等4个设区市和阎良等15个县区夏季农建先进单位。大力推动冬春农田水利基本建设，积极参与省政府在合阳召开的全省冬春农建现场会筹备工作，这次现场会促进全省掀起了冬季农建高潮。

2.及时下发文件安排部署工作，认真起草了多个农建材料

上报水利部去冬今春农建总结、今冬明春农建实施方案、今冬农建汇报，按时上报农建统计表。下发夏季农建通知、夏季农建表彰通报、今冬明春农建通知等文件。分别起草了向前来检查的陈雷部长、部农建督导组、全国农建座谈会及张厅长的有关农建汇报共4个材料。撰写了全省今冬明春农建现场会祝列克省长和王锋厅长讲话初稿及2013年水利年鉴农建部分。

3.积极开展农建新机制调研工作，完成调研报告2份

坚持创新机制促进新时期农建开展，在4月份陪同水利部农水司领导在富平进行农建专题调研的基础上，6月份结合“十三五”规划编制到渭南等地调研，与市县乡政府、水利部门和村组干部、农民及土地流转企业代表座谈，破解农建存在的诸多问题，探索农建机制创新。决定今后省级小水和基本口粮田两个项目安排，向规模推进的地方和新型农业经营主体倾斜，促进基本农田建设取得更大成效。

4.积极开展农建宣传

6月5日，《中国水利报》刊登李坤同志文章《对新形势下农建政策的几点思考》。4月14日，中国水利网站刊登《陕西冬春农建完成投资44亿元》稿件。6月25日，陕西政府网站刊登《陕西省冬春农建完成投资101亿元成效显著》稿件。4月10日，陕西水利网站刊登《陕西省各地加大投入加强宣传推动冬春农建又好又快开展》稿件。6月24日，陕西水利网站刊登《省农建办深入渭南市蒲城等三县调研农田水利建设工作》稿件。动员各地开展农建宣传，各地通过报纸、电视、网站大搞农建宣传，发了大量稿件，促进了农建开展。

5.抓好巩固退耕还林基本口粮田项目和省级小型农田水利基本建设补助资金项目两个项目建设，取得新的成效

巩固退耕还林基本口粮田项目：对2011年、2012年口粮田项目进行了市级行业验收，要求各县区尽快完成项目财务决算和审计工作，确保项目资金安全。

本年度主要实施2013年项目，共下达8市（因陕南3地市口粮田项目19410万元已整合移民搬迁）建设基本口粮田36.11万亩，其中新建口粮田9.35万亩，改造提高口粮田8.6万亩，田间设施配套11.12万亩，土壤改良7.04万亩。项目总投资35033万元，其中中央巩固退耕还林专项资金18055万元，其余16978万元为省、市、县配套和群众自筹。9月，联合发改委、财政厅下达了2014年基本口粮田项目建设任务和投资计划通知，共下达建设基本口粮田53.8万亩，其中新建口粮田12.55万亩，改造提高口粮田16.7万亩，田间设施配套13.8万亩，土壤改良10.75万亩。此项目中央巩固退耕还林专项资金26900万元。

省级小型农田水利基本建设补助资金项目：联合省财政厅、国土资源厅于4月份下达了全省2014年省级小水项目补助资金。此项目共新修基本农田8.49万亩，改造提高基本农田3.44万亩。共建设小型水利设施500余处，新增灌溉面积4.2万亩，改善灌溉面积4.6万亩。项目建成后，有效地解决部分农田的灌溉问题，促进粮食增产，农民增收。项目总投资26980万元，其中省级补助资金12000万元，市级配套4816万元，县级配套4786万元，群众自筹5378万元。12月，联合省财政厅、国土厅下发了2015年项目立项指南，

及早安排部署了2015年此项工作。

6.答复人大代表建议

答复了汉中、渭南人大代表关于土地流转加强农田水利和机井建设的有关建议，均收到了满意的回复。参与了全省高标准农田规划编制工作。及时完成了武功群众反映砖厂建设破坏农田水利设施的调查等工作。

（贠国权）

【泵站建设与管理】2014年，全省开工建设大型排灌泵站14座，建成5座，累计安装和订购水泵机组62台套。这些泵站的改造显著改善了这些地区农业灌溉的水源问题，确保了泵站安全正常运行，降低了能耗，恢复扩大了灌溉面积。全省小型泵站（单座装机容量小于1000kW）的建设与管理以实施第三、四、五批51个小型农田水利重点县2013年度工程项目为依托，主要对这三批次重点县内的部分小型泵站实施水泵、电机、进出水池及压力管道更新改造，以及泵房、站区土建工程、变配电设施配套等。涉及部分大中型灌区内的小高抽，以及渭北旱塬地区的宝鸡、咸阳、铜川、渭南、延安等市，建成了陇县温河、泾阳县张家山、耀州区沟西水库、合阳县定国水库、延长县雷达赤片等一大批小型泵站工程，改造步伐进一步加快。据统计，全年共改造各类小型泵站171座，完成投资1.68亿元。这些小型泵站的更新改造显著改善了这些地区农业灌溉的水源问题，确保了泵站安全正常运行，降低了能耗，恢复扩大了灌溉面积，为这些地区推行管灌、微灌、喷灌等田间高效节水灌溉技术奠定了基础。

（赵军校　董兴林）

【小型农田水利】2014年是全省小农水重点县建设继续深入推进的第六年，主要实施已批复的2013年小型农田水利设施建设项目，包括第三批至第五批51个在建小农水重点县及24个第一批中央统筹资金农田水利项目工程。通过各级水利部门的共同努力，全年小型水利建设任务超额完成，全省2014年共发展节水灌溉面积87.09万亩，完成机井1736眼，建设抽水站133处，新增提、引、蓄水能力3858万m^3。重点县项目累计完成年度项目投资10.8亿元。共改造各类小型渠道907km，建成机井等“五小水源”工程4185处，建设高效节水灌溉面积55万亩，为打通全省农田灌溉最后一公里、改善全省农田水利基础设施条件夯实了基础。

为搞好本年度小型农田水利重点县建设工作，一是通过现场检查、电话催办、批评通报等方式，督促各市（区）、各项目县加快前期准备，尽早开工实施，全力加快项目建设进度。通过各级水利部门精心组织和项目参建各方的共同配合，掀起了小农水项目建设新高潮。二是按照项目管理要求，与省财政厅共同完成了年度项目省级绩效自评工作，按时向财政部、水利部上报了省级绩效自评资料。经财政部、水利部组织考评，由于全省项目建设管理规范，进度快，质量高，工作成效显著，省级继续获得了优秀等级，位次提升了5位，受到了财政部、水利部的通报表扬。继续采取审查资料、检查现场、子项评分等形式对各市和各重点县开展年度绩效考评工作。6个市、13个县获得优秀等次；2个市、28个县获得良好等次；2个市、10个县获得合格等次。三是克难攻坚提早谋划部署项目前期工作。在抓好年度工程建设的同时，及早安排部署项目前期工作。积极配合省财政厅争取资金，争取新增第六批重点县建设指标19个，全年共争取中央财政小农水专项资金6.35亿元，较上年5.999亿元增长了5.8%，争取中央统筹农田水利建设资金2.33亿元，较上年1.664亿元增长了40%，协调落实省级财政配套资金4.337亿元，较上年4.142亿元增长4.7%。与省财政厅联合制定了第六批重点县和第二批中央统筹资金项目县立项指南，采取方案审查与竞争性陈述相结合的遴选方式，完成第六批19个重点县、第二批20个统筹项目县的遴选、合规性审查和年度计划下达等工作。四是进一步加大项目宣传力度。按照厅党组的部署，开展了“小水惠民三秦行”集中采访活动，在《人民日报》、《经济日报》、陕西电视台、《中国水利报》、《陕西日报》、陕西传媒网、厅网站等主要新闻媒体集中宣传报道省、市、县小农水建设的巨大成效，营造了重点县建设的良好氛围。

在督促加快年度项目建设进度的同时，进一步强化项目管理，一是借鉴外省重点县建设的经验教训，组织开展了小农水重点县自查稽察检查的整改工作，从加强前期工作、规范“四制”管理、强化质量监管、严格资金管理、接受群众监督和注重建后管护等六个方面系统部署自查稽察检查整改，并对重点县建设的关键环节进行排查，不断提升项目管理水平。二是严格项目变更审查，在对项目县上报的变更方案进行传统会议审查的基础上，组织专家赴项目县工程变更现场踏勘复核，核查工程变更是否合理，从严控制工程变更，并与年度省级配套资金安排挂钩，防止违规情况发生。三是创新项目验收方式。项目总体验收时吸纳受益群众代表全程参加，现场进行通水运行，全面检验工程建设和通水运行情况，确保各项小农水工程建得好用得更好，会同厅有关处室组成验收组，按期完成了到期第二批19个重点县的总体验收工作。四是严格项目监管，对部分重点县进行了工程实物量核查和项目专项检查，提升了县级项目规范化管理水平。五是加强项目稽察与整改工作。与厅稽察办密切配合，共同确定稽察项目县名单，针对稽察中发现的问题和整改建议，督促项目县认真整改，不断提升项目管理水平。六是加强科技创新和应用，指导有条件和优势的项目县大力推广应用高效节水灌溉的自动化控制新技术，在第二十一届杨凌农高会上组织开展了农业高效节水灌溉水肥一体化新技术展示，承办了西北地区节水灌溉技术研讨会暨第四届农业节水科技奖颁奖会等工作。

（蒋 睿）

【节水灌溉】全省2014年规模化节水灌溉示范项目涉及眉县、乾县、澄城县、周至县、洛川县等5个县，共计完成投资4500万元，其中中央投资3600万元，发展节水灌溉面积约3.11万亩，其中低压管灌面积2.25万亩，微喷灌面积0.46万亩，滴灌面积0.4万亩。

以西北农林科技大学水建学院为技术支撑，经测算2014年陕西省农田灌溉水有效利用系数平均值为0.5518。不同规模和类型灌区中，大型灌区为0.5306（其中提水灌区为0.5235，自流灌区为0.5343）；1万~30万亩中型灌区农田灌溉水有效利用系数为0.5212，其中1万~5万亩为0.5012（其中提水灌区为0.5365，自流灌区为0.4927），5万~15万亩为0.5407（其中提水灌区为0.5739，自流灌区为0.5274），15万~30万亩为0.5303（其中提水灌区为0.5648，自流灌区为0.4958）；小型灌区为0.5249（提水灌区为0.5320，自流灌区为0.5224）；纯井灌区0.7887（其中土质渠道地面灌0.6898，防渗渠道地面灌0.7355，管道输水地面灌0.7990，喷灌0.8395，微灌0.8808）。

（马 龙）

【农业综合开发水利项目】陕西省水利农发项目分为农发中型灌区节水配套改造项目和水土保持项目两大类。完成了2011年立项实施的3个灌区节水配套改造项目的省级验收，2012年、2013年立项的9个灌区项目正在实施中。2014年立项实施中型灌区节水配套改造项目5个（1个为现代化试点项目），项目投资8061.82万元；农发水保项目22个（其中新增金台、凤翔、印台、三原、石堡川项目区5个），项目投资9081.96万元，两项共投入资金17143.78万元，其中中央财政资金10656万元。

1.农发中型灌区(5万~30万亩)节水配套改造项目

（1）验收情况

根据水利部、国家农发办《关于2011年农业综合开发中型灌区节水配套改造项目实施计划的批复》（水农〔2011〕300号），2011年立项实施的宝鸡市陇县段家峡、安康市汉滨区黄石滩水库、西安市周至县骆峪灌区农业综合开发节水配套改造项目工程经过两年紧张施工，至2013年底已完成全部工程建设任务，2014年省水利厅组织省级相关部门和专家对该项目进行了省级初验，工程验收合格。3个项目总投资4589.71万元，其中：中央财政资金3000万元，省财政配套1280万元，市财政配套220万元，省水利厅300万元，灌区自筹资金89.71万元。共完成开挖疏浚7.215km，衬砌改造干支渠64.339km；维修改造、新建渠系建筑物270座；管护设施建设2400m²；测水量水及信息系统建设3项；环保土保工程建设3项，渠堤绿化20km。项目实施后，灌区农业生产基础条件得到明显改善，主要干支渠改造后输水能力提高，灌区渠系水利用系数由0.5提高到0.6左右。新增（恢复）灌溉面积4.24万亩，改善灌溉面积10.6万亩。年可增产粮食生产能力1258万kg，经济作物488万kg，新增产值2772万元。

（2）在建项目情况

根据水利部、国家农发办《关于2012年农业综合开发中型灌区节水配套改造项目实施计划的批复》（水农〔2012〕291号），2012年立项实施的汉中市洋县党河、渭南市白水县林皋水库、陕西临石、渭南市大荔县官池中型灌区节水配套改造项目，已全部完成建设任务，进入后期扫尾、内业资料整理、财务审计阶段，准备省级初验。4个项目总投资6567.4万元，其中：中央财政资金4000万元，省财政配套1670万元，市财政配套180万元，水利部门及灌区自筹资金717.4万元。共完成开挖疏浚31.86km，衬砌改造干支渠101.314km；维修改造、新建渠系建筑物631座；管护设施建设3200m²；改造泵站5处；测水量水及信息系统建设工程4处；环保土保工程建设4项，渠堤绿化58.21km。项目实施后，灌区农业生产基础条件得到明显改善，干支渠改造后输水能力提高，渠系水利用系数由0.5提高到0.6左右。可新增（恢复）灌溉面积4.94万亩，改善灌溉面积11.56万亩。

根据水利部、国家农发办《关于2013年农业综合开发中型灌区节水配套改造项目实施计划的批复》（水农〔2013〕360号），2013年立项实施的汉中市洋县引西、延安市洛川县拓家河、咸阳市三原县清惠渠、渭南市港口抽黄（二期）、渭南市大荔县朝邑内滩、安康市汉滨区月河中型灌区节水配套改造项目。6个项目总投资9739.33万元，其中：中央财政资金6000万元，省财政配套费2560万元，市财政配套费440万元，地方水利及群众自筹资金739.33万元。主要建设任务：开挖疏浚渠道23.76km，改造衬砌干支渠120.93km；改造渠系建筑物546处（座）；工程管护设施4660m²，铺设输水管道68.87km，改造泵站1座，装机500kW，架设10kV输电线路1.5km；环保土保工程建设5项，渠道绿化57km；测水量水及信息系统建设工程6处；建成后可新增（恢复）灌溉面积5.66万亩、改善灌溉面积12.48万亩。截至2014年底，已完成全部工程建设任务的60%。

3.立项情况

根据水利部、国家农业综合开发办公室《关于2014年农业综合开发中型灌区节水配套改造项目实施计划的批复》（办农水〔2014〕260号），已批准立项的中型灌区节水改造项目为：陕西省红星水库灌区、汉中市湑惠渠灌区Ⅱ、渭南市东梁灌区、渭南市涧峪水库灌区（试点）、铜川市耀州区北塬灌区农业综合开发节水配套改造项目。5个项目总投资8061.82万元，其中：中央财政资金4956万元，省级财政配套2130万元，省水利厅150万元，市财政配套198万元，地方水利和灌区自筹资金627.82万元。主要建设任务：开挖疏浚渠道16.27km，改造衬砌干支渠75.113km；改造建筑物461处（座）；铺设输水管道110.145km，改造泵站1座，机电设备2套，装机400kW；新建、改造工程管护设施3500m^2；建设量水设施及信息系统5处；环保土保工程5项，渠道绿化46.32km；新增（恢复）灌溉面积4.28万亩、改善灌溉面积9.68万亩。

二、农发水土保持项目

2014年项目总投资9081.96万元，其中：中央财政资金5700万元，地方财政配套2850万元。项目涉及22个县区（周至县、临潼区、千阳县、麟游县、金台区、陇县、凤翔县、乾县、礼泉县、三原县、王益区、耀州区、印台区、富平县、潼关县、澄城县、大荔县、临渭区、合阳县、蒲城县、石堡川、韩城市），共治理水土流失面积192.39km^2，其中新修坡改梯1697.04hm^2，栽植水保林2456.33hm^2，经济林2325.97hm^2，封禁治理7741.45hm^2，保土耕作4908.02hm^2。

（杨卫东）

水利改革

【水管体制改革】

1.积极开展小型水利工程管理体制改革试点

为贯彻落实《中共中央国务院关于加快水利改革发展的决定》（中发〔2011〕1号）和中央水利工作会议精神，进一步深化小型水利工程管理体制改革，明晰工程产权，落实管护主体和责任，对公益性小型水利工程管护经费给予补助，探索社会化和专业化的多种水利工程管理模式，建立科学的管理体制和良性运行机制，确保小型水利工程安全运行和效益的充分发挥，根据水利部、财政部印发了《关于深化小型水利工程管理体制改革的指导意见》（水建管〔2013〕169号），在调研的基础上，结合全省实际，省水利厅、省财政厅下发了《陕西省关于深化小型水利工程管理体制改革实施意见的通知》（陕水发〔2014〕36号）。小型水利工程管理体制改革涉及面广、情况复杂、政策性强、任务艰巨，按照先行试点、典型引路、分类实施、全面推进的精神，在各市申报的基础上，水利部确定岐山县、富平县两县为全国深化小型水利工程管理体制改革示范县；陕西省确定凤翔县、蒲城县、耀州区、洋县、汉阴县、商州区、黄龙县、榆阳区为全省深化小型水利工程管理体制改革试点县。一年来，围绕进一步明晰工程产权，落实工程管护主体和责任，落实工程管护经费三大目标开展试点，严格程序，创新机制，采取承包、租赁、股份合作、农民用水者协会、委托管理等形式进行了产权制度和经营管理制度改革，取得了较为满意的成果。岐山县、凤翔县、富平县基本完成了改革任务，并通过了省、市组织的验收。其他7个试点县均出台了本县小型水利工程管理体制改革实施方案，完成了摸底登记、分类定性等工作，按照计划，在2015年6月底前完成改革任务。截至年底，工程产权已明晰的工程63562处，其中：国家所有558处，农村集体经济组织所有47169处，农民用水合作组织所有617处，受益户共同所有250处，个人所有14968处。已颁发工程产权证7575本，落实管护经费5231万元。对颁发了产权证的工程全部落实了经营管理方式、经营管理人和经营管理期限。向经营管理人颁发经营管理证7495本，达到了改制的小水工程都具有一本产权证、一名经营管理人、一份经营管理合同、一本经营管理证、一套档案资料的“五个一”标准。

2.启动农田水利设施产权制度改革和创新运行管理机制试点工作

根据水利部、财政部、国家发改委《关于开展农田水利设施产权制度改革和创新运行管理机制试点工作的通知》（水农〔2014〕287号）的有关要求精神，在各市推荐，水利厅、财政厅、省发改委协商的基础上，确定了凤翔县、三原县、蒲城县为农田水利设施产权制度改革和创新运行管护机制试点县。按照水利部办公厅《关于印发农田水利设施产权制度改革和创新运行管护机制试点实施方案编制提纲的通知》（办农水函〔2014〕894号），三个县结合本地实际编制了实施方案，经省水利厅、财政厅、发改委联合审核，原则通过了三个县的实施方案，三个县共安排试点任务13项，试点方案和审查意见上报水利部并通过了水利部审核。目前，三个县的试点工作稳步开展。

3.积极落实水利工程维修养护经费

一是2014年度省级水利工程维修养护经费落实6500万元，省属6个水管单位积极编制经费预算报告和实施方案，严格按照省水利厅批复文件精神，健全机构、完善制度、落实责任，全面推行维修养护合同管理和监理制，加强财务管理，加强资料收集整理，截至年底，已经全面完成年度水利工程维修养护任务，整体质量良好。共维修养护渠道73条、长863km，堤防13段、长75.72km，控导工程82座、长6.56km，水库16座，泵站27座共99台套，水闸工程4座，渡槽38座，桥梁1413座，涵闸1287座，跌水317座，倒虹吸12座，量水设施62座，新建修复标识牌、桩4210个，维修管理房17250m^2。累计维修养护土方165.24万m^3，清淤长度134.6km、清淤量45.25万m^3，修复破损混凝土3.55万m^2，混凝土用量1.78万m^3，养护防护林43.52万株。二是管好用好中央补助中西部地区、贫困地区公益性水利工程维修养护资金。在县级国有水管单位申报，县级财政、水利部门初审，市级财政、水利部门核实，省级财政、水利部门审核的基础上，按照统筹兼顾、保证重点、注重实效的原则，依据水利工程（包括水库、水闸、堤防、控导、泵站、淤地坝工程）的规模、等级和财政部、水利部下发的《水利工程维修养护定额标准》进行了筛选和审核，经水利部合规性审核后，与省财政厅联合下达了2014年中央补助县级国有公益性水利工程维修养护项目经费计划3400万元。共涉及63个县（区）水利部门管理的国有公益性水利工程维修养护项目329个。其中：水库工程121座，中央补助1503万元；水闸工程21座，中央补助165万元；堤防工程52处，中央补助703万元；控导工程5处，中央补助72万元；泵站工程71座，中央补助735万元；淤地坝工程59座，中央补助222万元。各级财政也及时拨付了中央补助维修养护资金，保证了县级国有公益性水利工程维修养护的顺利实施。三是积极落实中央统筹资金农田水利设施维修养护项目投资。根据《财政部关于拨付中央财政统筹从土地出让收益中计提的农田水利建设资金的通知》（财农〔2014〕67号）和《陕西省水利厅陕西省财政厅关于印发陕西省2014年中央统筹资金农田水利设施日常维护项目申报指南的通知》（陕水规计发〔2014〕457号）精神，根据各市申报和对实施方案的批复，共计下达2014年中央统筹资金农田水利设施维修养护项目资金8300万元，安排用于12个市属灌区、29个县（其中小水改革示范和农田水利设施产权制度改革及创新运行管理机制试点县11个，一般县18个）的农田水利设施维修养护。要求各级水利、财政部门要按照《中央财政统筹从土地出让收益中计提的农田水利建设资金使用管理办法》（财农〔2013〕14号）规定，切实加强资金管理工作，设立专账，专人负责，专项用于农田水利设施维修养护，同时要求各市、县要建立农田水利设施运行管护长效机制，实现农田水利设施“产权到位、权责明确、保障经费、管用得当、持续发展”的总目标。

（郭宁昭）

【水利投融资改革】2014年着力改革水利投融资机制，在制定水利投资稳定增长机制各项配套政策和带动金融信贷以及民间资金投资水利基础设施建设方面取得了重大突破。一是在深入调研、咨询相关金融机构后，编制完成了《公益性重大水利项目融资方案》。二是根据省水利厅授权，省水务集团公司负责渭河防洪治理项目融资等相关工作，与中国农业发展银行陕西分行签订并下拨5亿元渭河防洪治理项目贷款。三是与兴业银行签订合同，为汉阴县洞河水库项目贷款1亿元。四是与中国工商银行、中信银行、浦发银行三家金融机构签订了全省县城供水金融合作协议，获得了180亿元贷款授信。五是与银行建立良好的合作关系，提高集团信贷的信用，扩大信贷能力，获得中信银行、浦发银行、中国工商银行等多家银行14.2亿元的流动资金信贷额度。

（王小莉）

【水价改革】

1.稳步推进水利工程供水价格调整

积极配合省物价局，做好石头河向宝鸡市供水成本测算和核定批复工作，最终核定石头河水库供宝鸡市城市原水价格为0.47元/m^3，同时协调省物价局调增了石头河供西安、杨凌非居民用水价格，进一步拓展了石头河经营市场，提高了单位经营效益。

2.配合做好水价政策制定工作

认真总结延安市洛川县居民用水阶梯式水价改革试点经验，配合省物价局起草了《关于陕西省实施城镇供水阶梯式水价的指导意见》，进一步加快了阶梯式水价改革在全省各级的全面施行。完成了《“十三五”水价改革规划》编制，提出了加快水价改革的任务和措施，为建立科学合理的水价形成机制、实现水资源合理配置奠定了基础。

3.争取落实灌区水价改革资金

与厅农水处密切协作，共同配合省物价局不断推进农业水价综合改革，2014年富平县、大荔县和宝鸡峡被列入国家示范区，落实资金3000万元，加上2013年列入国家和省级示范区的6个灌区，已累计落实资金9800多万元，解决了“最后一个公里”的问题，为灌区经营发展提供了有力支持。

（侯渭涛）

【基层服务体系建设】截至2014年底，陕西省各市（区）已建成基层水利服务站1042个，其中乡镇站737个、流域站数13个、区域站100个、并入农业综合服务中心等站数192个，分别占总站数的70.7%、1.2%、9.6%、18.5%。基层水利服务站覆盖了全省1212个乡镇。有973个水利站定性为全额拨款事业单位、37个为差额拨款事业单位、14个为自收自支事业单位、18个为其他形式。以县水利局管理为主站数298个，以乡镇政府管理为主站数738个，其他管理方式6个。805个基层水利站有独立办公场所，占水利站总数的77.3%。建成的乡镇水利站人员编制为4119人，平均每个站4人。现有在岗人数4089人，已落实编制内人数3879人。现有在岗人员中，大学及以上学历638人、专科1227人、中专944人、其他1278人。水利相关专业598人，占现有在岗人数的14.6%。

2014年2月，省水利厅下发了《关于加快推进基层水利服务体系建设的通知》（陕水农函〔2014〕4号），要求各地市在2014年4月底前全面完成建设任务，再次明确对未完成任务的县（区），不得参与后续批次的小农水重点县、土地出让金、省级小水项目等项目申报立项。9月转发了水利部《关于加强基层水利服务机构能力建设的指导意见》（陕水农发〔2014〕36号），要求各地市在2016年中旬，水利专业学历或专业技术职称资格的人员比例不低于80%。到2017年底，基本达到“人员配备规范、基础设施改善良好、设备装备齐全、管理制度健全”的基层水利服务机构能力建设要求。

（张九洲）

城 乡 供 水

【概述】2014 年，全省城乡供水工作坚持“统筹城乡发展、狠抓前期工作、强化建设管理、打造精品工程、创新体制机制、确保供水安全”的工作思路，凝智聚力，扎实推进，全年完成总投资 21.78 亿元，其中农村饮水 15.88 亿元，县城供水 5.9 亿元，建成了一大批城乡供水工程，广大群众饮水条件得到进一步改善。同时，打破常规，首次实现了农村饮水安全项目当年建设任务当年完成；简政放权，有效提高了项目前期和计划下达的工作效能；协同攻坚，农村饮水安全项目督查工作力度空前；建管并重，工程运行管理工作取得了新突破；超前谋划，为城乡供水新发展科学布局，有效保障了区域经济社会和谐发展。

（赵晓晨）

【农村饮水】2014 年，全省完成农村饮水安全投资 16.15 亿元，建成饮水工程 3146 多处，扩建县级水质检测中心 30 个，有效解决了 272 万农村居民和学校师生的饮水不安全问题，占年度目标任务的 117%；农村自来水入户率达到 85%，群众用水条件得到进一步改善，有力地促进了区域经济社会发展，为加快建设“三个陕西”提供了可靠的供水保证。陕西省被水利部评为 2014 年度农村饮水安全工程建设管理考核优秀省份。

1.项目前期

加快农村饮水安全项目前期工作步伐，按照“项目未动、设计先行”的要求，重点围绕项目区水源分布情况，优化农村饮水安全工程布局，超前规划农村饮水安全项目，扎实推进项目方案设计和审查审批，严格执行农村饮水安全项目分级审批制度，并把设计审批与投资计划安排紧密挂钩，切实维护前期工作的时效性、严肃性和权威性，以前期工作的深度，促进项目落实的力度，推动工程建设的进度，加快群众受益的速度。

按照“简政放权、提高效能”的总体要求，会同省发改委等部门下发贯彻落实国家《农村饮水安全工程建设管理办法》实施意见，将 70%的农村饮水省级项目审批权限下放市县，要求各地在严格执行国家有关规定的基础上，不得擅自增加审查审批环节，简化项目审批手续，形成了省、市、县三级联动的前期工作机制，提高了项目审批效率。同时，坚持做到“放”“管”结合，加强对基层前期工作的督促检查和业务指导，把好项目设计和审批关口，提高了项目设计和审批质量。全年各级共审批城乡供水项目 3500 多处，其中省批项目 30 个。

2.组织实施

年初，在明晰工作思路的基础上，及时分解下达了各市任务指标。3 月 20 日，组织召开了全省城乡供水工作座谈会，对全年工作进行全面安排部署。5 月 6 日，全国农村饮水安全视频会后立即召开了全省会议，王锋厅长再次进行了动员部署，要求各地切实增强责任感，全力打好完成农村饮水安全“十二五”规划剩余任务攻坚战。6 月初和 10 月底，分别下发了《关于确保完成“十二五”农村饮水安全工作任务的通知》和《关于进一步加快解决农村饮水安全问题的通知》，进一步明确了任务目标，提出了工作要求，力促各项工作加快推进。11 月 5 日，组织召开了全省农村饮水安全建设管理视频会，对确保完成年度目标任务和“十二五”规划进行了再动员、再部署，督促各地全面落实行政首长负责制，逐级签订责任书，加强组织领导，细化领导责任、部门责任和监管责任，形成了一级抓一级、层层抓落实的良好工作局面。

3.资金计划

全年共争取农村饮水项目中省资金 11.57 亿元，其中：中央资金 9.54 亿元，省级资金 2.03 亿元，为全年目标任务完成提供了可靠的资金保障。同时，统筹农村居民、学校师生、农林场职工和移民搬迁、新农村建设等饮水需求，加强协调沟通，加快工作节奏，及时安排下达投资计划四批，总投资 16.15 亿元，建设饮水工程 3146 处，县级水质检查中心 30 个，解决 272 万农村居民和学校师生饮水安全问题。与往年相比，农村饮水安全项目计划下达提前了一个季度，为项目实施赢得了时间，加快了进度。另外，为确保 2015 年底全面完成“十二五”规划任务，省水利厅提早安排部署，于 8 月份下发了《关于加快完成 2015 年农村饮水安全项目前期工作及编报项目投资建议计划的通知》，各地按期完成了项目前期审批，为提早下达

2015年项目投资计划赢得了时间。

4.建设管理

结合城乡供水“大调研”“回头望”等活动，建立了常态化的城乡供水工作督查机制和通报督办制度，分期分批深入基层，对70多个县区的城乡供水工作进行了督导，要求各地按照国家新的《农村饮水安全工程建设管理办法》规定，对“千吨万人”规模以上的工程严格落实“四制”，规模以下的小型项目采取“一县一法人”、打捆招投标和巡回监理等方式，切实落实由政府主导的质量监督工作机制，积极推行材料设备第三方检测制度，确保工程建设质量。对工作推动不力、建设进度迟缓的部分市县，除通报批评外，还采取约谈、函告地方政府等措施督促督办。同时，建立了由厅领导包片联系督导检查机制，成立5个督导组分片联系包抓，紧盯质量进度，抓住薄弱环节，全程跟踪检查，实行常态化督导，增强了各地推动工作的紧迫感和自觉性，有力促进了工程建设进度。完成投资16.15亿元，解决了272万农村居民和学校师生饮水安全问题，超额完成了省政府下达的解决230万人饮水问题的年度目标任务，首次实现了当年计划下达任务当年完成，受到了水利部和厅党组的高度评价。

5.竣工验收

工程建成后，按照“谁审批、谁验收”的原则，及时组织竣工验收，落实管护责任主体，移交投入使用，尽早发挥工程效益。省上对2012年省批项目进行了全面复核，其中完成省批项目竣工验收19处，下发了17个项目的竣工验收鉴定书。全省各级共完成农村饮水安全项目竣工验收2065处。

6.运行管理

建立健全体制机制，大力推动县级专管机构、管理办法、维护基金“三落实”。通过树立典型样板、示范引领推动和采取“周催、旬查、月报”等方式，建立了工作进展情况通报制度，在各县区形成了“你追我赶”的工作态势。2014年，全省农村饮水安全县级专管机构由32个增加到61个，以政府名义出台运行管理办法的县区由35个增加到49个，建立工程维护基金的县区由36个增加到49个。

7.水质安全

加强基层水质保障能力建设，着力抓好农村饮水安全水质检测建设项目的实施。组织104个县区编制完成了县级水质检测中心建设方案，编报了全省水质检测中心项目建设实施方案，顺利通过水利部审查。争取中央投资2160万元，省级配套资金360万元，落实县级配套资金180万元，提升了30个县区的水质检测能力。举办了第五届水质检验工技能培训班，对236名基层人员进行了业务培训。

高度重视供水安全，积极做好饮水应急保障和先进技术应用推广。吸取年初兰州市发生水污染事件的教训，及时下发了《关于做好当前城乡供水保障工作的紧急通知》，要求各市、县迅速对辖区城乡供水设施进行安全隐患排查，加大水源保护和水质检测力度，建立健全供水安全应急保障机制。大力推广水质净化消毒新设备和安保视频、水质在线监测信息管理系统等先进技术，有效提升了供水保障和应急反应能力。

8.调查研究

扎实开展城乡供水大调研活动，先后深入10市40多个县区，进村入户，深入现场，力求摸清底子，掌握实情，总结经验，查找问题，剖析原因，研究对策，形成了《农村饮水安全工程建设管理调研报告》，理清了今后一个时期农村饮水发展思路，为编制“十三五”发展规划提供了科学依据。在此基础上，按照厅党组关于构建全省大水网的工作安排，于6月10日召开全省会议，同步安排了县域城乡供水中长期发展规划和“十三五”发展规划编制工作。目前，已完成《陕西省县域城乡供水中长期发展规划（送审稿）》。

（闫世伟）

【县城供水】截至2014年底，全省85个县（区）县城设施供水能力达到149.6万m^3/d，供水人口达到596.9万，年供水量2.45亿m^3，行业年经营收入7亿元。

1.前期工作

一是2014年6月省水利厅下发了《关于加强县城供水工程前期工作的通知》，对县城供水前期工作程序、设计质量以及审查批复等方面提出了具体要求，并将省级县城供水工程实施方案审批权限提高到总投资500万元以上，总投资500万元以下的项目由市级审批。通过简政放权极大提高了县城供水工程实施方案审批效率，加快了项目实施进度。二是按照省政府会议纪要要求，结合各县上报的《县城供水2015—2020年发展规划》，会同省发改委组织编写了《陕西省县城供水设施建设2015—2020年规划》，并通过了省政府批复。三是组织开展了县城供水工程实施方案审批工作，通过“现场查看、集中开会、专家评审”的方式，共审批县城供水工程实施方案36种，其中省级审批项目19个，市级审批项目27个，为县城供水工程施工建设提供了科学依据。

2.项目建设

下达了2014年度县城供水省级财政专项资金投资计划，计划总投资3.31亿元，其中：省级专项资金2亿元、市县配套及自筹资金1.31亿元，涉及全省10个市35个县（区）。全年有40多个县（区）开展了县城供水水源、水厂和管网改扩建工作，累计完成投资6亿元。截至2014年底，全省县城设施供水能力达到149.6万t，比2013年增加了8.9万t，超出年度计划任务4万t；供水人口达到596.9万，比2013年增长了4%，全省县城供水保证率进一步提高，基本满足了县城居民生活和经济社会发展用水需求。

3.管理服务

一是认真吸取2014年兰州市水污染事件的教训，及时下发了《关于做好当前城乡供水保障工作的紧急通知》，要求各市、县迅速对辖区内城乡供水设施进行安全隐患排查，加大水源保护和水质检测力度，建立健全供水安全应急保障机制。二是开展了城镇供水规范化管理工作。陪同住建部专家组对汉中市城固县县城供水进行了考核。通过考核，住建部专家组对全省县城供水规范化管理给予了充分肯定。同时，省水利厅通过工程建设检查、实施方案现查踏勘、水质督查等工作，督促指导各地严格按照《城镇供水规范化管理考核指标体系》要求，完善规章制度，规范生产经营管理。三是加大水价改革力度。与省物价局、住建厅联合下发了《陕西省实施城镇供水阶梯水价的指导意见》，积极开展县城居民阶梯水价改革有关工作。2014年全省共有11个县区调整了水价，县城供水平均水价由2.74元提高到2.94元，增长7.3%；全行业经营收入达到7亿元，较2013年增长6%。四是积极开展应急工作。2014年全省出现了较为严重夏旱，导致三原、商南等县城供水出现困难，城区一度出现"水荒"，省水利厅加强督促检查，指导受灾县区采取新打水源井、拉水送水等应急供水措施，保证县城居民的正常生活用水。

4.水质安全

与省住建厅、环保厅联合下发了《关于加强城镇集中式饮用水水源地及供水系统防控污染保障饮水安全的通知》，要求各地按照住建部、环保部的安排部署，及时开展防控污染保障饮水安全专项检查。完成了2014年县城供水水质督查任务。委托西安水质监测站对30个县城供水出厂水、管网末梢水进行106项指标全分析检测。检测结果显示，被检测的30个县区出厂水水质合格率为99.3%，管网水水质合格率为97.3%，县城供水水质基本符合国家水质安全标准。

（庞秀明）

防汛抗旱

【洪涝灾情】2014年汛期，全省降雨时空分布不均，局地暴雨频繁，主要江河汛情平稳，洪涝灾害损失较重。主要有三个特点：

1.降雨时空分布不均，局地暴雨频繁，强秋淋历时长、范围广

汛期，全省出现明显降雨过程17次，其中大范围强降雨过程6次，平均降雨量504.4mm，主要分布为陕北200~700mm，关中300~800mm，陕南400~1400mm。降雨分布与多年均值比较，陕北偏多1~2成，关中正常至偏少1成，陕南偏少1~2成。5—8月总体降雨量偏少2.3%~39.3%，9月平均降雨量197mm，是多年均值的2.1倍。全省发生短历时暴雨205站次，日雨量大于50mm暴雨313站次，大于100mm大暴雨13站次，其中最大日降雨量为8月5日韩城市上庄站降雨量227.5mm、9月9日镇巴县三溪站降雨量206.2mm；1小时降雨量最大为紫阳县朱家湾站9月9日13—14时降雨量74.3mm，洋县黄金峡站8月7日0—1时降雨量70mm，延川寒砂石站7月9日6—7时降雨量64.1mm，镇安县柴坪站8月6日21—22时降雨量62mm。特别是9月7—18日全省出现强秋淋天气过程，平均降雨量150.9mm，大于100mm的笼罩面积14.86万km^2，大于200mm的笼罩面积4.93万km^2，其中陕南中南部和关中秦岭北麓中部有14个县区累积降雨量超过300mm，最大镇巴县三溪站678.8mm、南郑县红春林站667.2mm。

2.主要江河干支流涨洪多，超警洪水相对少，径流量总体偏枯

全省有54条河流71站出现洪峰353次，其中12条河流12站出现超警戒洪峰22次，1条河流出现超保证洪峰。黄河、渭河、汉江、嘉陵江等主要河流未出现警戒量级以上洪水过程，黄河最大洪峰流量9月18日吴堡站1840m^3/s，9月12日龙门站1990m^3/s、潼关站3600m^3/s；渭河最大洪峰流量9月16日魏家堡站776m^3/s、咸阳站988m^3/s，9月17日临潼站1400m^3/s、华县站1590m^3/s。8月6日渭河支流漆水河安头站出现30年一遇超保证洪峰流量640m^3/s，为1971年建站以来实测最大洪水；汉江最大洪峰流量9月11日汉中站2680m^3/s，9月12日洋县站4260m^3/s、石泉水库入库流量8400m^3/s、安康水库入库流量9620m^3/s，9月18日安康站7690m3/s、白河站11600m^3/s。9月11日，汉江支流西水河西水街站出现10年一遇超警戒洪峰流量1310m^3/s。主要江河径流量与多年平均值比较总体偏枯，黄河偏枯1~4成，渭河偏枯3~5成，汉江偏枯2~4成，泾河偏枯3~5成，北洛河偏枯1~6成，嘉陵江略阳段偏枯4成，丹江偏枯5成。

3.暴雨洪灾点多面广，发生次生灾害多，洪涝灾害损失较重

受局地暴雨和强秋淋影响，山洪、泥石流、滑坡、房窑倒塌多点并发，镇巴、南郑、城固、汉滨、旬阳、镇安、丹凤等县灾害损失严重。全省11个市区有84个县区806个乡镇、105.17万人受灾，倒塌房屋9690间，因灾死亡4人（其中洪水造成1人、滑坡造成3人死亡），失踪1人。农作物受灾64370hm^2，减收粮食19.58万t。因灾停产工矿企业23个，公路中断424条次，供电中断89条次，通信中断32条次。损坏堤防990处、88.92km，损坏护岸44处、水文测站14个。洪涝灾害直接经济损失17.17亿元。

（周建强）

【防汛抗洪】国家防总和黄河、长江防总对陕西省的防汛抗洪工作给予高度重视和大力支持。国家防总先后4次派出工作组督察落实备汛措施、指导强秋淋防汛，紧急下拨了4100万元特大防汛费支持抗洪抢险。各地各部门以确保人民生命财产安全为首要目标，汛前扎实准备，汛期严密防范，全力以赴抢险救灾，各项防汛抗洪工作有力有序有效。

1.各级领导高度重视，领导指挥组织得力

各级党委、政府把防汛抗洪作为深入践行群众路线的一项重要工作来抓，省委书记赵正永、省长娄勤俭多次作出重要批示，在抗洪抢险的关键时刻亲临一线和省防总检查指导抗洪抢险。省委副书记孙清云、常务副省长江泽林等6位省委、省政府领导深入包联市区检查备汛措施落实、指导抢险救灾。副省长、省防总总指挥长祝列克两次在全省防汛抗旱工作电视电话会议上安排部署防汛工作，主持省防总汛情会商分析研判汛情形势，深入重灾区检查指挥抗洪抢险救灾。

省水利厅党组多次研究防汛工作，省防总指挥长、省水利厅厅长王锋亲自组织会商、具体安排部署，对防御每次强降雨过程都提出明确要求。市、县党政主要负责同志汛前周密布置，反复检查落实，汛期坚守岗位，实施有力领导。各级防汛责任人全力投入防汛抗洪工作，确保了抗洪抢险工作扎实开展。

2.细化明确目标任务，夯实防汛抗洪责任

汛前，省委、省政府明确了省委常委、副省长和省级有关部门分片联系和包抓各市区防汛工作责任，省政府4月29日召开全省防汛抗旱工作会议与各市区政府签订2014年度防汛抗旱目标责任书，明确了各市区目标任务，落实防汛责任。省防总落实重点江河、水库和城市191名防汛责任人。汛前调整充实了省防汛抢险专家组成员，专门召开专家组会议明确工作职责和成员责任。各地、各部门层层签订防汛目标责任书，全省落实包河流、包库坝、包滑坡、包城镇等防汛行政责任人4495人、技术负责人2669人，并分级公示，接受社会监督。西安市以政府文件明确全市防汛责任人，安康市委、市政府召开“三到户”活动动员会，渭南市组织市直机关及驻渭中省各单位现场认领渭河巡堤查险责任区，宝鸡市完善制定统一指挥、分级分部门负责实施方案，不断强化落实了防汛责任。

3.提早扎实细致备汛，落实防汛抗洪措施

立足于早，着眼于细，扎实做好防汛准备。一是细化完善防汛预案。省防总年初全面修订《陕西省防汛应急预案》，省政府正式印发施行后，组织举办全省防汛应急预案宣贯培训班和水库防洪抢险实战演练，推进预案修编工作。安康、渭南等市重新修订印发了市级防汛应急预案，杨凌区聘请专家核定河道不同量级洪水淹没范围，绘制了渭河防洪平面图。全省汛前修编各类防汛预案3011个，防汛预案的科学性、实用性和可操作性明显增强。二是充实防汛抢险物料。省防总加强省级防汛物资储备管理，筹措400万元补充省级防汛抢险物资，落实了8%防汛物资储备管理费，组织举办防汛抢险物资器材实战演练，提高应急保障能力。各市县多措并举增加防汛抢险物资储备，全省储备防汛物资总价值达1.2亿元。西安市举行城市段新型防洪子堤应用演示观摩会，提高防汛抢险技术水平。三是组建落实巡查抢险队伍。全省组建各类专群结合抢险巡查队伍7284个、31万余人。四是深入开展防汛准备检查。省防总组成10个检查组，自南向北进行了防汛安全大检查，督促落实备汛迎汛措施。汛前，市、县层层开展防汛安全大检查，发出整改通知561份，发现和跟踪整改隐患962处。

4.广泛开展宣传教育，打牢防汛抗洪基础

各级把防汛宣传教育作为提升全民防洪意识、增强避险自救能力的重要抓手，省防总制作防汛抗洪电影宣传片，在全省94个防汛重点县区的乡镇村组和社区巡回放映3000多场次，并在省电视台7个频道集中播放，深受基层防汛部门和广大群众的欢迎。组织编纂了《陕西省典型暴雨洪水灾害实例选编》，开展黄河防洪减淤调研，重新修订、校核、制作全省江河防汛图和黄河、渭河、汉江重点段防洪图，为防汛决策指挥、组织实施者提供基础资料支撑。各市、县利用“世界水日”“中国水周”等重大节日和防汛重要时段，通过电视广播、网络媒体、手机短信、张贴标语和发放资料等形式，大力宣传防汛法律法规、抗洪抢险知识、山洪灾害防御常识等，有效提高了群众水患意识和避险自救能力，为迎战暴雨洪水灾害奠定了群众基础。

5.加强预报会商研判，严密防范暴雨洪水

省防总汛前搜集各方信息，分析预判2014年汛情趋势，为有针对性地安排部署防汛工作提供了科学依据。特别是对2014年厄尔尼诺事件可能影响全省汛期旱涝并重、易出现突发性暴雨洪水和秋淋过程的会商意见，为有效防御强秋淋赢得了主动。汛期，全省各级气象、水文、防汛部门严格执行24小时值班制度，实时监视天气水情变化，及时发布预报预警信息，严密组织会商，提前安排防范，掌握防汛抗洪主动权。省防总坚持每日向省政府报送雨水情信息，28次组织会商研判，24次向重点落雨区市县发出专项预警，先后为省委、省政府领导和各地提供有针对性的防御意见8期，19次发出通知安排防范工作，8次抽查市县镇防汛部门及水库管理单位的防汛值守情况，对抽查发现的问题及时通报，督促限期整改。各市、县高度重视防汛值班工作，特别是加大对乡镇、村组和社区防汛值班检查，榆林市由市委督查室抽查各县区、乡镇防汛带值班情况，责令各县区点名批评、处分了52名带班领导和值班人员；渭南市及时查处值班脱岗人员，确保了防汛值守始终处于应急临战状态。

6.果断决策科学调度，全力以赴抢险救灾

面对2014年局地暴雨和强秋淋严峻汛情，各级果断决策，科学调度，预警、撤离、警戒三环紧扣，部门协同抗洪抢险，尽最大努力确保群众生命财产安全。在迎战全省入汛后首次强降雨过程中，省防总提前预警，安康石泉、平利等县区出现局地短历时、高强度暴雨时，石泉县果断启动山洪灾害防御应急预案，提前撤离了5镇186户425名群众；平利县及时启动城区防汛一级预警，提前撤离内涝区群众200余人，无一人员伤亡。在强秋淋防抗过程中，省防总4次发出通知安排防范工作，组织专家专题会商水库联合调度，派出6个工作组督促指导防汛抗洪工作。西安、宝鸡、汉中、榆林、延安、铜川、咸阳等市果断启动Ⅳ、Ⅲ级防汛应急响应，县乡级先后启动防汛应急响应142

次。汉中市防指加强雨水情监测预警，当1小时降雨量达到20mm时，及时预警到县区和镇村，实行点对点督导，落实防御措施。暴雨洪水区县乡责任人坚守岗位，严密排查责任区受暴雨洪水威胁人员，通过山洪灾害预警平台及时预警，提前组织撤离了15.6万群众避险，最大限度确保了人员生命安全。镇巴县科学决策，紧急行动，党政领导一线指挥，组织广大干部群众开展以撤离为主的抗洪抢险战斗，提前撤离转移9个镇群众2.59万人，无一人员伤亡。省、市防汛部门密切监视汉江、渭河流域水库汛情动态，安康市调度安康水库提前43小时预泄腾库，削减洪峰2145m³/s，滞洪6小时，安康城区段流量始终控制在8000m³/s以下，实现了确保东坝城区不倒灌、在建防洪工程安全度汛目标；西安市调度黑河金盆水库拦蓄秋汛洪水1.06亿m³，最大削峰达98%，实现了防洪保安和城市供水双赢。在省防总科学指导下，各地抢抓后汛期强秋淋时机，在确保水库防洪安全的前提下，及时蓄水补源，762座供水水库净增蓄水8.6亿m³，为保障今冬明春生活生产用水奠定了基础。各级民政、财政、国土、住建、交通、水利、电力、通信等部门各司其职，落实相关防汛抢险措施，组织力量全力抢险救灾，夺取了防汛抗洪工作全面胜利。

(周建强)

【防汛工程建设及水毁修复】 针对近年连续造成的严重水毁工程和暴露出的工程设施薄弱环节，全省各级加大资金投入，加快推进防洪工程建设，续建黄河大荔雨林上延控导工程1.37km，护堤坝垛16座，完成投资3850万元；硬化渭河堤顶道路85km，绿化堤防57km，新建支流入渭口交通桥10座，加宽、新建支流堤防23km。水毁防洪设施修复累计投入资金1.67亿元，加固堤防和护岸387处186km，修复受损水库49座、水文测报设施156处；山洪灾害防治总投资2.6825亿元。主要开展全省43个县区山洪灾害调查评价、升级完善预警信息发布系统和小流域洪水预警分析系统能力；补充完善全省28个县区简易观测、预警系统和升级改造全省1774个自动监测站点；开展4条重点山洪沟防洪治理试点工作和6条中小河流重点河段及安康市城市洪水风险图编制工作。

(周建强)

【防汛信息化系统】 一是采用无线移动终端报汛新模式，全省634座水库水电站淤地坝实时信息报送平台全面建成并投入运行，突破了仅98座大型和重点中型水库采用有线电话编码报汛的传统模式，并利用全省防汛可视会商系统，举办了全省水库水电站淤地坝实时信息报送培训班，全省10个地级市、韩城市和56个县市区设立分会场，397名报汛人员和市县区防汛办负责同志参加了培训。

二是以防汛信息监测站点核定、加大信息资源整合力度、优化通信网络环境、落实信息管理责任、规范信息传输流程、强化防汛值班管理为抓手，切实加强防汛备汛与防汛信息保障工作，通过整合新建防汛信息资源，防汛雨水情监测站点数量达到5403个，是2013年站点数量的1.32倍，汛期信息量再创历史新高。

三是通过加大市县乡防汛异地可视会商系统的联网测试与系统联调，基本实现了全省12个品牌85处多点视频会议控制器、13个品牌1057处视频会议终端的互联互通；以观摩渭南市防汛异地可视会商系统联网检测为手段，通过全省防汛可视会商系统，组织市县防汛部门主管领导和技术人员，观摩省—市—13个县（市、区）—122个镇四级防汛可视会商系统联网检测运行状况，有力地推动了全省防汛可视会商系统的完善和联网测试与运行保障。

四是按照水利部、省无委会、应急办的要求，进一步加强了全省防汛无线电通信和应急通信设备的管理，各级防汛部门紧密结合当地实际，补充完善卫星、短波、超短波应急通信设施与设备，着力提高防汛救灾快速反应能力；对集卫星通信、电信基站、短波通信、集群调度、数据传输、视频会议、网络电话、单兵图传等功能于一体的防汛指挥车进行了完善，修订了应急指挥车管理制度，定期开展设备维护与实战演练；同时参加了国务院应急办在陕组织的突发性公共事件应急现场会，实时向大会传输了防汛应急现场图像和水雨情监测信息，展示了防汛应急快速反应与通信保障能力。

五是通过大量的前期技术与推进工作，渭河干流光纤传输网络工程建设取得重大进展，为沿渭各市区和厅直单位宽带网络传输奠定了坚实基础；完成了宝鸡峡、石头河、泾惠渠、东雷抽黄灌区信息化国家与省级试点项目年度实施方案和新一轮灌区信息化规划的预审、评估、咨询和审查，实施了宝鸡峡、交口抽渭灌区信息化建设项目的质量检测评价工作；完成了由省水利厅推进、渭河流域管理局承担的“基于北斗卫星的渭河水资源监测应用示范项目”，省水保局承担的“陕西省水土保持信息基础平台建设项目”的方案论证、咨询评估、技术审查等工作；为黄河流域水资源监测、国家水资源监控能力建设陕西项目提供了有力的技术支撑和保障服务。

六是在全国水利信息化顶层设计基础上，完成的陕西省水利信息化顶层设计研究成果，思路更加清晰、定位更加准确、目标更加明确、任务更加具体、操作更加规范、应用更接地气，并以云计算、大数据、可视化、地理信息技术，面向服务的SOA架构为基础的防汛信息应用系统开发取得新进展；在前期调研的基础上，编制完成了陕西省“十三五”水利信息化发展规划调研报告，明确了“十三五”期间全省水利信息化发展规划编制的基本思路、技术路线、战略目标、工作重点、建设任务、推进措施。

七是为国家防汛抗旱工作视频会、黄河防汛工作视频会、全国农村饮水安全工作视频会、全国水利财务工作视频会、全省水库水电站淤地坝安全度汛视频会、全省党风廉政建设工作会等20余次大型视频会议提供了服务支撑保障。

八是按照省委网信办、陕西国家保密局、水利部信息办、省公安厅、省工信厅、省版权局的安排部署，购置网络安全检查软件，与厅保密办共同组成检查组，对厅直单位信息网络和涉密计算机安全进行了检查，消除了安全隐患，保障了水利信息专网的安全运行；积极推进软件正版化工作，通过厅机关和厅直系统摸底调查，采取配发国产正版办公软件、督促各单位完善正版操作系统等措施，软件正版化推进工作取得明显成效；积极推进信息系统等级保护，在完成防汛信息系统三级保护等保备案的同时，着重开展了网络安全设施配置与应用系统漏洞检测完善等工作。

（章新川）

【病险水库治理】全省进入2011—2015年全国小型病险水库除险加固规划的水库共402座，其中列入国家规划的重点小（2）型279座，一般小（2）型123座。截至2014年底，279座重点小（2）型水库加固项目全部完成建设任务投入运用，已发挥效益。123座一般小（2）型除险加固水库分布在全省10个地市32个县区，总库容5100万m^3，项目总投资2.5亿元。截至2014年12月底，落实省级补助资金1.33亿元，有92座完成了建设任务（其中：30座通过竣工验收，62座通过投入运用验收），31座在建，累计完成投资1.85亿元。2014年7月底，国家确定全省新增53座存在病险需加固处理的小型水库，其中小（1）型5座，小（2）型48座。

（王荣丽）

【旱情灾情】2014年，全省共发生冬春连旱以及严重夏伏旱两次干旱。冬春连旱时间自2013年12月下旬至2014年2月初，持续一个多月时间，主要发生在关中的渭南、西安、咸阳等地，旱情最重时全省作物受旱面积达347万亩，其中中旱50万亩。春旱发生在关中局地和陕南山区，持续时间短，受旱面积小，最重时全省有48万亩轻旱，随着春季降水增加，农业旱情在2月初得到有效缓解，4月中旬全部解除，未发生人饮困难情况。旱情等级为轻到中等干旱。夏伏旱主要发生在关中、陕南地区，自7月上旬至8月上旬持续30天左右，8月7日旱情全部解除。由于夏伏旱偏重发生在秋粮生长关键期，旱情最重时全省有642万亩农作物受旱，其中中重度面积164万亩，19.15万人发生临时饮水困难。宝鸡、咸阳等地农业受旱严重，商洛市发生饮水困难人数最多，其中商南县城出现6.5万人饮水困难，持续两个月为多年少有。

冬春连旱对粮食生产影响不大，夏粮生产与历年相比稳中有升。夏伏旱造成的灾害损失较大，秋粮作物水浇地产量基本与2013年持平，旱地减产较多，全省秋粮产量较2013年减幅5%，其中西安、渭南、咸阳减幅6%~8%，宝鸡、杨凌减幅16%左右，商洛市减幅达38%。全省农作物累计受旱面积1346.46万亩，成灾面积339.86万亩，绝收面积80.92万亩，粮食因旱损失79.01万t，经济作物因旱损失16.08亿元，其他行业因旱经济损失15.55亿元。干旱造成全省直接经济损失总计达50.9亿元。累计有59.7万人、14.24万头大牲畜因旱饮水困难。综合气象、水文和受旱面积等指标分析，2014年全省夏伏旱为2002年以来最重，危害程度大，灾害损失严重。

（杨　丽）

【抗旱减灾】党中央、国务院、国家防总和水利部高度重视陕西省抗旱工作，省委、省政府领导就抗旱工作多次作出重要批示，召开专题会议周密部署，为夺取抗旱减灾的全面胜利提供了根本保证。省防总、省水利厅精心组织、统一指挥、加强指导、超前部署，各有关部门团结协作，合力抗旱。各级地方党委、政府高度重视，广泛动员，组织广大干部群众全力抗旱，努力减轻旱灾损失。

1.领导重视，深入一线指挥有力

中央和国家防总高度重视陕西省旱情及抗旱工作。在防抗夏伏旱关键时期，中共中央政治局委员、中央书记处书记、中央组织部部长赵乐际亲自打电话，询问全省旱灾情况和抗旱进展，要求把灾害损失降到最低程度。国家防总派出工作组检查指导全省抗旱工作，国家防办主任张志彤亲临陕西，对抗旱工作提出具体指导意见。省委、省政府多次召开会议，安排部署抗旱工作。赵正永书记、娄勤俭省长、孙清云副书记等省委、省政府领导作出重要批示，赴旱区检查指导抗旱工作。祝列克副省长主持召开专题会议，安排部署抗旱工作。旱区各级党委、政府把抗旱减灾作为阶段性中心工作，主要领导深入一线，靠前指挥，组织带领广大干部群众积极行动，全力确保旱区群众饮水安全和粮食丰收。

2.及早研判，超前部署抗旱工作

针对2014年全省汛雨提前，6月份关中、陕南地区降雨偏少的情况，省防总密切监视旱情发展变化，及时组织会商研判，先后3次发出紧急通知，7月29日省政府召开全省电视电话会议专题部署抗旱工作，要求各级水利部门树立“抗大旱、抗长旱”思想，全力投入抗旱减灾。根据旱情发展，7月28日10时启动关中、陕南10市区Ⅳ级抗旱应急响应，实行重旱区日报告和轻旱区周报告制度。及时下达5300万元抗旱资金支持旱区抗旱减灾，先后派出17个工作组赴重旱区检查指导。旱区各级防汛抗旱部门加强会商研判，扎实落实抗旱减灾措施。商洛市启动Ⅱ级抗旱应急响应，派出30个工作组深入旱区一线督促抗旱，筹措6024万元用于抗旱减灾；商南县启动Ⅱ级抗旱应急响应，积极行动全力确保县城饮水安全；咸阳、渭南、铜川等市启动Ⅳ级抗旱应急响应；宝鸡市启动Ⅲ级抗旱应急响应，组织干部包乡包片、进村入户、蹲点指导，切实帮助受灾群众解决实际困难和问题。

3.以人为本，全力保障人饮安全

省防总始终把保障城乡居民生活用水安全放在抗旱工作的首位。抗夏伏旱期间，省防总专门发出通知，要求各地充分挖掘一切可用水源，对承担供水和灌溉任务的71座水库提出“压灌溉、保人饮”和“电调服从水调”原则，全力确保抗旱用水；旱区各地详细摸排抗旱水源现状，编制完善人饮解困方案，加强抗旱应急水源工程建设，广辟抗旱水源，全力保障城乡居民生活生产用水需求；省防总紧急向商洛、西安调拨30条抗旱应急储水袋，解决群众生活用水燃眉之急；西安市未雨绸缪，提前做好黑河水库供水短缺时城市应急供水方案；商南县从6月上旬开始，日出动大型拉水车30辆，送水6000t，保障县城6.5万人饮水安全；石头河、桃曲坡水库科学调度，压缩农灌用水，力保生活用水；宝鸡市渭滨、眉县、麟游等县区抗旱服务队出动送水车124辆，为群众送水解困；三原县及时启用5眼补充水源井，日供水0.9万t，保障城区供水安全。各级抗旱服务队出动抗旱设备10586台(套)，应急打井427眼，拉水送水32184t，解决了20.96万人、4.65万头大牲畜的临时饮水困难。

4.多措并举，确保粮食稳产增收

针对严重旱情，各级各部门未雨绸缪，提早投入各类水利设施，全力进行抗旱灌溉，有效减轻了干旱对粮食生产造成的损失。西安市整合水利资金投入，加快建设一批“短、平、快”抗旱水源工程，免费向群众配发抗旱水带等应急物资；渭南市发挥大中型灌区优势，抢抓过境水源，最大限度扩大灌溉面积，累计灌溉作物815亩次；咸阳市针对无灌溉设施地区，采取应急打井、架设临时泵站等措施，变被动抗旱为主动避灾；宝鸡市优惠抗旱灌溉电价，努力减轻农民浇地负担，有效调动了群众积极性。13个大中型灌区积极发挥抗旱主力军作用，抓早动快，充分利用一切水源、动员一切力量组织抗旱灌溉，用水量创近10年之最，全年累计灌溉作物1210万亩次；各地抗旱服务队通过流动灌溉有效解决了部分“渠边旱”“水中旱”“小高地”等浇地难问题，灌溉作物88.44万亩次，挽回粮食损失4.72万t。

(杨　丽)

【减灾成效】2014年是全省遭遇近10年来最严重夏伏旱、抗旱工作经受严峻考验的一年，在各级共同努力下，抗旱减灾成效显著。全省共投入抗旱人数218.44万人次、抗旱资金6.9亿元，开动机电井10.5万眼、抽水泵站1902处，累计冬春灌溉1164万亩次、夏灌1109万亩次，为全省粮食稳产奠定了坚实基础。2014年，全省粮食总产量1204万t，因旱损失79万t，其中：夏粮总产量451万t，比去年增产27.4万t；秋粮总产量753万t，比去年减产39.2万t。通过抗旱减灾，挽回粮食64.36万t，挽回经济作物损失22.6亿元。各类水利设施及各级抗旱服务队积极发挥作用，抗旱期间共解决59.7万人、14.24万头大牲畜的临时饮水困难，最大程度减少了旱灾损失。

(杨　丽)

【抗旱基础工作】针对全省抗旱应急水源匮乏、基础设施薄弱、城乡供水矛盾突出、减灾体系不健全等问题，始终坚持不懈地推进抗旱立法工作，完成了《陕西省实施抗旱条例细则》送审稿，报请省政府研究审议。全年争取国家《2014—2016年抗旱规划实施方案》资金共计22.9亿元，分三年建设一批蓄引提调抗旱应急水源工程，将从根本上改善全省抗旱应急能力。其中2014年度安排建设资金6.716亿元，建设74处蓄引提调抗旱应急水源工程。组织完成了全省2014年度抗旱规划工程方案审查工作，编制了《陕西省抗旱应急水源工程建设实施方案编制指南》和《陕西省抗旱应急水源工程建设与资金管理办法》。下发技术审核文件70份、批复文件19份，下达资金计划6.716亿元，工程项目全面开工建设。

(杨　丽)

水 土 保 持

【概述】 2014年，全省水土保持工作共治理水土流失面积6651.99km²，占目标任务的102%。其中，建设基本农田368.6km²，营造水保林2098.3km²，经济林865.6km²，种草776.5km²，封禁治理2500km²；综合治理小流域200条；完成投资17.28亿元，继续维持在历史最高水平，其中中央投资7.16亿元、省级投资5.15亿元、市县投资4.97亿元。通过治理，改善了生态环境，为全面建设“三个陕西”打下了良好的基础。

（魏　平）

【重点项目治理】 继续贯彻落实项目带动战略，认真做好督促、检查、验收和资金管理工作，狠抓丹江口库区及上游水土保持工程、淤地坝试点工程、国家水土保持重点建设工程、坡耕地水土综合整治试点工程等重点治理工程建设，采取扎实措施，全面超额完成了年度建设任务，项目管理和建设质量有了新的提高。

1.丹江口库区及上游水土保持工程

2014年是南水北调中线工程通水之年。按照“一江清水送北京”的总体目标，继续加大水源区水土流失治理力度。年初，安排了小流域实施方案编制等前期工作。3—4月，配合国家南水北调办对2013年“丹治”工程建设情况进行现场验收。5—7月，对54条小流域实施方案进行现场踏勘、技术审查。8月上报建议计划。9月做好水利部长江水利委员会对2013年“丹治”工程的督查工作。各项目县紧紧抓住秋冬有利的施工季节，共治理水土流失面积1215km²，完成总投资48613万元。11月，水利部在汉中市召开了“丹治”二期工程推进会，现场参观了勉县、汉台区的治理项目，与会领导和代表给予高度评价。

2.淤地坝工程

全省共新建加固淤地坝1019座（骨干坝66座，中小型坝953座），占计划任务的102%，其中新建113座，维修加固906座。4月，对淤地坝防汛工作精心安排部署，成立了防汛抢险应急指挥小组，并多次组织进行检查督导。突出防汛重点，对6347座重点工程逐坝制定了防汛预案。榆林、延安等8市57县（市、区）按要求把骨干坝、中型坝防汛责任人在当地媒体上公示，接受社会各界和有关部门监督。坚持24小时昼夜值班制度，保证汛情及时、准确地上传下达，确保了全省淤地坝安全度汛。

3.国家水土保持重点治理工程

根据项目管理要求，7月和11月，对2013年项目进行了省级验收。2014年水利部、财政部下达全省治理任务572.8km²，总投资2.45亿元，其中中央财政1.67亿元，较2013年增加约35%。加强前期工作，加快项目审查，年初就进行安排布置并及时对22条小流域进行了批复。为确保年度计划及时下达，根据检查情况对各县建设任务计划提前进行分解，在国家计划下达后，8月1日即下达了全省计划，随后加大检查督促力度，项目建设进展顺利。据统计，全省已完成建设任务的60%，其中榆阳区、靖边县等县区已基本完成了建设任务。

4. 200条小流域治理

结合水土保持重点工程布局，将200条小流域建设任务分解到“丹治”工程、坡耕地工程等各类水土保持重点工程项目中，进一步落实领导、资金、技术力量，确保治理效果和水平。全省200条重点小流域治理工程年度任务全面完成，共治理水土流失面积1632.81km²。

5.渭河流域水土流失综合治理试点项目

2014年下达投资计划2783.75万元，其中省级财政资金2299万元，市级配套484.75万元，计划治理水土流失面积52.17km²。到年底，完成治理面积52.17km²，其中，修水平梯田626.04hm²，营造水保林1043.4hm²，经济林417.36hm²，人工种草521.70hm²，封禁治理2608.50hm²；修建沟头防护工程2处，加固淤地坝1座。

6.坡耕地水土流失综合治理试点工程

项目县由2013年的11个增加到13个，中央投资增加到1.3亿元。狠抓项目前期，加强检查督促，下发了《关于加强坡耕地水土流失综合治理工程项目管理的若干意见》，进一步规范项目管理，促进了年度6.9万亩任务全面完成。同时完成了《坡耕地水土流失综合治理工程陕西省专项建设方案（2013—2016年）》，核定全省17个项目县，4年实施坡改梯35万亩，中央补助资金5.3亿元。

7.粗泥沙集中来源区拦沙工程前期工作

多次向黄河上中游管理局、黄河水利委员会、水利部、国家发改委汇报，及时掌握前期工作进展动态；8月，配合水利部中国科学院工程院考察组进行黄河水沙变化研究实地考察，为黄河水沙变化研究项目审查奠定了良好基础；按照黄河水利委员会《关于黄河粗泥沙集中来源区拦沙工程一期项目可研审批前置条件办理的函》，积极协调榆林、延安2市及有关部门，开展了可研审批前置条件的办理工作；在黄河水利委员会拦沙工程一期项目可研基础上，编制完成了《全省黄河粗泥沙集中来源区拦沙工程规划（2012—2030年）》，争取上级部门尽快立项实施。

8.煤炭石油天然气资源开采水土流失补偿费征收使用管理

1月27日，李克强总理在视察时，对陕西省煤油气水土保持补偿机制给予了充分肯定，指示“企业应当担负水土保持的社会责任”“黄土高原地区要进一步加大水土保持工作力度，各方面都应给予支持”。在煤炭市场量价齐跌、补偿费政策正处在调整期的严峻形势下，各级采取切实有效措施，加大补偿费征收力度。7月，在宝鸡市麟游县召开了煤油气补偿费征管工作现场会，进一步促进征收工作。全省通过地税代征补偿费达14.05亿元，其中省级5.6亿元，同时加强使用项目管理。5月对煤油气项目进行竣工验收。9月在榆林市召开了煤油气补偿费使用项目建设现场推进会，进一步促进了项目建设工作。9月下达了2014年补偿费使用项目，总投资76874万元，其中省级45711万元，涉及项目306个，治理水土流失面积753.82km²。

2014年5月，《水土保持补偿费征收使用管理办法》和征收标准陆续出台，授权各省制定具体征收办法及标准。为贯彻落实《水土保持补偿费征收使用管理办法》，在开展征收标准课题研究的基础上，年初就着手起草，于8月形成了《陕西省水土保持补偿费征收使用管理实施办法》（讨论稿）。11月邀请省法制办、省财政厅、省物价局、省地税局等单位领导和专家进行了讨论修改。经省政府法制办审查后，省政府同意由省财政、发改、水利等部门联合印发。

（魏平　张岩）

【水土保持示范园建设】示范园区建设工作按照“陕北突破、关中提高、陕南合理布局”，着力构建“夫”字形示范园区格局的总要求，坚持“山青、水秀、产优、民富、文强”的工作思路，通过开展调研选点、规划审查工作，有效推动了陕北示范园建设实现新突破。在2014年全国水土保持工作视频会议上，水利部批准命名的21个“国家级水土保持科技示范园”中，全省有丹凤县桃花谷、西安市汉城湖等5个，并在会议上做了经验介绍，受到与会领导和代表的高度关注和肯定。西安水土保持科普体验馆于6月29日建成开放，整体水平与效果达到了“国内一流、国际领先”。延川县梁家河等16个示范园被批准为第三批“省级水土保持示范园”。白河县示范园被水利部命名为“国家水土保持生态文明工程”。7月、12月，省委书记赵正永先后视察了西安市汉城湖、延川县梁家河水土保持示范园，给予高度评价和充分肯定。省委常委魏民洲、毛万春，祝列克副省长，兰州军区副司令员许林平，李佩成院士等领导和专家亲临西安水土保持科普体验馆视察，广东、江苏、江西、湖南、云南、新疆省（自治区）水利厅和兵团水利局，西北农林科技大学、江西工程学院等领导、专家、学生团体先后前来学习交流，得到一致好评。

一、延川县梁家河水土保持科技示范园

（一）园区概况

延川县梁家河水土保持科技示范园位于延川县文安驿镇，距县城7.5km，紧邻210国道和延延高速公路，东经110°3′28.62″，北纬36°51′1.35″。园区总面积27km²，主沟道为南北走向，呈“羽”状，全长8.41km，平均比降2.01%。地貌类型为黄土丘陵沟壑区—副区，属清涧河二级支流。在长期水蚀作用下，流域呈现出地形破碎、梁峁起伏、沟壑纵横的黄土丘陵沟壑景观。平均沟壑密度3.2km/km²，高程870~1243m，相对高差为373m，地貌由梁峁、沟坡、沟床三个单元组成。园区土地使用权集体，道路全部硬化，水、电、通信等生活生产基础设施配套齐全。示范园涉及延川县文安驿镇梁家河、梁家塌、舍和沟、木瓜山、下驿、上驿6个行政村728户2878人，其中农村劳动力1036人，人口密度107人/km²，农业总产值575万元，人均年纯收入7315元。

截至2013年底，共完成水土保持措施治理12.66km²，其中基本农田144.77hm²，经济林156.53hm²，水保林964.9hm²，占治理面积的49.76%。2014年12月26日被陕西省水土保持局命名为省级水土保持示范园。

（二）园区基本功能

结合园区实际，遵循“以科技示范为核心”的指导思想，紧密结合区域经济发展、农业综合生产能力提高，实行“山、水、林、景、园、路”统一规划，突出现代农业和苹果产业开发、生态旅游业培育，科技示范工程建设、实验观测设施建设，不断提高水保生态建设成效。园区划分为8个基本功能区。

1.沟道治理工程体系示范区

新建淤地坝22座，加固美化旧坝13座，配套溢洪道18处，开挖排洪渠4.5km，石砌排洪渠3.8km，生产桥3座。形成功能完善、防洪安全、景观优美的沟道水土流失综合防治体系。

2.坡面综合治理体系示范区

主要是开展坡面示范建设针阔带状混交林，支离破碎沟坡示范建设块状混交林，高陡边坡示范建设打孔植灌防护工程和生态袋柔性防护工程，建成水平梯地315亩，景观林100亩，栽植各类苗木21.36万株。

3.村庄清洁美化示范区

完成示范村庄庭院绿化美化工程，示范推广沼气池、太阳能等清洁能源工程，推广生活垃圾生物菌剂除臭技术，投放清洁垃圾桶50个，安装太阳能路灯130处，建成污水处理厂1处，提高居住环境质量和水平。

4.生态休闲旅游示范区

完善景点配套设施6处，休闲广场5处，在原文安驿公社旧址上恢复建设知青文化体验园，以梁家河村支部为中心示范建设沟道生态景观治理工程2km，整治沟槽、砌护河岸3km，提升文物周围景观品位。

5.宣传教育示范区

建成完善的宣传教育导示系统，建成水保科普知识展示厅、村史展示厅、宣传牌、各类排水渠、骨干坝等标识牌、导视牌60个，完善知青文化体验园配套设施，建成集水保科普知识、生态文明建设为一体的宣传教育示范区。

6.苹果产业开发示范区

在梁峁顶部新建经果林795亩，示范推广“科学整形修剪、水肥精准化管理、果园生草、无公害病虫害防治、合理负载、果实套袋、摘叶转果”等先进管理技术。

7.荒坡水土保持造林推广区

在荒坡宜林地全面栽植水土保持林，乔木选择刺槐、油松、侧柏、小叶杨、柳树等，灌木以紫穗槐为主。荒山荒坡造林6500亩。

8.生态修复区

对疏林地和立地条件极差地块全面封禁，依靠大自然的自我修复能力恢复林草植被，对有条件的疏林进行补植，提高林草植被的水土保持和水源涵养能力，净化流域水质。

（三）园区扩展功能

园区开展了面向社会公众，尤其是广大青少年的科普教育，组织学生集体参观村史馆，接待中小学生2000余人次，接待大中专实习生5000余人次。园区在县政府网、省市水利水保网站等多家媒体网站进行了宣传报道。

园区积极开发旅游资源，正在修建农家乐、文化产业园、工业园区、知青文化体验园和特色产业相结合的休闲观光区，成为集休闲娱乐、生态旅游、科研示范为一体的水土保持综合治理示范区。

（四）园区管理

梁家河示范区成立了由一名县委常委担任主任，水务、林业、交通、旅游、文安驿镇等部门主要领导为成员的延川县梁家河水保科技示范园管委会，落实建设任务，制定园区管理办法和制度，延川水务局专人负责相关技术工作；在项目实施、资金管理等方面建立健全管理制度，在财务、影像资料、材料出入库等方面建立完备的计算机数据备份；在运行管理方面由文安驿镇政府具体负责，成立了卫生队和讲解队，设立医疗室、警务室。通过旅游业的不断发展，积极引进企业投资发展养殖业，形成了相对稳定的多渠道资金来源，村委会集体和群众经济逐年增长；大力宣传水土保持科技知识，扩大水土保持科技示范园区影响，带动周边区域水土保持建设，探索水土保持科技示范园可持续发展的思路。

（五）园区互动

梁家河示范园2014年12月底建成以来，自发参观旅游人群络绎不绝。开放时间：每日8时至18时。

二、商洛市丹凤县桃花谷水土保持科技示范园

（一）园区概况

桃花谷水土保持科技示范园位于商洛中心城市一小时经济圈，丹凤主城区半小时经济圈内的历史文化名镇竹林关，距商州68km，丹凤33km。东沿金丝峡景区，西接天竺山景区，北连龙驹寨水利风景区。在商南—佛坪秦岭旅游南环沿线，沪陕高速在此有出口，丹凤—竹林关有直达专线，交通便捷。

桃花谷水土保持科技示范园始建于2011年3月，现已基本建成，园区东起雷家洞，西至石槽沟，北起州河北周公山，南至月亮台。由桃花谷、大柴沟、桃花沟、石槽沟四条流域组成，总面积41.4km^2，其中治理面积21km^2，治理程度100%，示范治理面积6km^2。通过租赁农民土地方式取得2000亩耕地的使用权，与村委会签订了土地租赁协议。

2012年1月被陕西省命名为省级水土保持科技示范园，2014年2月被批准为国家水土保持科技生态示范园，2014年7月被水利部命名为国家水利风景区，现已成为西北大学、西北农林科技大学、西安建筑科技大学和西安理工大学的教学实践基地，成为水保科普示范的“实物读本、户外教室”。

（二）园区功能

桃花谷水土保持科技示范园是以水土保持工程为平台建设的一个综合型园区，是一个科技生态清洁型小流域治理项目。该项目规划设计集综合治理、产业开发、科研示范、教学研究、监测探讨、成果展示、地域文化、水利文化、民俗文化、宗教文化、旅游文化为一体，用水土保持科学技术设施打基础，用园林

艺术、人文景观做装饰，打造陕西第一个水土保持科技示范园，实现国内知名、西部一流、省内第一、独树一帜的目标，起到宣传水保成果、宣传丹凤地域文化的目的。

桃花谷水土保持科技示范园建成了科技园、生态园和高效农业园、林业采摘园四个子园。四个子园以水土流失治理、清洁示范、科技展示为主线，又具有相对独立、特色明显的功能。通过四年治理，精心做好了四个核心示范项目，一个功能扩展项目。

核心示范项目一：综合治理立体防护示范工程。在园区沟道上下游、支毛沟、主沟道因地制宜、因害设防布局各类工程措施。在水土流失严重的坡面，建立了乔灌草相结合的植被体系，建立坡面蓄、排、引、灌水系工程和园区道路网络。

核心示范项目二：点面源污染防治示范工程。对园区内农户生活污水集中收集，采用先进的生物渗滤床+FTBR生化反应池污水处理技术，把收集的污水经过生物渗滤床过滤并依靠生态系统中物理、化学和生物的三重治污作用，通过过滤、吸附、沉淀、离子交换、植物吸收和微生物同化分解等途径，实现污水净化。设置30多处垃圾收集箱，固定专人对园区卫生进行清理管护。使用有机肥，年使用农家肥80t、植物叶面液肥喷洒2000亩。

核心示范项目三：重力侵蚀治理示范工程。针对不同重力侵蚀形式，分别采取工程和生物防护相结合的技术措施。在大柴沟主沟道设立钢结构拦石坝、浆砌石重力坝防治泥石流，对滑坡体采取了卸载、排水、绿化、挡墙等防治措施；对园区道路建设过程形成的裸露高陡边坡采用了坡面加挂包塑镀锌网，然后喷播复绿；对低缓边坡采取PP生态袋进行砌垒，然后喷播复绿，共治理边坡14000m²。经过治理后，植被覆盖度达到了90%以上，既防治了边坡又美化了环境。

核心示范项目四：水保科技示范工程。以陕南秦巴土石山区治理措施为重点，集中示范坡改梯筑坎技术、造林整地技术、微喷灌溉技术、边坡治理技术、生态果园示范技术；展示清洁示范技术、径流观测技术等，开展了野生水土保持引种推广实验，包括4种藤本植物和2种木本植物。

功能扩展项目：生态旅游开发。以科技示范园建设为平台，按照打造4A级风景区的目标，围绕新农村建设主要内容，结合城镇建设、生态移民、扶贫开发、新村建设项目，拓展思路，配套完善。通过展示各类水土保持示范工程的实效性、科技性和美观性，使人们在了解学习水土保持知识的同时，分享水土流失治理成果，发挥休闲旅游资源优势，将水土保持工程建成宣传平台、培训平台、盈利平台。

通过治理，建成了符合陕南实际，具有水土保持代表性，涵盖区域代表性、水土流失类型、形式及特点的工程，主要包括：长台沟重力侵蚀沟治理工程，生态清洁工程，径流观测工程，陕南土石山区侵蚀原始地貌展示、生态边坡治理工程，筑坎技术示范工程，土壤剖面、根窗展示、节水灌溉示范工程，滑坡泥石流治理工程，造林整地工程，休闲景观工程，道路工程体系、坡面水系示范工程。

（三）园区管理

县政府制定颁发了《桃花谷水土保持科技示范园建设管理办法》，成立了“桃花谷水土保持科技示范园管委会”，县委副书记任主任，水务局局长、主管副局长和竹林关镇镇长任副主任，县有关部门和竹林关镇政府为成员单位，管委会下设办公室，为项目建设法人。商洛市批准成立“丹凤县桃花谷水土保持科技生态示范园管理办公室”，为全额财政拨款单位，副科级建制，编制10人，负责景区运行管理。成立了“桃花谷水土保持科技示范园警务室”，4名警员已经上岗。示范园管理办公室日常办公在原竹林关水务中心站，产权属丹凤县水务局，站内有办公用房9间，资料室1间，会议室1间。目前，景区管理工作由景区管理办公室承担，县上给桃花谷安排了15个公益性岗位。园区划分了5个责任区，责权利相结合，进行划块管理。

县政府成立了“桃花源生态农业有限公司”，负责桃花谷水土保持科技示范园的运营管理、招商引资工作。公司为县属国有独资企业，注册资金9000万元，主要业务是桃花谷水土保持科技示范园管理经营、酒店经营、农林经特产品开发销售等。

（四）园区互动

园区于2014年3月开园迎客，已累计接待游客30万人次。开通了桃花谷官方网站（http：//sxthg.com)、新浪微博（http：//sxthg.sina.com)，通过网站和微博展示桃花谷水土保持科技示范园建设和水土保持科技等情况。

（潘宣　魏平　张岩　张戈）

【水土保持监督管理】《水土保持方案编报审批管理办法》《生产建设项目水土保持设施竣工验收办法》《水土流失重点预防区和重点治理区划分》等《陕西省水土保持条例》的配套法规制度和技术文件，于10月进行了讨论和审查，并广泛征求意见形成最终稿。认真落实“三同时”制度，推行“二项制度”，从方案审批、执法检查、设施验收三个环节，对执法工作进行规范。同时，加强生产建设项目监管，省级审批水土保持方案48种，验收35处，现场检查124个生产建设项目，征收水土保持补偿费1190.35万元。配合水利部开展“打非治违”专项执法检查活动，重点加强了南水北调水源区监督管理。全面推进12个县城镇水土保持监督执法试点。开展了全省水土保持监督管理督察工作，有效提升了各级监督管理机构的执法水平。第二批40个县监督管理能力建设全部通过水利部验收。

（魏 平 张 岩）

【科技创新】 开展了35个科研示范项目，其中新列10项。泥浆泵筑坝技术试验研究，4月获4项国家实用技术专利，10月获“大禹水利科学技术”二等奖，11月在21届杨凌农高会及2014年中国水博览会上展出，受到社会广泛关注。丹汉江非点源污染过程与调控研究，召开了课题成果总结汇报会，进一步修改完善了总结报告，提交了课题验收申请。生态清洁小流域建设，通过重点打造石泉县杨柳，辐射推进全省工作，不断加强基础理论及规范研究。

（魏 平 张 岩）

【水土保持监测、监理和技术服务】 做好省级规划编制工作，20个相关专项规划初稿编制完成，进入技术审查阶段。完成了陕西省“十三五”水土保持发展规划思路调研报告及相关工作。搞好监测站点运行，积极开展水土流失动态监测、重点治理工程监测、生产建设项目监测等多项监测工作，在信息化建设、监测管理、解决基层站点运营经费及低空遥感数据采集处理等方面取得了突破性进展。水土保持基础工作、重点项目方案编制、工程监理、评估、资质管理等技术支持、服务工作取得新发展。

（魏 平 张 岩）

【水土保持国策宣传教育】 利用纪念新《中华人民共和国水土保持法》施行三周年等重点活动，加大水土保持法律法规宣传力度。据不完全统计，全省各级共召开贯彻水土保持法律法规座谈会、研讨会100余次，举办各种宣传活动200余次，发放宣传资料11万余份，在各级媒体报道宣传稿件150余次（篇）。“两会”召开前夕，特约《人民政协报》记者到陕南水源保护区进行了大型采访活动，3月9日人民政协报刊登了整版题为《为了一江清泉向北流——陕西丹江口水库水源区水土保持纪实》文章。6月29日启动了“保护水土资源，建设美丽家园”为主题的9项系列科普宣传活动。10月中旬人民网以探访南水北调中线水源地为线索，系列报道了“丹治”综合治理成就，为12月12日正式通水营造良好氛围。全年在各级媒介上报道各类信息360多条，编辑图片300多幅。在水利部6月27日召开的全国水土保持国策宣传教育座谈会上，水保司司长刘震和巡视员张新玉听取汇报后，给予充分肯定，认为领导重视，宣传工作“有机构、有人员、有思路”，“示范园建设和宣传带动作用大”；在五个优秀专题宣传片展映中位列第二。

（魏 平 张 岩）

小水电与农村电气化

【概述】 按照《2014年水利工作要点》，围绕水电新农村电气化县建设、小水电代燃料项目建设、农村水电增效扩容改造项目建设工作，继续加强政策引导、加大创新和督查力度，强化工作措施，各项工作进展顺利，农村水电健康发展。

2014年，全省农村水电建设加强项目实施工作，14个"十二五"水电新农村电气化县建设有序开展，新增的2处小水电代燃料项目进展顺利，2013—2014年50个农村水电增效扩容改造项目全部完成建设任务。

水能资源管理及农村水电建设管理工作不断强化。完成了《陕西省中小河流水能资源开发规划》编制工作，使原《陕西省小水电开发利用规划》更加完善合理；继续规范农村水电站设计审查等前期工作；严格验收，加强监督检查。与农工民主党陕西省委开展了水电站对生态影响的调研；完成了"绿色水电"评价试点工作；加强对违规项目的查处力度；推进水电管理立法工作，上报了《陕西省农村水电建设管理办法》，争取列入省水利厅立法规划。

农村水电安全监管责任落实，行业管理进一步规范。全面落实农村水电安全生产"双主体责任"，稳步推进农村水电安全监管全覆盖；加强预案编制，水电站的应急能力进一步提高。农村水电安全生产标准化管理工作全面展开。坚持"安全第一，预防为主"的方针，采取多种形式加强检查监督。全省各级安全责任落实到位，安全措施得力有效，全年无人员伤亡、水工建筑物和机电设备运行事故，安全生产和安全运行态势良好。

（申景涛）

【农村水电建设管理】 2014年，在《陕西省中小河流水能资源开发规划》尚未正式出台的情况下，继续严格按照《陕西省小水电开发利用规划》，规范农村水电站前期审查、阶段验收，加强建设全过程监管和建设安全。

2014年，全省新增农村水电14处，83585kW（含2013—2014年增效扩容改造项目50处新增装机28685kW，普查核增2处7200kW）。全省农村水电站累计659处，总装机容量达到1308112kW。

继续加强农村水电项目前期工作和建设全过程监管。严格执行基本建设程序、国家法律法规和工程技术标准，对开工建设的水电工程进行不定期检查，严格杜绝未批先建、私自变更设计等违规行为。完成了旬阳桂花、大岭等2座电站竣工验收。

加强对违规项目的查处力度。责令查处西乡乔山、巴水河电站违规建设问题，对未履行重大设计变更程序的山阳猛柱山电站责令进行停工整改。召开了全省10000kW以上重点水电站质量监督和建设管理座谈会。严格执行《关于小水电站并网有关问题的通知》，杜绝建设程序不合法、验收程序不完善、安全生产运行不符合要求的水电站并网运行。

加强调研工作，协调解决农村水电的不公平待遇，维护水电站权益。邀请西北能监局赴宝鸡、咸阳、汉中等地进行上网、结算、无功考核等方面调研，与省电力公司进行座谈，对农村水电无功考核问题达成共识和意向。泾惠渠渠首电站线路租赁费问题已经解决，年减少成本约120万元；宝鸡峡杨凌电站及宝鸡、汉中其他电站线路租赁费问题也将解决；开展了全省小水电发电成本调研工作，为陕西农村水电上网价格调整奠定基础。

（申景涛）

【水电新农村电气化县建设】 对"十二五"14个水电新农村电气化县建设项目进行实地督查，对项目建设存在的问题限期整改，对遇到的困难积极协调解决，确保了各项目工程进度和质量。14个水电新农村电气化县建设项目进展顺利，形象进度已超85%。全年共争取中央补助资金3220万元，较2013年增加33.6%，完成投资3.2亿元，较2013年增加60%。

（申景涛）

【小水电代燃料项目建设】 列入"十二五"规划的陇县曹家湾小水电代燃料项目完成建设任务，陇县红星、旬阳仁河口2个小水电代燃料项目电源工程和项目区正抓紧实施。新增的陇县唐家河、宁强县梨树垭等2个代燃料项目前期及实施准备工作就绪。全年共争取到中央补助资金2000万元，是2013年的2倍。陇县在6月份被列入全国11个小水电代燃料示范县。代燃料示范县建设实施方案正式出案，并完成批复及报部备案工作。

（申景涛）

新增小水电代燃料项目情况表

项目名称	装机容量(kW)	投资（万元）			解决代燃（户/人）	生态保护区（万亩）
		总投资	中央	地方配套及企业自筹		
陇县唐家河项目	2100	3234	1455	1779	1670/6340	2.1
宁强县梨树垭项目	5600	5809	2614	3195	4668/17516	6.9
合计	7700	9043	4069	4974	6338/23856	9.0

【农村水电增效扩容改造项目建设】全省2013—2014年50处增效扩容改造试点项目全部完成建设任务。4月份举办了150余人参加的全省农村水电增效扩容项目运行人员培训班，为提高电站自动化运行管理水平夯实基础；5月和10月，对建设项目进行两次全面检查，有力促进了项目建设进度，规范项目管理。

50处改造项目共新增装机容量2.798万kW，年新增发电量18020万kW·h。全年共争取中央资金16092万元，省级配套9150万元，全部下达项目并基本完成。

提前对“十三五”期间有实施条件的农村水电增效扩容改造项目进行摸底，做好项目储备。

（申景涛）

【水能资源及行业管理】

1.加强水能资源管理

完成了《陕西省中小河流水能资源开发规划》编制工作，编制并审批了《陕西省中小河流水能资源开发规划项目任务书》，完成了《陕西省中小河流水能资源开发规划技术大纲》。2月，与农工民主党陕西省委开展了水电站对生态影响的调研，王安龙副主委对陕西农村水电建设取得的成绩给予了充分肯定，并提出了中肯的意见和建议。就水电生态及今后发展等问题，省水利厅高度重视，专题研究相关问题，指明了今后的发展方向。完成了“绿色水电”评价试点工作。在全省选取了10个水电站参加水利部“绿色水电”评价试点工作。5月，配合水利部水电局对试点电站进行现场核查，10月下旬，9座电站通过了水利部专家评审，1座电站因改造推迟评价。试点工作的开展，对带动和鼓励水电站运行单位采取有效措施，消除对生态环境的不利影响，实现经济社会发展与自然保护“双赢”奠定了基础。

申报了“陕西省‘绿色小水电’建设及运行技术研究”水利科技课题，已批复立项，展开研究工作。

2.加强行业安全管理

全面落实农村水电安全生产“双主体责任”，稳步推进农村水电安全监管全覆盖，做到安全监管无死角、制度化；各市、县对区域内电站安全生产责任人、监管责任人逐一进行公示。全省已建成及在建水电站逐一明确主体责任和监管责任，并进行了逐级公示。

3.加强预案编制，提高水电站应急能力

编写了《农村水电站安全生产应急预案》，召开了地震等预案编制专题会议，要求各电站按照国务院发布的《国家突发公共安全事件总体应急预案》和《生产经营单位安全生产事故应急预案编制导则》（GB/T 29639—2013）要求，制定综合预案、专项预案及超标准洪水、地震灾害、地质灾害、溃坝、水质污染、恐怖袭击等现场处置方案，形成完整的预案体系，并按规定程序报批。重点加强了防汛、地震等预案的演练，增强预案的实用性和可操作性。

4.农村水电安全生产标准化管理工作全面展开

按照国务院安委会、水利部及陕西省水电站标准化管理有关标准、细则，制定下发了《陕西省农村水电站安全生产标准化技术指南》《陕西省农村水电站安全生产标准化达标评级评分标准》，编写了《陕西省农村水电站安全生产标准化建设指导手册》《陕西省农村水电站安全生产标准化达标评级指导手册》《陕西省农村水电站安全生产标准化法律法规选编》，举办了200多人参加的培训班。全省农村水电站安全生产标准化管理工作全面展开。

5.坚持“安全第一，预防为主”的方针，采取多种形式加强检查监督

下发了《关于做好全省农村水电站防汛及安全生产工作的通知》，在汛前开展了安全度汛、防恐及“六打六治”专项活动安排部署，分组赴各地开展安全检查，杜绝事故隐患。采取措施加快在建项目建设进度，确保安全迎汛；加强电站员工安全意识教育和安全生产、安全运行知识培训，确保汛期安全。继续加强与安全生产部门协作，切实加大《关于进一步加强农村水电安全监管工作的通知》的贯彻执行。11月底，水利部水电局安全生产调研组来陕检查，对安全生产工作给予了高度评价。全年全省各级安全责任落实到位，

安全措施得力有效，安全生产形势良好，未发生人员伤亡安全事故。

6.推进水电管理立法工作

经多次基层调研、征求意见、反复研究讨论，并邀请兄弟省区交流探讨，制定了《陕西省农村水电建设管理办法》，争取列入省水利厅立法规划。

7.陕西省小水电行业协会技术工作有序开展

《陕西省典型小水电工程图集》《陕西省小水电职工培训教材》正抓紧编写。《陕西省小水电行业年度发展报告》（2013）和会刊《陕西小水电》正式印发。

全省全年发电量36.38亿kW·h，年平均利用小时2781小时。全年发售电收入113859万元，上缴税金7341万元，较2013年增长8%，固定资产1032002万元，从业人员8305人，其中技术人员2507人。2014年在建的水电站约有30万kW。2014年全省农村水电完成投资109824万元，其中：中央投资15112万元，省级投资9138万元，企业自筹85574万元，投资主体以社会融资为主。

8.厅直水电站

截至2014年末，宝鸡峡、石头河、泾惠局等厅直单位共有水电站10处67350kW（其中：1万~5万kW有2处共37400kW，0.1万~1万kW有7处共29450kW，0.1万kW以下有1处500kW），年发电量23926万kW·h，发售电总收入8256万元，上缴税金392万元，固定资产33133万元，从业人员448人，其中技术人员100人。

（申景涛）

渔　业

【概述】 2014年，全省渔业工作深入学习贯彻国务院现代渔业建设工作电视电话会议精神，以保障水产品安全有效供给和促进渔民持续增收为中心，按照“提质、扩量、增效、生态、安全”的总体要求，深化体制机制改革创新，调整优化产业体系布局，强化渔业资源养护，贯彻落实不断完善强渔惠渔政策，渔业始终保持了快速的发展态势。

全年完成水产品总产量16.5万t，渔业经济总产值61.5亿元，分别超额完成全年目标任务的16.2%和11.8%。提前完成了“十二五”规划目标，为积极主动适应渔业经济发展新常态、打造陕西渔业升级版奠定了坚实基础。

（倪德强　段荣娟）

【渔业结构调整】 充分发挥资源优势，调整产业结构，优化产业布局，突出区域特色，因地制宜开发沿黄河及陕北、渭北低洼盐碱滩地，升级改造关中、陕南老旧池塘设施，发展名优水产品养殖；以开发秦巴山区冷流水资源为重点，推进冷水性鱼类集约化养殖，大力发展大鲵等特色水产养殖；在全省城市郊区充分挖掘渔业休闲功能，发展集垂钓、餐饮、观赏、旅游、度假等于一体的都市休闲渔业，打造以渔为主带动多种产业互动发展的新格局，实现渔业发展和渔民增效。渔业第一、二、三产业协调发展，现代渔业建设稳步推进。

（倪德强　段荣娟）

【基础设施建设】 重点实施了水产原良种建设改造、池塘标准化改造、休闲渔业、渔业示范园区建设、支撑能力建设、渔业科技创新与推广、服务保障体系建设、菜篮子水产品生产等基础设施和服务体系建设，全年池塘标准化改造面积267hm^2，渔业标准化健康养殖扶持项目32个，加快推进现代渔业园区建设，已建成省级园区4个、市级园区50多个，全省渔业龙头企业和渔业专业化合作经济组织达到200多个。渔业资金投入力度不断加大，融资渠道不断拓宽，有力推动了渔业经济快速发展，渔业各项政策在全省逐步得到落实，渔业发展势头良好。

（倪德强　段荣娟）

【水产苗种生产】 强化水产苗种生产管理，开展水产苗种场执法检查，杜绝使用违禁药物，严格落实生产记录、用药记录和销售记录等管理制度和苗种生产行政许可制度。2014年全省共产销淡水鱼苗19.26亿尾，虾类鱼苗73万尾，大鲵苗434.22万尾，良种覆盖率达到60%以上，初步形成以新民国家级家鱼原种场为引领，覆盖陕南、陕北、关中地区水产良种体系，基本能满足本地区苗种供应，为全省渔业发展奠定了坚实的基础。

（倪德强　段荣娟）

【渔政管理】 继续开展“打非治违”和清理“绝户网”专项行动，切实维护渔民的合法权益和保护渔业生态资源环境。相继开展了水生野生动物保护、水产品质量安全、渔船安全管理、渔业水域污染事故查处等专项执法活动，重点针对非法捕捞、使用违禁药品和滥用添加剂、渔船安全设施配备等方面加大执法力度。特别是针对汉江、嘉陵江、渭河及其支流非法捕捞、使用违规捕捞渔具和电鱼、毒鱼、炸鱼等行为十分猖獗的问题，重拳出击严厉打击，收缴电捕渔船、橡皮艇、电捕鱼逆变器、电瓶、地笼网、拦河密眼丝网、抄网、围网、底拖网等各类非法捕捞渔具6000余件（套），有效打击了非法捕捞嚣张气焰。

（倪德强　段荣娟）

【水产品质量安全】 水产品质量监管成效显著，省、市、县三级水产品质量安全监管体系基本形成，食药、水利、农业三家之间的监管职能分工进一步明确。开展了为期3个月的水产品质量安全专项整治行动，有效遏制了违规生产不合格水产品行为。由省农业厅牵头、省水利厅、省食药局三部门联合出台了《关于加强食用农产品质量安全监管工作的意见》。农业部在全省开展产地养殖环节抽检2批次90个样品、省质检中心开展产地养殖环节抽检120个样品、市县开展养殖生产环节6000多个样品的快速定性检测，合格率均达到100%。全省10个地市和107个县区，按照地市级40万元、县区级5万元的标准，配备了快速检验检测和渔政执法取证设备仪器，基本形成了省、市、县三级完善的水产品质量安全监管体系。

（倪德强　段荣娟）

【渔业生态环境保护】加强了保护区建设和管理。丹江武关河、周至黑河珍稀水生野生动物自然保护区晋升国家级已通过国家环保部初审，申报建设南郑西流河国家级水产种质资源保护区已经农业部公示；陇县国家级保护区762万元建设项目初步设计、周至黑河保护区510万元、丹凤武关河保护区551万元的建设项目可研报告通过农业部审查批复；开展了自然保护区管理和专项执法检查，完成了各类保护区基础资料的统计和填报工作。扎实开展了水生生物增殖放流活动。组织在5个国家级、省级水生动物自然保护区开展了珍稀物种大鲵的增殖放流活动，放流20cm以上大鲵17000尾、秦岭细鳞鲑1000尾；省市县分别组织在黄河、丹江、汉江、渭河及其支流放流苗种970万尾。由农业部、南水北调办公室和湖北、河南、陕西省政府联合主办的丹江口库区千万尾水生生物增殖放流活动于6月5日在丹江口市成功举行。国家二级保护动物秦岭细鳞鲑在太白、凤县等地人工培育成功，繁育苗种达到30余万尾，世界濒危水生物种“桃花水母”在安康瀛湖首次发现，黄河陕西段新发现多处鱼类产卵场，阳安二线铁路穿越湑水河、汉江西乡段2个水产种质资源保护区落实生态补偿资金410多万元。开展了大鲵资源及发展状况调研。向社会发布了2014年度《渔业生态环境状况》和《水产养殖病害监测及防治状况》2个公报。

（倪德强　段荣娟）

【水生生物病害检测防治】首次开展鲤春病毒血症专项检测，全年先后在合阳、大荔等7县（区）采集检测样品30个，有效提升和推动了全省水生动物疫病防控工作。认真开展渔业病害测报、预警工作，通过对全省28个测报县（区）4.2万亩养殖面积的渔业病害开展为期8个月的测报、分析、预警，提出防治措施和建议，有效地减少了渔业病害的发生。同时，加强和控制渔业疫病和污染事故，对全省渔业发展起到有力的保障作用。全省年检疫各类水产苗种共计72批次，5.5亿尾，超年计划任务96.4%，出具增殖放流水产苗种检疫报告11份。扎实开展了陕西省2014年水产养殖规范用药科普下乡活动。

（倪德强　段荣娟）

【渔业科技推广】落实基层渔业技术推广体系改革与建设补助经费共计800万元，充实和加强32个县（区）级水产技术推广站能力建设。全年申报各类科研项目10类36个、立项9个、16个在研重大科研项目进展顺利，“盐碱滩涂生态农业综合开发利用技术示范与推广”项目获得陕西省第十六届农业技术推广成果一等奖。重点组织实施了“陕西省不同地域大鲵规范化养殖技术模式研究与示范推广”“网箱养殖匙吻鲟等名优品种技术示范与推广”“黄河滩区及陕北库区养殖河蟹等名优品种技术示范与推广”项目，累计推广面积11.63万m^2。开展健康养殖技术、规范用药、苗种培育等各类培训50余期，渔民科学养殖技能明显增强。

（倪德强　段荣娟）

【渔业船舶检验】按照农业部渔业船舶检验局要求，成立活动领导小组，下发了渔船检验执法监督三大行动方案，全面组织开展工作，完善了渔船基本数据，开展了渔船安全风险隐患排查与整治行动、渔船船用产品质量监督整治行动。进一步加强渔业船舶船用产品监督管理工作，全年共受理渔船船用产品检验申请8个，设备1250台套。经过多方努力，农业部渔船检验局下发了《关于陕西渔业船舶检验局安康检验处和安康瀛湖检验站业务核定和使用对外名称的批复通知》，标志着全省基层渔业船舶检验机构建设取得新的突破，也为陕西依法治渔、依法兴渔工作开启了新的篇章。在安康市瀛湖水库组织了对全省12m以上渔业船员的培训考核，全省共有92人通过了渔业船舶船员资格培训考核。重点指导西乡县石泉水库、安康市瀛湖等重点渔业水域小型渔业船舶规范化管理试点工作。

（倪德强　段荣娟）

水库移民

【概述】2014 年，移民办坚持“以人为本、依法移民、和谐稳定、科学发展”，以规范和完善制度建设为基础，以做好重点水利水电工程移民安置工作为抓手，以大中型水库移民避险解困试点工作为突破，以项目和资金管理为重点，积极探索新形势下水库移民安置和后期扶持的新方式，加大“平安、和谐、富裕、美丽”库区建设，在水库移民信访稳定形势依然严峻的情况下，圆满超额完成了全年目标任务，实现了党委政府放心、绝大多数移民群众满意、库区和移民安置区整体保持和谐稳定的总体目标。

（冯树斌）

【大中型水库移民后期扶持工作】严格落实大中型水库移民后期扶持政策。一是协调省财政厅按期足额下拨后期扶持直补资金 3.6 亿元，严格直补资金的发放程序和时限，确保了直补资金按季度足额发放到移民手中。二是审批下达后期扶持规划、小水库后期扶助规划 2013 年度和项目规划、省级财政专项补助资金规划 2014 年度项目计划 4 批，总投资 4.31 亿元，安排项目 2205 个。组织渭南等 4 市完成了省级财政专项补助规划 2015 年度项目建议计划的申报和网上审查工作。同时，针对全省自然灾害情况，及时收集整理移民受灾情况和灾后重建项目，编制完成了《陕西省 2014 年大中型水库库区及移民安置区受灾损失情况的报告》上报水利部、财政部。三是进一步加强项目监管，对县级移民管理机构上报的 50 万元以上的项目计划进行现场审核、现场督查，7 次深入基层抽查项目实施情况，确保项目实施质量和效益。四是对申报第二批省级水库移民示范村的 22 个移民村进行现场评审，确定了 11 个第二批示范村，已开展建设规划编制工作。五是完成全省大中型水利水电 2013 年度统计报表集中填报审查和 2014 年预测报工作。六是加快后期扶持项目管理信息系统建设，已完成软件开发工作，进入试运行。

（冯树斌）

【大中型水利水电工程移民安置工作】一是根据全面启动引汉济渭工程移民安置工作的指示要求，会同水利水电规划设计总院对引汉济渭工程移民安置初步设计进行审查，牵头组织汉中、安康两市与引汉济渭公司签订了 2014 年移民安置工作协议。完成了佛坪县陈家坝、宁陕县寇家湾、洋县磨子桥以及油坊坳等 10 个移民安置点的初设审批工作，相继出台了三河口水库导（截）流阶段移民验收、移民安置规划设计变更管理等一系列规范性文件，适时调整了相关补偿补助标准，促进移民搬迁安置工作顺利进行。二是组织召开蜀河水电站移民安置竣工验收工作会议，完成了汉江蜀河水电站工程移民安置工作竣工验收。三是加大技术课题研究调研，先后深入引汉济渭、亭口、南沟门等水利水电工程现场开展调研，完成了《红岩河水库移民城镇化安置思考》、全省水利水电工程建设征地移民安置补偿单价及相关问题调研成果。四是加强对移民安置工作的督导检查，对已实施的南沟门水库移民安置剩余 1700 多人的搬迁落实情况、王圪堵水库计划 600 人的搬迁安置完成情况、亭口水库已搬迁安置的 1700 余人生产生活配套建设情况和蜀河水电站移民安置尾留工作进展情况进行了督促检查。

（冯树斌）

【移民后期扶持资金监管工作】下达了 2014 年度水库移民资金内部审计计划，对咸阳、延安 2 市及其 22 个县（区）开展了资金内部审计工作，共审计资金 0.8 亿元，并就审计中发现问题向被审计单位及其所在设区市人民政府、财政局和县（区）人民政府、财政局进行了通报，提出整改意见 29 条。针对资金管理和项目管理方面存在的问题，10 月底举办了全省水库移民资金及项目管理培训班，对基层移民管理机构财务人员和项目管理进行培训，进一步提高了水库移民项目资金管理工作水平。

（冯树斌）

【库区和移民安置区稳定工作】坚持严格落实水库移民稳定工作责任制，定期深入库区开展矛盾纠纷排查，逐项落实维稳工作要求，注重信访稳定关口前移，主动深入移民摸排情况，将矛盾纠纷化解在萌芽状态。2014 年，积极处置并及时回复了白水县雷村水站纠纷问题、蓝田县李家河水库征迁资金管理问题、引汉济渭工程移民安置信访维权矛盾问题、洋县移民反映引汉济渭工程库区移民补偿标准问题，批转市移民管理机构调查处理潼关县群众要求享受水库移民直补资格和山阳县猛柱山水电站影响区群众信访问题。通过扎实有效的信访稳定工作，全年共接待移民群众来信来访130余人次。对于符合政策的均妥善解决，不符合政策或不属于水库移民管理范畴的给予了详细政策解释，有效维护了移民群众的合法权益。

（冯树斌）

综 合 经 营

【概述】2014年，是打好“十二五”规划收官攻坚战、全面实现规划蓝图的冲刺之年。面对繁重的任务和复杂的形势，省水利厅认真贯彻落实党的十八届三中、四中全会和全省水利工作会议精神，坚持稳中求进工作总基调，统筹推进稳增长、调结构、促改革、惠民生，抢抓机遇，克难攻坚，依托主业，发挥优势，大力发展供水、水电、建筑施工、勘测设计、监理咨询等支柱产业，水利经济总体保持了“发展趋稳、稳中向好、好中有进、进中超越”的发展态势。据统计，厅直单位共完成水利经济总收入126801万元，占全年目标任务90000万元的140%。全年共实现供水、发电、建筑施工、勘测设计等非农灌经营收入118932万元，占全年目标任务84364万元的140%。水利风景区工作切实发挥规划引领作用，加快景区创建，推进管理常态，强化宣传引导，深化调查研究，狠抓安全生产，保持了良性快速发展。全年创建国家水利风景区8处，省级水利风景区4处，累计创建省级以上景区达52处，年度创建数量创历年新高。景区各项工作走在了全国前列。

（张子牛）

【水利经营基础工作】

一、农灌超额完成任务

2014年1月至3月中旬，全省平均降雨量199mm，比往年同期偏少约14%。其中1月降雨量比往年同期偏少88%，2月偏少3%。特别是进入夏灌以后，气温偏高，底墒不足，旱情严峻。厅直各单位认真贯彻落实省防总和省水利厅抗旱通知精神，超前部署，精心组织，引抽并举，合理调度，全力以赴抗旱保苗，为全年抗旱保收和粮食增产作出了积极贡献。据统计，全年厅直五大灌区共完成斗口引水量50159万m^3，占全年目标任务35989万m^3的139%；实现农灌水费收入7869万元，占全年目标任务5636万元的139%。具体情况见下表：

2014年农灌任务完成情况表

单位	2014年目标任务		2014年完成数		增长（%）	
	斗口引水量（万m3）	水费收入（万元）	斗口引水量（万m^3）	水费收入（万元）	斗口引水量	水费收入
桃曲坡	2300	299	4083	530	177	177
交口	10500	1942	17090	3150	162	162
泾惠渠	9000	945	13020	1367	144	144
宝鸡峡	12000	2220	13532	2503	112	112
石头河	2189	230	2434	319	111	138
合计	35989	5636	50159	7869	141	146

二、支柱产业稳定发展

2014年，厅直单位实现非农灌收入118932万元，其中城市供水收入6016万元，发电收入7023万元，建筑施工收入65608万元，勘测设计收入22737万元，监理咨询收入9178万元，物资供应、渔业、水利旅游等其他经营收入8367万元。

1.城市和工业供水大幅增长

厅直石头河、桃曲坡两单位共完成城市及工业供水量9163万m^3，占全年目标任务6700万m^3的136%；实现供水收入6016万元，占全年目标任务3780万元的159%。大幅增长的主要原因是2014年关中大部分地区降雨量偏少，特别是第二、三季度出现夏伏旱，居民用水增加，致城市供水水费收入大幅增长。具体情况见下表：

2014 年城市和工业供水目标任务表

单位	2014 年目标任务		2014 年完成数		增长（%）	
	供水量（万 m^3）	水费收入（万元）	供水量（万 m^3）	水费收入（万元）	供水量	水费收入
石头河	5500	3000	7489	4277	136	142
桃曲坡	1200	780	1674	1739	139	222

2.水电增幅明显

2014 年，厅直单位共完成上网发电量 22656 万 kW·h，占全年目标任务 14500 万 kW·h 的 156%；实现发电收入 7023 万元，占全年目标任务 4450 万元的 158%。增长的主要原因是秋季全省出现了一次持续时间长、影响范围广、降雨量极大的强秋淋过程，河源来水多，发电用水充足。具体情况见下表：

2014 年水电增幅情况表

单位	2014 年目标任务		2014 年完成数		增长（%）	
	上网发电量（万 kW·h）	电费收入（万元）	上网发电量（万 kW·h）	电费收入（万元）	发电量	电费收入
石头河	4500	1350	5746	1781	127	131
宝鸡峡	8000	2480	12900	3999	161	161
泾惠渠	2000	620	4010	1243	200	200

3.建筑施工平稳发展，勘测设计、咨询监理略有下降

2014 年，厅直单位共实现建筑施工收入 65608 万元，同比增长 8%，监理咨询收入 9178 万元，同比下降 15%，勘测设计收入 22737 万元，同比下降 34%，其他经营收入 8367 万元。勘测设计和监理咨询收入下降的主要原因是："十二五"规划进入收官之年，水利工程全面进入施工阶段，勘测设计、咨询监理任务较往年减少；同时监理咨询企业底子薄、资质低，持证监理人员不足，中标项目同比减少。具体情况见下表：

2014 年厅直单位综合经营目标任务完成情况统计表

单位	建筑施工（万元）	勘测设计（万元）	监理咨询（万元）	物资供应（万元）	渔业（万元）	旅游（万元）	其他经营（万元）
石头河	2893	0	0	0	101	0	208
泾惠渠	12197	640	756	0	0	0	600
交口	3530	241	218	0	0	0	552
宝鸡峡	6000	454	223	0	0	0	130
桃曲坡	4030	120	0	0	0	397	1399
建管局	9323	0	3155	0	0	0	0
江河局	24500	5000	1260	0	0	0	1260
水文局	0	192	0	0	0	0	0
地下水	31	811	0	0	0	0	468
水研所	0	0	0	0	198	0	0
水产总站	0	0	0	0	190	00	0
设计院	3104	15279	2812	0	0	0	290
物资公司	0	0	104	2321	125	0	180
咨询中心	0	0	650	0	0	0	0
技校	0	0	0	0	0	0	8
合计	65608	22737	9178	2321	614	397	5035

三、职工收入稳步增长

2014年，厅直单位依靠自身优势，大力发展综合经营，确保了职工福利和岗位津贴正常发放。据统计，厅直单位都能按时足额上交“三金”，在职职工人均收入基本达到4万元以上。

（张子牛）

【水利经营行业管理】2014年，按照“事业发展我发展”的总体要求，围绕水利中心工作，继续抓好经营性指标考核，强化行业管理，努力搞好服务，保障了厅直单位经营性工作发展态势良好。主要做了以下工作：

1.抓好经营指标考核管理工作

依据《厅直单位经营指标考核办法》，年初确定了2014年厅直单位经营性考核指标，及时签订了《2014年度经营指标合同书》；在日常动态管理方面，结合单位发展特点，不断研究完善指标体系和分析评价机制，按照月度统计、季度通报、年度总评的方法，对厅直单位水利经营情况进行统计分析，撰写了第一、二、三季度和年度厅直单位经营指标完成情况分析报告，为领导决策和工作开展提供依据。及时调研解决经营生产中的具体问题，督促指导各单位抓好经营生产。

2.做好水利企协建设，发挥桥梁纽带作用

在总结协会2013年工作的基础上，制定了2014年工作要点和目标任务，及时深入相关企业，帮助解决有关问题。按照省民政厅要求及时办理协会年度审核和证书年检工作，完成协会财务审计工作。认真执行上级文件精神，主动清退公务员领导干部在协会兼职。5月份参加了第十八届中国东西部投资与贸易洽谈会暨丝绸之路商品博览会，按省政府要求顺利完成了组织服务工作和江苏代表团对口接待任务，受到组委会表扬。

3.其他工作同步跟进

切实抓好厅直水利企业和水利风景区安全生产，不定期检查通报，逢重大节假日，专门发文部署并抽查，确保全年无重大安全责任事故。多次热情接待职工来访，协调处理好沙棘厂遗留问题。配合做好信息、宣传等工作，保证了水利经营健康有序发展，职工队伍和谐稳定。

（张子牛）

【水利风景区工作】水利风景区是建设生态文明、发展民生水利的重要途径。全省全年新创建国家水利风景区8处，省级水利风景区4处。全年接待游客1909万人次，实现经营性收入21.05亿元，实现旅游综合收入372亿元。部分精品景区日接待游客达11万人次。

一、加强规划指导

1.省规方面

聘请专业机构、组织专家团队，全面深入调研，多次召开咨询会，在对全省426处水利风景单体资源进行认真分析的基础上，历时两年编制了《2013—2030年全省水利风景区发展规划》，2014年7月经省水利厅组织审查，终审刊印。作为全国少有的全省景区规划编制省份，此项工作受到水利部景区办的充分肯定。

2.市规方面

在重视全省规划的同时，启动了市域水利风景区资源普查和规划编制工作。榆林市率先完成了市域景区规划编制，并于2014年12月通过终审。其他市区程度不等地开展了此项工作。

3.景区层面

要求新建景区在申报时着手编制规划，已编制过规划的尽快提升规划，未编制的早日启动规划编制工作。指导汉中石门、桃曲坡锦阳湖、安康瀛湖等景区都在进行规划提升。省水利厅在东庄水库工程建设初期，启动了水利风景区规划编制工作；榆林市榆阳区政府在王圪堵水库建设前期，着手水利风景区规划编制工作。

二、抓好景区创建

伴随着水生态文明建设任务的提出，各地景区创建积极性得到提高，创建的数量和质量也明显提升。省水利厅景区办不断简化明晰工作流程，严格申报审批程序和评审评价标准，全程参与指导水利风景区创建申报。积极做好向水利部申报国家景区工作，科学合理安排时间，配合水利部专家组分批来陕现场考察评价景区。2014年，全省8家景区荣获“国家水利风景区”称号，年度景区创建数量居历年最高水平，全省水利风景区总数稳居全国先进省份行列。

三、推进管理常态

2014年，按照水利部“严格管理、提档升级”要求，坚持“保护优先、科学发展”理念，不断建立完善工作体制机制保障体系，引导各地加快景区工作队伍建设，突出抓保护、抓安全、抓培训、抓宣传、抓营销。邀请专业领域高端人才加入，完善水利风景区评审专家库，目前共有专家56名，基本做到景区相关专业全覆盖，大大提升了景区评审工作质量。积极组织人才培训，全年组织参加部办培训60余人次，组织调研、评审、讲座40多场次。积极探索景区管理办法，推进景区建设管理各项工作逐步走向规范化、常态化轨道。

四、强化宣传引导

以塑造品牌形象、提升社会认知为目标，以水利经济网站为平台，以省内主流媒体和专题宣传活动为载体，组织开展了大量富有成效的宣传活动。联合省治渭办、宣传中心举办了“治渭杯”陕西水利风景摄影大赛，组织开展了“湿地水环境保护知识竞赛”，遇重要节假日及时通报分析各景区运营情况。组织指导有关景区开展专题宣传营销活动40多场次，组织部分景区参加了2014年中国水博会和省内外多次旅游宣传推介活动。

（张子牛）

科技教育

【水利科技】2014年，全省水利科技工作深入贯彻落实十八届三中、四中全会、全省水利会议精神，以重大水利科技项目研究与实施为抓手，奋力实施“科技兴水”“项目带动”战略，全省水利科技创新水平显著提升，科技成果捷报频传，为水利现代化提供引领与支撑。

1.重点项目组织及申报

全年共组织申报年度部省级科研、推广和标准化项目7项。开展了水利科技项目征集和评审工作，对征集到的9个领域86个项目进行了评审，58个项目通过评审，46个项目列入年度省级水利科技计划，获批省级财政资金1330万元。

争取1项水利部公益性项目“引汉济渭跨流域复杂水库群联合调度研究”，项目资金229万元；争取1项水利部推广项目“人造备防石抢险材料技术推广”，项目资金100万元；争取省科技厅科研发展计划项目5项，项目资金41万元。

2.科技调研

组织开展《陕西省深化水利科技管理体制改革调研报告》，协助省财政厅农业处完成了《系统思维两手发力支持陕西水利可持续发展》调研报告，完成的《关于深化陕西省水利科技管理体制改革情况的调研报告》被统战部采纳。

3.水利标准化

结合水利部最新修订的《水利技术标准体系表》，完成了《陕西省水利技术标准体系表》（征求意见稿）。水利技术标准数据库系统框架搭建完成，进入调试阶段。

4.科研成果及奖励

共组织开展4项科技项目验收，鉴定的3项科技成果达到国际水平，其中“区域水资源动态配置与严格管理支持系统研究”“泥浆泵筑坝技术研究”被鉴定为国际领先水平。完成省级科技成果登记3项。

“泥浆泵筑坝技术试验研究”项目成果被评为大禹奖水利科学技术二等奖，“陕西省水利科技发展战略研究”成果获水利部第七届水利发展研究奖三等奖，“陕西省南水北调受水区水源工程联合运用与供水网络体系研究”获陕西省科学技术奖二等奖，“陕西省盐碱滩涂生态渔业综合开发利用技术示范与推广”获第十六届省农业技术推广成果一等奖，“陕西省池塘健康养殖技术示范推广项目”和“陕西省大中型水库渔业综合开发技术推广”获第十六届省农业技术推广成果三等奖。

5.主要举措

在全国水利系统首次下发《关于规范水利科技项目资金预算编制工作的通知》，进一步规范水利科技项目资金预算管理。

开展科技工作先进集体和先进个人评选活动，充分调动广大水利科技工作者的积极性和创造性。

召开首次全省水利科技推广工作座谈会，全面启动水利部科技推广中心陕西推广工作站工作。

开展省级水利科技项目半年检查，首次邀请专家和财务人员介入检查，进行现场技术及资金使用指导，确保资金安全使用，项目高质量执行。检查率达到项目总数的70%。

6.科技宣传

利用各类媒体大力开展水利科技宣传，营造水利科技发展良好氛围。依托省水利厅网站、水利科技中英文网页及陕西省水利学会通信等平台，大力宣传水利科技创新工作。策划编印《水润三秦炫彩农高会》《科技兴水惠三秦》画辑，集中宣传全省水利建设新成就、新战略、新理念及新技术。全年共在《科技日报》《中国水利报》《陕西日报》等主流媒体专版专题宣传水利科技工作百余次。

依托农高会平台，牵头组织策划了“第21届杨凌农高会水利专题展”，全面展示省委省政府的治水兴陕新战略、水利建设新成就、水利新技术及陕西水文化。顺应新丝绸之路经济建设形势，在展板中使用中、英、俄三语文字，配三语讲解人员。赵正永、娄勤俭、马中平、祝列克等省上领导参观水利专题展。吉尔吉斯斯坦议会农业委员会主席内沙诺夫参观时说，这是他第一次接触地下水库建设理念，他要把这一新的治水思路带回国。省水利厅厅长王锋、12名副厅级以上领导、16名处级领导、多名文化届人士参展，20余家单位组团参观，接待技术咨询群众3.5万余人，达成初步合作意向的近千人，社会各届人士建言献策60余条。据不完全统计，本届水利新技术展参观人数逾10万，居历届最高。陕西电视台、《陕西日报》、西部网等主流媒体报道50余篇次，省水利厅专门印发“情况通报”进行通报表扬，农高会组委会发来感谢信，有力提升了陕西水利的社会影响力。

（姜艳丽　郝晓静）

【实验研究】

1.泥浆泵筑坝技术试验研究

项目主要围绕泥浆泵筑坝成套设备研制、高浓度泥浆筑坝工艺、泥浆泵筑坝资源总量及泥浆筑坝质量、工效等方面开展研究，取得了6个方面的创新和4项实用技术专利，研究成果总体达到国际领先水平。该项目成功解决了黄土高原地区传统水坠法筑坝中的泥浆浓度无法控制、施工危险性大、脱水固结期较长等问题，首创了泥浆泵筑坝成套技术，实现了泥浆筑坝过程中土料破碎、筛分、制浆、送浆的一体化。同时，创新开发的“螺旋—涡旋”复合技术，解决了高浓度泥浆制备与输送的关键技术，在泥浆筑坝全过程实现了系统化、机械化、数字化和自动化；探索出一套泥浆泵筑坝过程中排水的有效措施。该项目荣获2014年度“大禹水利科学技术奖”二等奖。

2.陕西省水利科技发展战略研究

项目组紧密结合陕西水利现代化发展纲要，针对陕西省水利科技发展存在的主要问题，通过两年的深入研究，从水资源开发利用与合理配置、防汛抗旱减灾体系、节水新技术及潜力、水土保持与水生态环境、水利信息化等7个方面对水利科技发展战略开展重点研究，从而提出了陕西未来10~20年水利科技发展战略目标，遴选了一批涉及水利现代化发展目标的关键技术研究方向和思路，将为未来10年乃至20年逐步解决水利发展中的重大科技问题和难题提供重要的技术支撑。该项目荣获水利部第七届水利发展研究奖三等奖，是唯一的省级获奖项目。

3.陕西省南水北调受水区水源工程联合运用与供水网络体系研究

该项目针对陕西省南水北调工程受水区水源条件，构建了多水源联合运用配置单元和网络节点图，建立了基于多目标多层次模糊优选法的水源工程单独运用配置、联合运用模拟配置，联合运用优化配置模型，为陕西省南水北调受水区水量配置提供了科学依据。该研究通过神经网络方法与支持向量机模型相结合、大系统分解协调理论与改进的遗传算法相结合的方法，研究了多种水源工程联合优化调度运用方案。应用多目标模糊优选评价模型，从经济、社会、生态环境、水资源开发利用四大系统中提取评价指标，对受水区进行评价，提出优化配置方案，对解决关中地区缺水问题，保障生产、生活、生态用水具有重要的参考价值。研究成果已在《陕西省水利发展“十二五”规划》《陕西省流域综合规划》中得到应用，项目成果对陕西省引汉济渭工程的调度运行将起到重要的支撑作用。该项目荣获2014年度省科学技术奖二等奖。

4.陕西省盐碱滩涂生态渔业综合开发利用技术示范与推广

该项目利用工程、生态、养殖等技术手段，使盐碱滩涂达到综合利用。项目集成了一套“以渔改碱”新技术，创新了盐碱地生态养殖模式，在盐碱地建立了稳定的渔—草—果—禽生态系统，在全省首次引进了耐高碱度、高硬度、生长速度快、抗病力强的乌克兰鳞鲤、松浦镜鲤、黄颡鱼等6种优良新鱼种，建立配套养殖模式，有效提高了土地资源的农业综合利用水平，变“盐碱滩涂”废地为宝，为推动利用盐碱滩涂推广水产养殖发挥了重要的示范作用。该项目于2009年开始实施，5年累计推广总面积14366hm^2，新增总产量10845万kg，新增纯收益33919万元，取得了显著的社会效益、经济效益和生态效益。该项目荣获第十六届农业技术推广成果一等奖。

5.陕西省池塘健康养殖技术示范推广

该项目按照养殖鱼类的生态习性和池塘生态环境特点，应用淡水池塘健康养殖技术、良种与名优水产品养殖技术、测水调控养殖水质技术、水生动物病害综合防治技术等，建立养殖管理“五项制度，两项登记制度”，将健壮的水产养殖品种通过系统的规范管理技术，使其在人为控制的环境中健康快速生长，切实保障水产品质量安全，不断提高渔业经济效益。实施3年，累计示范推广面积4311.9hm^2，总产商品鱼6101.5万kg。通过项目实施，落实水产健康养殖“五项制度,两项登记制度”，推进了池塘健康养殖技术的发展，项目区水产养殖品种结构调整明显加快，渔业生态环境质量得到明显改善，水产品质量安全得到有效保障，达到高产、高效、优质、安全的目的，取得了显著的社会效益、经济效益和生态效益。该项目荣获第十六届农业技术推广成果三等奖。

6.陕西省大中型水库渔业综合开发技术推广

该项目按照“生态优先”的技术路线，陕南以养殖滤食性鱼类为主，适量搭配名优品种，严格控制饲料质量和投喂量，改善水体富营养化状况，走“以鱼养水，增产增收”的现代渔业发展路子；陕北利用库坝开阔地种植牧草、饲料植物，采取多品种多规格混养，轮捕轮放，开展鱼、畜、禽立体生态养殖，采用无公害生态养殖技术，生产绿色有机水产品。实施3年，累计推广面积32207hm^2，总产商品鱼3980.2万kg。通过项目实施，降低了库区水体富营养化程度，维护了水域生物多样性，形成了“水库草鱼”“瀛湖匙吻鲟”

等一批知名绿色水产品品牌，取得了显著的社会效益、生态效益和经济效益。该项目荣获第十六届农业技术推广成果三等奖。

（姜艳丽　郝晓静）

附表一　　2014 年度大禹水利科学技术奖获奖项目名单

项目名称	完成单位	完成人	获奖情况
泥浆泵筑坝技术试验研究	陕西省水土保持局，陕西绿馨水土保持有限公司，西北农林科技大学，西安理工大学，志丹县水务局，蒲城县龙阳机械厂，白水县水土保持工作站	张秦岭、张武俊、张岗虎、朱首军、邓民兴、杨西民、肖继明、杨长林、党新选、侯书铭	2014 年度大禹水利科学技术奖二等奖

附表二　　第十六届农业技术推广成果奖获奖项目名单

项目名称	完成单位	完成人	获奖情况
陕西省盐碱滩涂生态渔业综合开发利用技术示范与推广	陕西省水产研究所，大荔县水产工作站，合阳县水产局，华阴市水产工作站，西安市临潼区水产工作服务站	王丰、袁永锋、侯淑敏、梁卫东、骆玉玲、薛梅、问思恩、沈红保、李引娣、任慧丽、刘建生、牛文利、任敬、车万宽、张星朗、郭红伟、宋彩琴、张新龙、齐喜荣、贠蕊、郗成军、蔺爱英、王琳、高志	第十六届农业技术推广成果一等奖
陕西省池塘健康养殖技术示范推广	陕西省水产工作总站，陕西省渔业局，西安市水产工作站，渭南市水产建设管理处，宝鸡市水产工作站	任武成、岳继海、刘富强、穆润娥、董兴国、欧阳月、鲁国延、王化荣、马爱雄、杨健、王明祥、邹平、廖传林、惠钢桥、张树明、霍长江、任平华、王中乾、李涛、任敬	第十六届农业技术推广成果三等奖
陕西省大中型水库渔业综合开发技术推广	陕西省水产工作总站，汉中市水产工作站，安康市水产工作站，延安市水产工作站，榆林市水产工作总站	万星山、江波、樊铮、贾延民、杨永斌、李志安、马建国、张树明、卞秋云、夏广济、王西耀、王震、屠庆福、丁龙章、叶宏、李万春、任仲和、罗向战、余鹏、薛文礼	第十六届农业技术推广成果三等奖

附表三　　2014 年度陕西省科学技术奖获奖项目名单

项目名称	完成单位	完成人	获奖情况
陕西省南水北调受水区水源工程联合运用与供水网络体系研究	陕西省水利电力勘，测设计研究院，西安理工大学	王建杰、刘斌、黄强、王光社、冯缠利、杨晓茹、畅建霞、刘哲、张永永、金苗、巩琳琳	省科学技术奖二等奖

附表四　　水利部第七届水利发展研究奖获奖项目名单

项目名称	完成单位	完成人	获奖情况
陕西省水利科技发展战略研究	陕西省水利厅，西安理工大学	刘登峰、黄强、李瑛、郝晓静、邵北涛	水利部第七届水利发展研究奖三等奖

【对外交流与合作】

1.对外交流

3月5—6日，参加中欧水资源交流平台联合牵头项目启动会，介绍陕西省水利发展面临的挑战及合作意向。会议将陕西省列入中欧地下水联合牵头合作领域试点/示范研究省份。

3月16—27日，组织省江河局1名同志随团赴意大利参加生态管理培训，借鉴该国环境和生态保护先进经验，进一步提升全省河流综合治理水平。

12月4日，参加了2014年中欧水资源交流平台高层对话会，张玉忠副厅长作大会交流，介绍了陕西城镇化与供水保障经验以及水利科研合作需求。

2.外资项目

5月15—16日，组织召开省水利系统首个亚洲开发银行支援项目启动研讨会，亚洲开发银行与陕西省渭河流域管理局签署了项目《谅解备忘录》，正式启动实施“陕西省渭河流域管理模式研究”。

8月21—22日，组织召开“陕西省渭河流域管理模式研究”执行情况讨论会，亚洲开发银行项目负责人与陕西省渭河流域管理局签署了项目《谅解备忘录》，双方就项目执行需改进的内容达成共识。

（贺瑞琼）

【职工教育与培训】2014年，按照中省关于人才工作的总体安排部署，坚持把人才培训作为推进陕西水利事业提质增速的重要手段，大力实施“人才兴水”战略，有力推进了全省水利系统干部职工队伍的整体素质和能力提升。省水利厅先后组织实施了34个培训项目，培训对象涵盖基层党政领导干部、专业技术人才、经营管理人才和技能人才四类人员，培训内容涉及水利规划、水资源管理、建设管理、水土保持、农村水利、防汛抗旱、水利信息化、渔业、水利科技、党风廉政等多个领域，培训各类人员4600多人次。组织机关公务员89人次参加省公务员局组织的省级部门行政公务员网络培训，并按新要求将现行“大课、指定”模式改革为每年多门课程，每门课程课时较短，形成菜单式自主选学的个性化“微课、自选”模式，参加了网络考试。组织全省12名市县水利局长、6名乡镇水利站所长参加了水利部业务培训研讨班，组织11名军转干部参加了省人社厅举办的知识更新培训。11月份与水利部人事司联合举办第三次县市水利局长培训班和首次乡镇水利站站长培训班相关工作，培训学员138人次，人均培训达到24学时，发放培训证书140人，有力地促进了基层水利人才队伍建设，达到预期目标。

（岳　羚）

【陕西省水利技工学校】2014年是省水利技工学校发展的关键年。在省水利厅党组的正确领导下，围绕“立足当前、谋划长远、乘势而为、推进发展”的工作主题，突出强化内功，扎实提高业务，努力推进学校改革和发展。

1.教学工作

全年顺利完成技校及电大成人教育教学工作，开展各类教研活动40余次，开展全省水利系统职工继续教育培训6期360人次，其他社会培训200多人，电大成人教育280人次，为全省水利事业发展作出了积极贡献。

2.学管及招生工作

在新形势下，紧密结合社会需求，紧抓市场不放松，不断研究企业理念，将学生培养与企业标准放在一个水平线上，用企业的要求教育培养学生，不断推进校企联合。在学生管理上全年实现安全教学无事故。毕业生质量逐年提高，就业安排工作稳定发展。

3.群众工作

组织全校女职工开展三八节座谈会，关注女职工的生活和工作情况；完成健身场地建设和健身器材安装；组织在校离、退休职工参加夕阳红老年健身活动，通过开展系列活动，为创建积极健康的和谐校园增添了活力。

4.内部管理

在新形势下，酝酿学校内部改革，不断增强教职工的责任感、服务意识和主人翁意识。以办学35周年为契机，总结办学经验，展示办学成果，始终坚持抓机遇、想问题、拓思路，以改革促发展，以实业求生存，不断突破办学瓶颈。

（张　强）

【技术职务评聘】2014年，完成推荐申报高级工程师184人，经过评审通过145人；完成厅直系统推荐申报工程师116人，经过评审通过105人；向人社厅推荐申报正高级工程师16人，评审通过14人；向省发改委、财政厅等相关业务部门推荐申报经济师7人、会计师1人、副研究馆员2人、讲师和高级讲师各2人。

（赵元卜）

【专家管理】2014年推荐申报5名享受政府特殊津贴人员，经国务院批准2人享受政府特殊津贴。

（赵元卜）

【工人技能鉴定】2014年组织水质检验工、钻井工的技能鉴定，共鉴定639人，鉴定合格544人，其中高级261人，中级139人，初级144人。

（王景维）

【水利学会】

1.学术交流

5月25—27日，举办海峡两岸石门水库学术交流研讨会。我国台湾中华水资源管理学会简昭群团长一行7人赴汉中石门水库开展学术交流研讨活动，两岸石门水库16年后再续前缘，共话发展。省水利学会、汉中市科协、汉中市水利局、汉中市水利学会有关领导、汉中市石门水库管理局主要负责同志及相关人员共50余人参加了研讨会。

10月20—23日，在西安协办“第十八届海峡两岸水利科技交流研讨会”。水利部台办巡视员刘志广、中国水科院院长匡尚富、台湾联合大学校长许铭熙、美华水利协会教授段国红、西安理工大学党委书记周孝德到会并致辞。省水利厅副巡视员李国平、省水利学会秘书处负责同志作为组委会成员参会。省水利厅总工王建杰作了《陕西水利现代化建设探索与实践》专题报告，我国台湾屏东科技大学工学院院长丁澈士先生代表个人向省水利博物馆捐赠了民国四十五年发行的《李仪祉全集》。中国工程院院士胡春宏、陈厚群到会并主持分会场学术会议。来自海峡两岸、美华水利协会和新闻媒体的近60家单位、160余位代表出席会议。与会代表还参观了陕西水利博物馆，考察了渭河草滩段、西咸新区段治理新貌及引汉济渭工程。

2.科学普及

3月27—28日，在西北农林科技大学、杨凌职业技术学院及西安理工大学相继开展了《最严格的水资源管理制度》和《水土保持法》——“水法宣传进高校”科普活动，大力宣传水利政策法规、节约用水等水利知识，倡导学生爱水、惜水、护水、节水，激发他们献身水利的激情和热情。

3月29日，组织西北农林科技大学、杨凌职业技术学院近200名水利优秀学生，赴泾阳县李仪祉纪念馆开展“水利优秀学生探史思源”活动。此次活动旨在弘扬李仪祉先生的治水功绩，激发后世兴水情怀。

省水利学会联系《陕西水利》杂志社，开展“《陕西水利》科技专刊”优秀论文征集活动。在学会协办的《陕西水利》杂志专门出刊一期“科技专刊”，以反映近年来水利科技研究成果及应用实践，进一步激发广大水利科技工作者的创新热情，为广大会员和科技工作者提供展示最新科研成果和学习交流的平台。

3.自身建设

3月26日上午，省科协党组成员、副主席党广录带队，省财政厅、省社科院、省科协有关人员一行8人调研学会发展，充分肯定了近年来省水利学会在服务科技创新、服务社会事务和服务科技工作者方面取得的成绩，认为省水利学会的服务功能日益增强。

11月，开展陕西省水利学会2014年度优秀水利学生评选。根据《陕西省水利学会水利优秀学生评定奖励办法》规定，陕西省水利学会在西北农林科技大学、西安理工大学、杨凌职业技术学院等涉水院校，评选年度优秀水利学生，激发水利水电类高校学生热爱水利、学习水利、献身水利的情怀，共评选出30名优秀学生。

6月10日，参加中国水利学会个人会员管理系统应用培训班，主要针对中国科协所属学会个人会员管理系统进行培训，应用后可实现对个人会员的统一、信息化管理，同时对专业科技人才的推介及组建专家库都具有十分重要的意义，拓宽了学会发展会员的途径，增强学会的凝聚力和社会影响力。

组织资深专家投身水利科研主战场，开展项目咨询、评价等。参与了“陕西省引汉济渭工程建设管理体制及运行机制研究、渭北旱塬重点区域供水保障研究、陕西省石川河地下水库关键技术研究、汉阴县大棚食用菌自动化监控技术应用示范与推广研究”等项目咨询，服务水利科技创新工作。

围绕水利中心及重点工作，继续办好会刊——《陕西省水利学会通信》，全年共出刊5期。其中，围绕渭河治理、引汉济渭工程，策划出刊《陕西省水利学会通信渭河专版》和《陕西省水利学会通信引汉济渭专版》，进一步提升了重点工程的社会知晓率。

4.荣誉

被省科协授予陕西省2014年“科技之春”活动优秀组织单位。

被省科协授予“四星级学会”殊荣。

学会秘书处1名工作人员被陕西省人社厅和省科协联合表彰为“科协工作先进个人”。

秘书处撰写的《再续前缘 共话发展——省水利学会积极搭建海峡两岸石门水库学习交流平台》一文被评为省科协优秀稿件二等奖。

（刘伟娟）

精神文明建设

【水文化建设】2014年，省水利厅深入贯彻落实《水文化建设规划纲要（2011—2020年）》和《陕西省水文化建设发展规划（2013—2030年）》，加强领导，精心组织，水文化建设稳步推进。

1.加强领导，明确责任

将水文化建设作为水利建设的重要组成部分，列入厅党组的重要议事日程。充分发挥厅精神文明建设指导委员会对全省水文化建设的统筹协调作用，指导全省水利系统各部门、各单位积极开展水文化建设，并将其纳入目标责任考核，同部署、同落实、同检查。

2.加大水文化宣传力度

采取宣讲、刊发、面对面指导等形式，加大《陕西水文化建设规划》宣传力度，促进规划目标任务落实。着力构建水文化传播平台。开通了渭河水文化网，并利用《陕西水利》杂志、陕西水利网等传媒，大力宣传陕西水文化。全年共刊发各类水文化方面的新闻及文章40多篇。厅文明办与水文化研究会合作，编辑出版《陕西水文化研究与实践》、设计制作《三秦新水势》宣传画册。省水利风景区管理办公室和厅文明办、宣传中心共同举办“治渭杯”——陕西水利风景区摄影大赛，充分展示水利改革发展成就。省治渭办组织30多位省级实力派书画家，举办“建美丽陕西、画渭河美景”采风活动，发掘渭河历史文化内涵。全省水利系统各单位充分发挥图书馆、阅览室、博物馆、文化广场、体育设施等阵地作用，积极传播“正能量”，不断扩大水文化影响。省江河局、省石头河管理局、西安市水务局分别在本单位开设“水文化讲堂”，普及水文化知识，挖掘单位文化底蕴，积极营造学习、研究水文化的浓厚氛围。省江河局制定了以“生命渭河—人本渭河—和谐渭河”为主题的渭河生命行动实施方案，构建渭河文化生态长廊建设规划。

3.加强队伍建设，努力培养水文化人才

组织举办首次全省水文化理论培训班，培训水文化工作人员60多人。组织厅直单位20多人参加了水利部组织的水文化、社会主义核心价值观理论培训。省水电设计院、省水文局撰写的调研文章，参加水利部政研会调研成果评选，分别荣获二、三等奖。10月份，水利部水文化研究会会长张印忠一行6人，前来调研水文化建设工作，对全省水利系统近年来的工作给予了充分肯定。

（耿　涛）

【党的建设】2014年，在省委和省直机关工委的坚强领导下，以学习贯彻党的十八大、十八届三中、四中全会和习近平总书记系列讲话精神为统领，按照省委十二届四次全会精神要求，紧紧围绕“服务中心、建设队伍”两大任务，大力加强党的思想、组织、作风建设，不断提高党建工作科学化水平，为全面深化水利改革发展、推进水利现代化建设提供坚强的思想政治保证。

1.认真学习贯彻习近平总书记系列讲话精神，扎实推进理论武装工作

年初下发《陕西省水利厅直属机关党委2014年工作要点》和《陕西省水利厅直系统2014年中心组理论学习安排意见》，对学习贯彻十八届三中全会和习近平总书记系列讲话精神作出安排部署。坚持落实党组中心组学习制度，全年安排集体学习8次。集中举办了7期厅直系统处级以上领导干部集中轮训班，工委副书记熊晖参加首期开班式并作动员讲话，对厅直系统388名处级实职干部进行集中轮训，参训率100%，撰写体会文章300多篇汇编成册。广泛开展读好书、强素质活动，深入推进学习型党组织建设。在11月26日省直机关学习型党组织建设现场交流会上，省水利厅有关做法进行了书面和展板交流。

2.以开展“抓、建、促”主题活动为抓手，深化群众路线教育实践活动成果

制定了《省水利厅直系统“抓整改、建机制、促工作”主题活动实施方案》，成立省水利厅“抓、建、促”主题活动领导小组，召开动员部署大会，编印《实施方案细化手册》，对机关处室联络员进行集中培训，建立厅直系统活动QQ群，在水利厅门户网站开设活动专栏等，为活动开展做了充分准备。按照省委活动办“千名处长晒措施做承诺”的要求，对厅领导班子和机关处级干部的整改方案进行公开，特别是对厅机关涉及组织人事、财务管理、行政执法、审批职能的12个处室负责人的整改措施和承诺，进行集中公

示。制定厅机关党员代表“五查”工作方案，组织厅直系统23个党员代表监督小组、228名党员代表，扎实开展“五查”活动。组织机关支部书记、基层党委书记，对各单位整改方案落实情况开展交叉互评，继续查找问题、促进整改。组织机关124名处级以上干部，积极参与省直机关“万人评议机关作风”活动。大力开展“庸懒散浮”专项整治工作，在厅机关各处室、厅直各单位自查自纠的基础上，由厅办公室牵头，人事处、监察室、直属机关党委组成检查组，先后两次到各单位开展明察暗访，对发现的问题及时通报，限期整改。认真落实未全程参加教育实践活动8名党员干部的补课工作。全年回复办理省直机关作风建设监督岗群众反映问题10个，做到事事有着落、件件有回音。通过开展主题实践活动，厅机关的工作纪律得到加强，工作效率有所提高，服务意识明显增强，精神面貌显著改观，有力地促进了水利各项目标任务的顺利完成。省直机关“庸懒散浮”专项整治工作检查组先后3次明察暗访，均未发现厅机关作风纪律方面的问题，并给予充分肯定和好评。

3.以开展“对标定位、晋级争星”活动为重点，切实加强组织建设和党员队伍建设

全年完成厅机关9个支部和厅直3个党委换届工作。按照“控制总量、优化结构、提高质量、发挥作用”的总要求，严格控制党员发展质量和总量，加强入党积极分子教育、培养和考察，制定落实厅直系统党员发展计划，厅直系统全年共发展党员74名。在厅直各级党组织中深入开展“走基层、察民情、转作风”调研活动，形成调研报告30多篇，1篇参加省直机关工委评选荣获一等奖。积极组织开展业务技能竞赛培训和选拔，参加省直机关第二届业务技能（知识）竞赛，3名选手分别荣获“依法行政技能十大状元”“电子政务技能优秀选手”“党务知识优秀选手”称号。

4.深入学习贯彻《机关基层组织工作条例》，全面落实党建工作责任制

认真学习贯彻《机关基层组织工作条例》和省委实施办法。厅党组全年听取机关党建工作汇报2次，党组书记、厅长王锋切实履行机关党建工作“第一责任人”的职责，做到了“四亲自四带头”（亲自研究、亲自部署、亲自过问、亲自督查，带头指导、带头学习、带头讲课、带头参与）。厅党组其他成员积极参加厅直属机关党委和所在支部组织的活动，加强对分管单位和处室党建工作的指导，带头学理论，带头讲党课，带头执行党内制度，带头支持机关党组织开展工作。根据中央、省委以及水利部关于落实党风廉政建设主体责任有关要求，确定将厅直属机关党委作为落实党组主体责任的日常工作部门，明确了党风廉政建设重点任务、责任清单和工作措施，落实了对党员干部的监督责任。

（耿 涛）

【思想道德建设】2014年省水利厅直系统坚持以培育和践行社会主义核心价值观为核心，以“中国梦”教育、开展“五个一”活动为抓手，坚持把思想道德建设作为贯彻科学发展观、加强队伍建设、促进人的全面发展和构建和谐单位的重要内容来抓，全系统思想道德建设有序推进。

1.强化教育和引导

坚持不懈地用正确的舆论引导人，用高尚的精神塑造人。举办“法治课堂”，教育干部职工做遵法、知法、懂法、守法的好公民。组织近3000名水利职工参与了水利部社会主义核心价值观网上答题活动，有3人分别荣获二、三等奖。利用《陕西水利》杂志、陕西水利网站、设立机关形象墙等及时宣扬陕西水利的好人好事。

2.发挥导向作用

在省水利厅直系统开展“中国梦劳动美——我为陕西水利作贡献”演讲比赛、“十大江河卫士”评选等活动，引导干部职工爱岗敬业，真抓实干，努力在各单位内部营造风清气正、团结向上、积极进取、崇德向善的良好氛围。

3.大力培育和践行社会主义核心价值观及“献身、负责、求实”的行业精神

指导陕水集团率先在全国水利行业开展岗位行为规范示点工作，《陕水集团岗位行为规范》通过水利部文明办组织的评审，经验做法在全行业推广。积极组队参加全国水利系统社会主义核心价值体系知识竞赛，获优秀组织奖。11月份，水利部思想政治工作研究会副会长董星一行4人，前来调研水利行业思想道德建设情况，对陕西水利近年来的工作给予了充分肯定。

（耿 涛）

【精神文明创建】2014年，省水利厅认真贯彻落实部党组、部文明办关于精神文明建设的一系列指示精神，坚持以邓小平理论、“三个代表”重要思想和科学发展观为指导，以践行社会主义核心价值体系为主线，以“富民强省、创先争优”活动为载体，立足自身实际，紧扣行业特点，广泛开展文明单位、文明处室、青年志愿服务等为主要内容的创建活动，有力地推动了精神文明建设的健康发展和各项目标任务的圆满完成。厅党组高度重视精神文明创建工作，在抓好中心工作的同时，坚持把精神文明建设提到突出地位。

1.及时完善机构，为创建活动提供组织保证

成立了由主管副厅长任组长，厅文明办主任、办公室主任分别任副组长，各职能处室负责人为成员的精神文明创建工作领导小组，把创建活动列入党组、党委、支部重要工作议事日程。

2.加强宣传引导，不断提高广大干部职工的思想认识和参与意识，激发创建热情

年初下发《2014年陕西省水利系统精神文明建设和水文化建设工作要点》，10月份下发了《精神文明建设与管理资料汇编》，使各级在创建中明确任务、明确标准、熟悉内容、清楚程序。坚持把创建工作纳入年度责任目标考核，做到与业务工作同研究、同部署、同检查、同奖惩。

3.严格创评

结合工作实际，根据省、部有关规定和测评办法，制定实施细则，明确“八有三无和十个一”的基本要求，研究具体措施和奖惩办法。严格按照年初申报规划、季度督查、年底考核验收的程序，对文明单位创建工作进行评审。在各类文明单位中广泛开展“一堂、一队、一牌、一桌、一传播”的“五个一”建设活动。大力加强水利行业文明诚信体系建设，首次在全省水利系统开展水利建设工程文明工地创建评审工作。

4.积极开展群众性精神文明创建活动

厅文明办积极指导西安市水务局、省桃曲坡水库管理局、陕水集团公司争创部级文明单位。指导省江河局项目监理公司、建管局三和公司争创省级文明单位。指导行业相关单位创建厅级文明单位标兵和厅级文明单位。一年来，全省水利系统有7个单位被表彰为“全国水利文明单位”、1个单位被表彰为“陕西省文明单位”、厅直系统有17个基层单位被表彰为“厅级文明单位标兵”和“厅级文明单位”。

5.组织开展丰富多彩的文体活动

承办“仪祉杯”第三届全国水利系统羽毛球比赛。来自全国水利行业32支代表队350余名运动员分别参加男子单打、男子双打、女子单打、女子双打以及混合双打等5个项目的比赛，陕西省水利厅代表队获得团体前8名，陕西省水利厅、陕西省桃曲坡水库管理局被组委会评为优秀组织奖。参加陕西省第十五届运动会，在行业组羽毛球、乒乓球、游泳、健身秧歌4个项目比赛上荣获一等奖和冠军、亚军，成为33个行业代表团中荣誉最多的代表团，被授予“2010—2013年度陕西省群众体育活动先进单位”荣誉称号。成功举办了省水利厅直系统第七届职工运动会，各单位奋力参赛，各展雄姿。

（耿 涛）

【党风廉政建设】2014年，在省委、省政府和省纪委的坚强领导下，全省水利系统认真贯彻党的十八大和十八届三中、四中全会精神，全面落实中、省纪委三次、四次全会和省政府廉政会、全国水利系统党风廉政建设工作会议部署要求，加强组织领导，夯实“两个责任”，严明党的纪律、确保政令畅通，深入落实中央八项规定精神，坚持不懈纠正“四风”，强化教育监督防范，促进领导干部廉洁从政，落实“三转”要求、突出监督执纪问责，党风廉政建设和反腐败工作取得了新进展新成效。

1.突出“两个责任”，党风廉政建设责任制得到全面落实

抓好工作部署。中央纪委和省纪委三次全会、全国水利系统党风廉政建设工作会议召开后，厅党组召开全省水利系统党风廉政建设工作视频会议，全面部署年度工作任务。印发了2014年度反腐倡廉工作责任分工一览表、厅领导反腐倡廉责任分工等文件，分解目标任务、落实“一岗双责”。厅领导与厅直单位、机关处室，厅直单位与下属单位层层签订党风廉政建设目标责任书。厅党组书记、厅长王锋两次在水利部党风廉政建设座谈会、主体责任座谈会上作大会发言。深刻领会“两个责任”。组织厅直系统各级党组织学习省委、水利部党组关于落实“两个责任”的意见，及时传达贯彻水利部落实党委主体责任座谈会精神，在基层纪检监察工作调研和检查督导中宣讲“两个责任”，推动责任落实，制定实施办法。厅党组制定出台了关于落实党风廉政建设主体责任、纪检监察组织监督责任的意见。召开传达贯彻省纪委四次全会精神、落实党组主体责任工作会，交流落实主体责任做法、措施和打算，对强化“两个责任”落实、抓好巡视发现问题整改工作，进行再部署再动员再督促，逐级传导压力。加强监督检查。结合基层党风廉政建设调研检查、纪委书记约谈、“三位一体”目标责任考核，对厅直系统党风廉政建设责任制落实情况和反腐倡廉工作进展情况进行半年督导检查、年终检查考核，推动了工作开展和“两个责任”落实。

2.深入落实中央八项规定精神，作风建设取得长足进步

在厅直系统扎实开展“抓整改、建机制、促工作”活动，巩固提升党的群众路线教育实践活动成效。以构建纠正节日期间不正之风长效机制为抓手，对节日期间严格遵守中央八项规定精神、坚决纠正节日期间不正之风等工作，提前安排部署，抓好监督检查，集中整治“会所中的歪风”。按照省纪委统一部署，组织开展“重申提出一批纪律规定、组织开展一批明察暗访、核查处理一批违纪问题、通报曝光一批典型案件、倒逼完善一批整改措施”为主要内容的“五个一批”廉洁过节专项行动，及时动员部署，制定实施方案，

组织明察暗访，中秋和国庆节日期间对9个厅直单位落实八项规定情况进行了不打招呼随机检查。厅系统各单位开展明察暗访60多次。厅直单位结合实际制定出台了节日廉政制度、党员干部操办婚丧喜庆事宜的规定、关于加强节假日公车管理杜绝公车私用的规定等，实行节假日使用公车向同级纪委备案，防范节日期间不正之风问题发生。年底，在水利厅直系统开展了廉政制度执行、反腐倡廉任务分工完成、党风廉政建设责任制和“一岗双责”落实为主要内容的“四项工作”专项检查，结合年度目标责任考核开展纪律执行情况大检查，促进了领导班子和领导干部作风建设。

3.扎实开展反腐倡廉教育，促进领导干部廉洁自律

年初，为厅直系统领导干部征订了纪检监察报刊，购买《领导干部廉洁从政教育读本》《陕西省领导干部任前廉政法规考试学习读本》等教材800余套。3月份，在厅系统开展了反腐倡廉法规制度学习教育月活动，通过专题讲座、知识竞赛、答题考试等形式多样的促学活动，深化学习效果。5月份，以习近平总书记系列重要讲话和中、省纪委三次全会精神为重要内容，集中轮训厅系统处级干部388人。11月初，结合综合业务培训，对138名市县水利局长、基层水利站长开展了廉政专题教育辅导。加强经常性的反腐倡廉宣传教育，及时传达省纪委关于干部违纪典型案例通报，在厅直系统播放《小官大贪》等警示教育片，努力提高警示教育和岗位廉政教育针对性和有效性。认真执行领导干部重大事项报告等法规制度，对厅系统提拔的22名处级干部组织任前廉政法规考试和廉政谈话。

4.落实《工作规划》，继续推进惩防体系建设

认真学习贯彻中央《建立健全惩治和预防腐败体系2013—2017年工作规划》、陕西省《实施办法》和水利部《实施方案》，结合实际制定下发了《陕西省水利厅贯彻落实〈建立健全惩治和预防腐败体系2013—2017年工作规划〉实施方案》。深入调查研究，加强督促指导，切实落实水利部《关于加强水利基层单位党风廉政建设的指导意见》、《廉政风险防控手册》，配合水利部开展调研检查，逐步建立完善廉政风险防控运行机制。党风廉政建设责任制报告、责任制考核、领导干部报告个人有关事项和任前廉政考试、基层公务接待“廉政灶”、述廉报告和廉政谈话等制度在水利系统得到有效落实。坚持制度创新、制度落实齐头并进，组织开展厅系统处级主要领导干部述廉评议，7名领导干部进行大会述廉，90多名干部参与民主测评，加强对领导干部的监督。

5.强化信访办案工作，重视查处违纪违规问题

按照省纪委关于突出执纪监督问责、强化查办违纪案件主业要求，畅通信访举报渠道，落实案件线索规范管理规定，加强对信访办案工作的组织领导，对案件线索集体研究讨论，对重大敏感问题及时报告，切实做好案件查办工作。2014年收办信访件38件，初核28件，向省纪委报结果3件。对中央巡视组批转信访举报件，逐一排查核实，迅速进行分类处置。按照省纪委工作交办会具体部署要求，组织开展2个厅直单位2013年度“三公”经费和会议费审计发现问题核查工作，研究提出初步处理意见。

（耿　涛）

【水利宣传】2014年，水利宣传工作在省水利厅党组的坚强领导下，在厅机关各处室和厅直各单位的大力支持配合下，认真贯彻落实全省水利局长会议精神，紧紧围绕水利中心工作，精心策划，突出重点，发挥优势，充分调动中、省各大媒体力量，切实加大重点和深度宣传，全方位加强水利建设宣传，全年组织重大宣传策划10次，累计在中、省报、刊、网络、广播电视等媒体刊发水利新闻2840篇（条），省水利厅门户网刊发各类水利宣传消息4348条，向省政府门户网站报送水利宣传信息364条，其中211条为厅局栏目头条。强大的宣传声势为全省水利现代化建设营造了良好的舆论氛围。宣传中心分别被评为《陕西日报》新闻报道先进单位，陕西广播电视台水利记者站被评为优秀记者站、《黄河报》（网）优秀记者站、《人民长江报》优秀记者站。《中国水利报》陕西记者站、王辛石、王剑、汤少林同志分别被《中国水利报》授予“十佳记者站”“十佳记者站长”“优秀记者站长”“十佳记者”称号，连续十多年荣获此项殊荣。

1.加强指导，推动水利宣传工作顺利开展

认真贯彻全省宣传部长暨精神文明建设工作会议，以及全省水利局长会议精神，根据全省水利工作要点，制定下发了2014年水利宣传工作要点，明确指导思想、基本原则和主要任务，指导各地、各单位切实加强舆论引导，不断丰富宣传形式，抓好各项水利宣传工作，努力增强宣传效果，为水利改革发展各项目标任务全面完成，努力开创水利改革发展新局面营造更加坚实有力的舆论支撑。同时，继续组织开展了“镜头看水利”摄影采访活动，先后深入汉中、安康、渭南等地进行采访拍摄，记录了基层轰轰烈烈的水利建设情况，推动面上水利宣传工作的开展。

2.强化服务，抓好重大宣传策划组织

以服务水利中心工作、服务基层、服务机关为己任，依托宣传平台和宣传资源，切实抓好重大水利宣传的策划和组织工作，收到了良好效果。围绕三河口水利枢纽开工建设和引汉济渭工程可研获批，组织中省主流媒体加大引汉济渭工程建设宣传力度；围绕东

庄水利枢纽项目建议书获批，在省内各大主流媒体展开重点宣传，并举办新闻发布会扩大宣传面；围绕“十二五”水利重点工程建设巨大成就，组织策划在《陕西日报》、陕西广播电视台开展集中系列专题宣传；围绕渭河综合整治建设，联系新华社陕西分社、中央电视台、陕西广播电视台分别进行了高端采访，并深入治渭一线全面深度采访，同时与省治渭办联合组织开展了治渭成就专题宣传以及航拍治渭工程活动，宣传报道治渭巨大成就和显著效果；围绕最严格水资源管理制度推进，设计制作了节水公益宣传短片，策划组织开展了最严格水资源管理系列宣传活动；围绕防汛抗旱减灾，与省防办联合组织召开了防汛抗旱新闻宣传工作会议，策划制作了防汛公益宣传短片，组织开展了“抗旱夏灌大型灌区行”集中采访宣传活动；围绕黄河大荔雨林工程建设，组织省上主流媒体集中采访报道，宣传黄河防洪工程建设的成效和效益；围绕小型农田水利重点县建设，策划组织了“小水惠民三秦行”大型集中采访活动，组织省内主要媒体深入重点采访，在各大媒体刊发了大量新闻报道；围绕渭河采砂执法，策划组织了专题宣传；围绕水利风景区建设，继续推进水利风景区摄影大赛活动。同时切实加强党建精神文明建设工作宣传，在厅门户网、《陕西水利》杂志开辟专栏，大力宣传厅系统学习习近平总书记重要讲话精神、“抓整改、建机制、促工作”主题活动的系列专题宣传活动，宣传效果显著。

3.创新形式，打造陕西水利宣传和水利影像宣传新亮点

在中国水利网站首页设置陕西水利宣传专区，使陕西水利新闻宣传效果进一步提升，品牌形象展示效果进一步加强，舆论环境更加主动，实现精准、全面、正面、深入、立体、持久的宣传及形象展示效果。中国水利网站陕西专区的成功创办，是继2013年成功举办陕西省重大水利工程国新办新闻发布会、中外媒体集中采访陕西水利建设、开通陕西水利手机报后，全省水利宣传工作的又一创新举措。积极利用陕西广播电台、陕西省政府门户网等传播渠道开展在线访谈，与网民、听众沟通交流，达到宣传水利、联系群众、树立形象的目的。在省、市两级机关和事业单位办公区域2000多个液晶显示屏播放节水公益广告两个月，宣传引导公众提高节水、爱水意识。设计制作了防汛减灾、节水公益广告，在省广播电视台多个频道连续播出，强化宣传教育和引导。配合省防办专门制作了防汛警示科普电影，加大防汛宣传力度，增强防汛宣传的深度和广度，在全省94个防汛重点县区的各乡镇、村庄和社区宣传放映了3000余场次，不断提高全民防汛避险意识。配合水利部办公厅、中国产业报协和中国水利报社组织开展的“碧水蓝天万里行”中央媒体记者走基层采访活动选择来陕重点采访重大水利工程建设、小型农田水利重点县、中小河流治理以及西安市水生态文明建设，六大中央级媒体聚焦陕西水利工作，进行了深度特色的宣传报道，收到良好效果。与此同时，为了记录陕西水利发展历史、展示水利新闻摄影成果、宣传水利发展成就、提升水文化水平，在厅门户网专门设计制作开办了“陕西水利影像”专栏，为全省水利系统广大干部职工及摄影摄像爱好者提供了一个更加广阔的学习、交流、展示平台，有助于增进广大摄影爱好者之间的交流沟通，更好地展示全省水利现代化建设发展成绩，进一步提升陕西水利文化水平。

4.强化防汛抗旱宣传出特色

面对2014年严峻的防汛抗旱形势，坚持实行防汛抗旱宣传值班制度，加班加点，全力以赴投入防汛抗洪和抗旱减灾宣传之中。汛前及早召开防汛抗旱宣传工作座谈会，汛期和夏伏旱严重期间，紧密与省防总和中省各大主流媒体联络，及时了解和密切关注汛旱情动态及防洪抗旱进展，随时掌握省委省政府和省防总最新部署和决策指挥动态，迅速采写省防总工作部署、全省防汛抗洪抢险和抗旱减灾工作动态，以及防汛抗洪和抗旱减灾典型事迹等新闻宣传稿件，确保第一时间将防汛抗旱新闻稿件发给各大新闻媒体，保证了防汛抗洪和抗旱减灾宣传报道及时、准确刊播，牢牢掌握了防汛抗旱的宣传舆论主动权，为鼓舞全省广大干部群众投身防汛抢险和抗旱减灾发挥了重要的舆论导向和前沿作用，为夺取2014年防汛抗旱斗争的全面胜利营造了坚实的宣传舆论氛围，再次续写了防汛抗旱宣传的新篇章，得到厅党组的充分肯定和省防总的高度评价。

5.精细管理，着力提升水利厅门户网站宣传影响力

进一步规范和加强省水利厅门户网站的建设和管理，在指导工作、展示水利建设动态和成就、宣传水利工作亮点、引导舆论导向方面发挥十分重要的作用，得到了全省水利系统及社会各界的广泛关注和好评。加大网站新闻动态更新力度，日最高发布信息接近20条，加强网络政民互动，赢得社会公众广泛好评。加强网站安全管理，切实做好政务信息公开工作，完善网上办事服务指南，并提供在线服务功能。

（王 剑）

【工会工作】

1.主题宣传教育活动深入扎实

深入贯彻落实党的十八届三中、四中全会和习近平总书记系列讲话精神，开展了培育和践行社会主义核心价值观活动，举办和参加了“中国梦·劳动美”主

题演讲比赛、全国职工诗词大赛、全省首届职工书法大赛、安全征文比赛和班组安全成果展示等活动，2600余名职工参加活动。

2.职工经济技术创新稳步推进

开展了“仪祉杯”水利工程劳动竞赛、灌区主题劳动竞赛、职业技能大赛、职工科技创新活动、安康杯竞赛和“名师带徒”活动，单位参与率达到100%，参赛职工达到4000余人，参与率98%以上。

3.依法维权机制建设不断完善

开展了困难职工帮扶慰问、劳模服务、女职工关爱行动和“四季送”服务职工活动。严格执行党政工联席会议制度，积极推进工资集体协商和签订集体合同工作，建立工会组织的企业单位工资集体协商覆盖率达到90%以上，集体合同签订率达到95%以上。

4.文化体育活动成绩斐然

成功举办了第七届职工运动会。18支代表队1200余名职工运动员参加了乒乓球、羽毛球、越野赛、拔河4个大项、24个小项的比赛。组队参加了省第十五届运动会行业组比赛，在健身秧歌、游泳、羽毛球、乒乓球4个大项、22个小项比赛中，取得了团体赛3个冠军、3个亚军，个人赛3个冠军、4个亚军的优异成绩，省水利厅荣获“陕西省群众体育活动先进单位”荣誉称号。承办了“仪祉杯”全国水利系统第三届羽毛球比赛，32支代表队600余名运动员参加比赛，陕西省水利厅代表队荣获亚军。

5.工会自身建设水平进一步提高

举办了工会专（兼）职干部培训班，邀请专家教授进行了辅导培训。大力开展调查研究活动，完成调研文章29篇，并选送10篇调研文章参加上级工会组织的调研成果评比表彰，共有6篇调研成果获奖。

（惠小峰）

【老干工作】2014年，水利离退休人员服务管理工作紧紧围绕厅党组中心工作，认真贯彻党和国家的各项离退休政策，全面落实离退休人员政治、生活待遇，坚持以人为本，坚持不懈地搞好离退休人员服务管理，确保老干部队伍的稳定。

1.扎实开展“对标定位、晋级争星”活动，加强老干党支部建设

按照厅直属机关党委《关于在厅机关各支部中开展“对标定位、晋级争星”活动的通知》精神，加强党支部建设和离退休党员政治思想建设，突出党支部的战斗堡垒和党员的模范带头作用，确保老干部队伍的稳定。离退休党总支3个党支部定期召开党员大会，传达学习中省厅有关文件，学习党章知识和党的十八届三中、四中全会以及习近平总书记系列讲话精神，积极开展各种活动，充分发挥党支部的战斗堡垒作用和党员的先锋模范作用。利用离退休党员的影响力，积极为身边人解读党的方针政策，弘扬正气，释放正能量。

2.认真做好春节等重大节日慰问工作

为了让老同志感受到厅党组的关心关怀，2014年春节前夕，针对离退休人员人数多、居住分散、身体健康状况不好等实际情况，省水利厅离退处制定了详细的慰问方案，工作人员进行分工，牺牲大量休息时间，将慰问品、慰问金送到了厅机关200多名离退休人员手中。

3.做好省老体协主席潘连生在省水利厅调研工作

2014年3月25日，由省人大原副主任、中国老体协副主席、省老体协主席潘连生带队，省直机关创建老年体育活动示范点指导小组一行7人对省水利厅老年体育工作进行调研。省水利厅副厅长薛建兴参加了汇报座谈。潘连生主席对省水利厅开展老年体育活动的做法和取得的成绩给予了肯定，希望下一步在健全组织机构、建设活动场所、落实经费保障和活动经常性四个方面抓好落实，争取尽早成为全省老年体育活动的示范标杆单位。

4.对省水利厅直系统离退休工作进行检查指导

2014年11月中旬起，对厅直系统离退休工作进行了一次全面检查，通过听取各单位离退休工作情况汇报、召开离退休人员座谈会、现场查看或入户慰问等形式，详细了解和掌握了厅直各单位离退休工作的基本情况，并上门看望慰问了一些老同志，送去了厅党组织和厅领导的关心。

（肖军生）

机构与队伍

【厅机关】截至2014年底，省水利厅机关行政编制71名。行政处室12个：办公室、规划计划处、政策法规与安全监督处、水资源与科技处（省节约用水办公室）、财务审计处、人事处、建设与管理处、农村水利处、渔业局（渔政局）、直属机关党委、离退休人员服务管理处、监察室。

2014年6月21日，陕西省政府办公厅《关于印发省水利厅主要职责内设机构和人员编制规定的通知》，将原内设机构"政策法规处（省水政监察总队）、安全监督处"取消，设立"政策法规与安全监督处"。

（杨志刚　李永胜）

2014年陕西省水利厅厅级领导简历

姓名	籍贯	职务	任职时间
王锋	陕西乾县	党组书记、厅长	2010.01—
洪小康	湖北均县	党组成员、巡视员	2012.02—2014.04退休
张秦岭	陕西富平	党组成员、省水保局局长	2007.03—
管黎宏	陕西合阳	党组成员、副厅长	2009.01—
张玉忠	陕西蒲城	党组成员、副厅长	2010.01—
薛建兴	陕西韩城	党组成员、副厅长	2012.02—
魏小抗	陕西礼泉	党组成员、副厅长	2012.02—
张敏	河南巩县	党组成员、纪检组长	2012.04—
席跟战	陕西三原	党组成员、副厅长	2012.09—
王建杰	山西临猗	总工程师	2011.09—
黄兴国	陕西渭南	总规划师	2013.12—
李永杰	陕西合阳	副巡视员	2004.07—
左占清	陕西定边	副巡视员	2006.06—
刘恒福	陕西长安	副巡视员	2011.09—2014.08退休
李国平	河南中牟	副巡视员	2011.12—
李新华	陕西大荔	副巡视员	2012.09—
马景国	陕西礼泉	副巡视员	2013.12—
权渭南	陕西临渭	副巡视员	2013.12—

【厅直单位】截至2014年底，陕西省水利厅共有直属单位38个、自设机构22个：

参公管理单位8个：陕西省水土保持局，陕西省水利建设管理局，陕西省库区移民工作办公室，陕西省防汛抗旱总指挥部办公室，陕西省渔船检验管理局，陕西省城乡供水管理办公室，陕西省水利厅农业综合开发水利项目办公室，陕西省水利工程质量监督中心站（陕西省水利工程招投标管理办公室）。

全额事业单位11个：陕西省水文水资源勘测局，陕西省引汉济渭工程协调领导小组办公室，陕西省渭河综合治理办公室，陕西省水资源管理办公室，陕西省机电排灌站，陕西省水利经济事业管理中心，陕西省防汛抗旱总指挥部信息中心（省水利信息中心），陕西省水土保持勘测规划研究所，陕西省水土保持生态环境监测中心，陕西省水利技工学校，陕西水利博物馆。

差额事业单位11个：陕西省江河水库管理局，陕西省地下水管理监测局，陕西省水利宣传中心，陕西省水利厅机关后勤服务中心，陕西省宝鸡峡引渭灌溉管理局，陕西省泾惠渠管理局，陕西省交口抽渭灌溉管理局，陕西省石头河水库灌溉管理局，陕西省桃曲坡水库灌溉管理局，陕西省水产研究所，陕西省水产工作总站。

自收自支事业单位 4 个：陕西省水电开发管理中心，水利部移民干部培训中心，陕西省水利厅物资供销管理处，陕西省水利干部西安培训中心。

企业单位 4 个：陕西省水务集团有限公司，陕西省引汉济渭工程建设有限公司，陕西省水利电力勘察设计研究院，陕西省水利水电工程咨询中心。

内设机构 22 个：陕西省水利厅水志办，陕西省水利厅接待处，陕西省水利厅房改工作领导小组办公室，陕西省水利厅水保办，陕西省水利工程造价管理中心，陕西省水利厅机关会计核算中心，陕西省水利厅职称改革工作办公室，陕西省农田水利基本建设办公室，陕西省水利工程管理体制改革办公室，陕西省水利厅项目稽察办公室，陕西省水利厅对外合作与科技处，陕西省水利厅总工办，陕西省水利厅公安处，陕西省泾河东庄水利枢纽工程现场建设管理处，陕西省水利厅重大项目前期工作处，陕西省江河水库管理处，陕西省水利厅黄河古贤水利枢纽工程前期工作办公室，陕西省电视台水利记者站，陕西省水政监察总队水资源监察支队，陕西省水利工会女职工委员会，陕西省水利厅黄河古贤水利枢纽工程前期工作办公室，陕西省泾惠渠管理局李仪祉纪念馆筹备处。

（杨志刚　李永胜）

【水利队伍】2014 年底全省水利行业共有职工 47177 名，其中行政机关 4220 名。全省专业技术人员 46226 名，其中高级职称 1601 名，中级职称 5011 名，初级职称 6697 名。

（麻军峰）

厅直系统共有职工 6894 名，其中厅机关公务员 85 名，厅系统参照公务员管理单位人员 236 名，厅直属事企业职工 6573 名。其中技术人员 3378 名，高级职称 754 名，中级职称 1289 名，初级职称 1295 名，其他 40 名。

（王　珂）

市级水利

西安市

【概况】2014年，西安市水务工作坚持以科学发展观为指导，紧紧围绕市委、市政府工作部署，以八水润西安工程为统领，加快推进民生水利、生态水利、资源水利发展，为把西安建成社会和谐、城市宜居的国际化大都市而努力奋斗。全年共完成水利投资45.27亿元，较2013年增加2.7亿元，增长6.3%。全年共争取中央资金4.14亿元、省级资金2.86亿元，落实市级资金17.5亿元、县级资金3.5亿元；借助城投公司、水务集团等信贷融资5.92亿元；利用BOT、代建制等模式吸引社会资金11.35亿元，水利投融资渠道更加多元，投资规模持续快速增长。渔业工作以渔民增收为核心，坚持“优质、高效、生态、安全”原则，大力推行健康养殖，加快发展休闲渔业，加强渔业环境和资源保护，扩大增殖放流，狠抓水产品质量安全和渔业生产安全，持续保持了健康发展的良好势头。全市水产品自产量1.42万t，渔业经济产值6.06亿元，无重大渔业安全事故发生。

【重点水利工程建设】把确保超额完成省考指标任务列为首要工作，全力以赴狠抓落实。承担的三项省考指标中，渭河西安段建成堤顶道路及绿化68.12km，占年度任务的100.2%，连续四年走在全省前列；城市、县城污水处理率分别达到93.5%、76.5%，名列住建部36个大中型城市污水处理考核前三名；万元工业增加值用水量下降率达到4.34%，均超额完成年度目标任务。

【八水润西安工程】采取目标管理、“以奖代补”的形式，部门、区县和开发区上下联动，齐心协力，积极打造“八水润西安”亮点工程。全年累计新增生态水面积3108余亩、湿地面积6506亩，分别占年度目标任务的124%和107%。护城河游览示范段、潏河三星段、浐河城市段、桃花潭、高新湖、常宁湖、堰头湖、沣河湿地公园、灞渭湿地等湖池水面陆续建成开放，得到了省委、市委主要领导的充分肯定和全社会的广泛赞誉。

【防汛抗旱】2014年全市汛雨提前，4月出现3次强降雨过程，4月后出现多年未遇旱情，9月6日后出现旱涝急转阴雨秋淋天气。汛期，全市除临潼区、蓝田县降雨较历史平均相比基本持平外，其余区县降雨较历史平均值相比偏多1~3成，其中城区汛期降雨量达543.6mm，较历史平均值偏多近3成。

6—8月受多年不遇旱情影响，全市河流流量较常年严重偏少；后期受秋淋影响，洪峰次数出现较多，但均未出现超警戒流量以上洪水。9月7—17日，渭河干流咸阳站以下出现5~8次洪水过程，咸阳、临潼站最大流量分别为988m^3/s、1400m^3/s；渭河南山支流黑河、涝河、沣河、潏河、大峪河、灞河先后出现4次以上洪水过程，最大流量为114~576m^3/s。

据统计，2014年汛期全市共有7个县（区）85个乡镇30388人受灾，倒塌房屋221间，农作物受灾面积1.487万亩，水损堤防15处6.74km，紧急转移安置4230人，直接经济损失4159万元。

2014年夏季，全市遭遇了37年来最严重的旱情。面对旱情，一是适时召开抗旱灌溉工作会议，抽调人员分组对区县抗旱工作进行督导检查，加快抗旱灌溉工作进度；二是适时启动西安市防抗干旱灾害四级应急预案，加大抗旱资金投入，加快抗旱工程建设，提高抗旱应急能力；三是在抗旱期间实行无节假日24小时值班制度，集中主要精力应对旱情；四是紧急协调省、市有关部门，争取到省级抗旱经费525万元，储水带10条，协调市级财政部门下达3300万元，优先用于抗旱工作；五是对于饮水困难地区采取应急送水措施，对于供水有隐患村组，及早逐村制定应急供水预案，确保农村群众旱期有水吃。同时积极争取到中央抗旱应急水源工程建设项目8个，资金规模5000万元，分3年完成，提高全市抗旱应急保障能力；六是组织完成全市抗旱规划实施方案，抓好县级抗旱服务队建设，增强了市、县抗旱服务队抗旱应急及服务工作能力，全年共抗旱灌溉451万亩次，挽回粮食损失6.3万t。

【农田水利基本建设】 一是指导区县提早做好年度项目规划工作，积极研究并着力解决农田水利基本建设工作中存在的突出问题；二是通过下发关于春季开展农田水利基本建设活动的文件进行安排部署，积极组织开展春季各项农田水利基本建设活动，深入检查指导、协调解决问题，圆满完成了去冬今春全市农田水利基本建设目标任务；三是切实抓好以临潼、阎良为代表的区县夏季农田水利基本建设活动，同时充分准备，积极迎接全省夏季农田水利基本建设考评，临潼、阎良获得“全省夏季农建先进区县”称号；四是积极参加中、省今冬明春农田水利基本建设电视电话会议，把握会议要旨，落实会议精神，经过协调，市政府办公厅印发了全市今冬明春农田水利基本建设活动的通知，任务落实到区县，责任夯实到各级政府，快速掀起了全市冬季基本农田建设高潮。

【水保生态治理】 立足建设美丽西安，全年完成水土流失治理面积 $300km^2$，实现了建一片、成一片的治理目标，城市水保得到了进一步加强，全市水土保持工作继续走在全省前列。一是坚持项目带动战略，狠抓治理任务建设管理。2014 年，累计安排各类水土保持项目 17 个，项目投资 4909.39 万元。同时抓紧实施好 2013 年度各类水土保持项目建设，除 2013 年度省级煤油气水保项目未开展验收工作外，其余项目均已验收并全部通过，其中临潼农发水保项目、临潼国家重点水保项目、周至县农发水保项目验收评比都获得了优秀。二是抓好示范园区建设，在全省甚至全国赢得良好赞誉。在省市部门的密切合作下，经过不懈努力，7 月 1 日建成了投资 1800 万元、展出面积 $620m^2$，集科普性、知识性、趣味性、互动性为一体的西安水土保持科普体验馆并免费开放，赢得了国家水利部水保司刘震司长等各级领导和兄弟省市同仁、社会各界的充分肯定和良好赞誉。与此同时，积极抓好汉城湖、仪祉湖、临潼曲江欢乐谷等水保示范园区建设，其中汉城湖被命名为国家级水保示范园区。三是开拓城市水保新路，促进水保生态环境改善。依托《中华人民共和国水土保持法》《陕西省水土保持条例》《秦岭北麓生态环境保护条例》，加大水保违法案件查处力度，督促开工建设项目依法编制水保方案报告书，及时组织对已完工建设项目水保设施进行竣工验收。一年来，城市水保已逐步拓展到水利、公路、天然气等诸多领域，全年先后审查批复了 12 个开工建设项目水土保持方案报告书，对 8 个建设项目水保设施进行了专项验收，为西安的天更蓝、山更绿、水更清作出了应有贡献。四是突出抓好法律法规宣传活动，积极营造良好的水保生态社会氛围。特别是利用“世界水日”、“中国水周”和新水保法颁布纪念日，积极组织市、县（区）参与一系列水保宣传活动，展示水保建设成就，普及水保基础知识，扩大水保社会影响，为更好地贯彻和落实水保法律法规营造良好的社会氛围。

【病险水库治理】 督促户县甘峪水库大坝迎水坡变形处理、蓝田县冯家沟水库除险加固工程、长安区正岔水库除险加固等工程在汛前完成了工程建设任务。完成了列入国家一般小（2）型治理的临潼区王三沟水库、玉川水库除险加固工程、长安区大峪水库溢洪道左岸高边坡治理、户县蔡家坡、周至县解家沟、户县甘峪水库大坝安全监测自动化系统、曲江临潼王坡沟水库除险加固工程项目初步设计批复。

组织对全市重点水库汛前、汛后安全工作进行检查，落实了 2014 年水库大坝安全政府、主管部门、水库管理单位责任人，严格执行汛限水位，加强水库监测，确保水库安全运行。

夯实水库管理基础工作。6 月和 9 月分别组织召开了全市水库管理工作座谈会和全市水库管理工作会议，下发了 2014 年全市水库治理工作计划，安排部署了全市水库安全隐患、水库重新登记注册、水库地震隐患排查工作。

【水资源保护与管理】 制定下发了各区县、开发区年度目标任务并纳入市级目标考评体系，联合 10 部门制定出台了《西安市实行最严格水资源管理制度考核工作实施细则》，组织起草了《西安市用水总量控制办法》，组织接待了省考核组对全市 2013 年度实行最严格水资源管理制度的考核，在全省排名第一。

【节约用水和污水处理】

1.积极创建节水型企业

一是督促相应行业企业开展水平衡测试工作。2014 年，已有 6 家企业完成水平衡测试，3 家企业通过验收，其余 3 家企业的验收评审会正在积极筹备。二是投入资金引导企业进行节水技术改造。为提高各企业创建节水型企业的积极性，从市级水源建设项目中安排 300 万元用于 4 家企业开展节水技术改造，预计 2015 年 3 月完成竣工验收。三是与市工信委保持沟通协调，共同开展工作。积极与市工信委节能处保持联系，指导所涉行业企业对照节水型企业各项指标开展自查，择优筛选符合申报各项条件和指标的企业，指导企业完善申报材料，为创建节水型企业奠定基础。

2.积极创建公共机构节水型单位

一是根据省水利厅、省机关事务管理局、省节约用水办公室《关于开展公共机构节水型单位建设工作的通知》（陕水资发〔2014〕15 号）文件精神，联合市机关事务管理局制定下发了西安市开展公共机构节水型单位建设工作的通知及工作方案，及时了解掌握区县工作开展情况，做好督促指导工作。二是认真开展党政机关和高校用水情况调研，免费向中小学校发放用水节水器具，充分发挥公共机构的带头作用，努力创建一批“制度完备、宣传到位、设施完善、用水高效”的公共机构节水型单位。

3.加快污水处理设施建设

截至2014年底，全市已建成并投运的污水处理厂共21座，总设计污水处理规模达到190.1万m^3/d。其中：城九区处理能力达到179.5万m^3/d，县城处理能力达到10.6万m^3/d。2014年全市在建的污水处理厂5座，目前各个项目都在正常有序推进，计划年底前建成投运，届时全市污水处理能力将达到206.1万m^3/d，为污水全收集、全处理打下坚实基础。

2014年第一、二、三季度，连续荣获省住建厅全省城镇污水处理考核综合排名第一，连续荣获住建部对全国36个大中城市污水处理综合考核前三甲的佳绩。

【水务综合管理】大力推进依法治水，《西安市城市供水用水条例》颁布实施，完成市级水政执法队伍建设，查处水事违法案件52起。规范行政审批许可，完成17项行政审批清理，下放行政审批权力3项。加强水资源管理，制定出台最严格的水资源管理制度考核实施细则，创建全国水生态文明试点实施方案通过水利部和省政府审查，全年征收水资源费1.05亿元，地下水回灌40万m^3，封停自备井32眼。加强工程质量监督，投资30万元以上水利项目实现质量监督全覆盖，全年未发生工程质量事故。严格工程招投标管理，推行网上招投标，共完成104个项目，255个标段招标，涉及资金11.4亿元，实现零投诉。

【水产品质量安全】结合养殖生产季节性特点，4—10月，对全市10个涉渔区县（包括沣东新城辖区内）养殖生产环节的水产品质量安全管理情况，特别是苗种、饲料和鱼药三大投入品及渔需物资的生产、经营和使用情况，开展了专项摸排检查。全市共出动执法人员206人次，检查重点水产品产地、休闲渔业场所共105个次，检验检疫外来水产苗种2批300余万尾，抽检样品108批次、395个，合格样品395个，合格率100%，开展渔需物资打假30次。没有发现一起违规使用不合格苗种、饲料和鱼药行为，确保了水产养殖的质量安全。

【渔政执法】2014年，认真落实《中华人民共和国渔业法》，在灞河、浐河、沣河等流域设置了近100个渔政宣传牌；为广大市民发放了《增殖放流知识手册》《西安水生生物知识手册》等宣传资料5000余份。通过《华商报》和省、市电视台等正面积极报道水产品监管与资源保护10余次。在日常执法基础上，先后组织市渔政管理站和各区县渔政站，在全市主要河道重点区域组织专项执法行动50余次（其中夜间行动16次），发放宣传资料2000多份，收缴地笼网200余m，收缴粘网60余张（3000余m）、撒网16张、非法橡皮筏12只、电鱼工具12套，行政处罚6人，移交公安机关行政拘留1人。大力打击了非法捕鱼、违法倒卖行为。

【渔业基础设施建设】积极争取各级财政支持，多渠道筹措资金345万元，以高产健康养殖和节能减排为目标，扶持养殖户对现有淤积严重、老化坍塌的中低产池塘进行标准化改造，配套完善水、电、路和养殖废水达标排放等公共服务设施，改善养殖环境和生产条件，提高水产养殖综合生产能力。加强和优化池塘标准化改造的区域布局，提升了水产养殖集约化、规模化、标准化和产业化发展水平。

【水产市场开发】2014年，全市2家休闲渔业经营户获得农业部办公厅颁发的“全国休闲渔业示范基地”称号，为休闲渔业发展打造了名牌效应，打牢了发展基础。

【水生动物保护】继长安、蓝田、周至、户县4个区县建成国家级水产种质资源保护区后，2014年，周至陕西黑河珍稀水生野生动物自然保护区晋升国家级自然保护区的申报工作圆满通过农业部评审，正在参加环保部环评。这些保护区的建成运行，极大地保护了水生生物资源，对维系全市水生物种代表性、多样性和典型性，建设美丽西安，保护美丽自然，开展学术研究具有极其重要的意义和作用。

【水产科研】全面推进西安渔业科学化养殖水平，大力开展新品种、新技术的推广普及，提高渔民技术水平，为全市渔业发展提供强有力的科技支撑。一是积极开展养殖科技培训。以渔业大县或重点渔区（场）为基本培训单位，以市区（县）水产专家服务团为主要技术力量，在渔业发展全过程、渔业生产全区域开展培训，一年来，全市共举办技术培训班38期、1120人次，并邀请院校水产专家教授进行水产养殖科技技术推广讲座2次，进一步夯实全市渔业科技基础。二是大力开展科技下乡服务。结合水产养殖日常监管工作，安排技术人员现场开展病害防治，全年累计现场诊治鱼病330多池次。根据鱼病害季节性流行特点，5—8月份，先后聘请10余名省级和院校水产专家，在全市巡回重点养殖区县和单位进行鱼病诊治和病害防治指导。一年来为渔民减少经济损失近500万元。三是推广名特优品种养殖。结合西安水生生物养殖环境和广大市民消费需求，先后引进了乌克兰鳞鲤、松浦镜鲤和长丰鲢、中科3号异育银鲫、鲟鱼、澳洲龙虾等优良品种，进行苗种改良，累计推广乌克兰鳞鲤1700亩、长丰鲢1000余亩、松浦镜鲤70亩，试养鲟鱼25000尾、中科3号10万尾，为全市养殖品种优化调整、提升渔业经济效益打下了良好的基础。

（郑 杉）

宝 鸡 市

【概况】 2014年，宝鸡市完成水利固定资产投资17.7亿元，争取中省投资11.78亿元，较上年增长44.7%，完成渭河堤顶道路及堤防绿化46.3km，解决了13.6万农村人口的饮水安全问题，新修改造基本农田5万亩，恢复改善灌溉面积10.4万亩，发展高效节水灌溉面积2.1万亩，治理水土流失面积400km^2，征收水资源费3100万元。水产渔业工作按照“提质、扩量、增效、生态、安全”和推进全市渔业发展良种化、标准化、设施化、信息化、生态化的要求，保障水产品安全有效供给，促进渔民持续增收，推进现代渔业产业园区建设，加大渔业资源和生态保护力度，强化水产品质量安全和渔业渔船安全生产监管，积极推进渔业依法规范管理，实现可持续发展。全年共完成水产品总产量7080t，农业部渔业环境与水产品质量监督检验中心（西安）对宝鸡市产地水产品质量安全抽检33批次、农业部渔业环境与水产品质量监督检验中心（宁夏）产地水产品质量安全抽检15种样品，合格率达到100%。

【渭河综合治理成效显著】 全年完成投资5.1亿元，完成堤顶道路及堤防绿化46.3km，干流堤防新修加固3.3km。自2011年渭河综合整治工程启动实施以来，全市累计完成投资35.3亿元，宝鸡峡大坝以下干流154km堤防新修加固任务基本完成，建成支流入渭口交通桥15座，北岸百里芦苇及水生植物绿色生态景观长廊显著提升，渭河岐山段获得“国家水利风景区”荣誉称号，眉县滨河新区、霸渭生态园等一批水生态治理工程相继建成，治渭整体效果进一步彰显。

【石头河引水工程建成通水】 经过5年的不懈努力，2014年5月，宝鸡市总投资5.79亿元的石头河引水工程建成通水，顺利向市区及沿线陈仓区、眉县城区供水，年供水能力4000万m^3，极大地提高了沿线城镇供水保证率，解决了区域长远发展用水。

【荣获“全国节水型社会建设示范区”称号】 2008年宝鸡市被水利部确定为全国第三批节水型社会建设试点城市，通过7年坚持不懈的探索实践，节水型社会建设33项评价指标及各项任务全面完成。2014年2月，被水利部、全国节约用水办公室授予“第三批全国节水型社会建设示范区”荣誉称号。全市以此为契机，继续开展节水型企业、单位、小区和灌区创建活动，全面推广普及节水器具，发放便器感应冲洗阀750套、节水龙头5000个，全市万元工业增加值用水量降低12%。

【农村安全饮水工程持续推进】 大力推行“一个管理办法、一个管理机构、一个维修基金”的“三个一”农村饮水工程管理模式，强化水质监测和水源保护，同步推进工程建设和建后管理，保证农村安全饮水工程良性健康发展。全年完成投资6600万元，建成农村饮水工程137处，解决了13.6万农村人口安全饮水问题。

【防汛工作扎实有力】 汛前，修订印发了《宝鸡市防汛应急预案》《2014年宝鸡市渭河度汛预案》，首次编制完成了《金陵河度汛预案》。将主要江河水库城镇防汛责任人及技术负责人在宝鸡日报进行公示，夯实各级责任。完善网格化河道巡查管理制度，明确了渭河、千河、石头河各区段防汛责任人和巡堤查险人员，逐河段进行了公开。对汛前检查的24个隐患限期逐一进行整改，尤其是市县自筹资金1000多万元，完成了水毁的渭河金台区卧龙寺段、陈仓区西山段、千河千阳、陇县段、凤县安河等堤防修复工程，消除了安全隐患。市防指编制印发了冯家山水库等4座重点水库联合防汛指挥部成员及岗位职责，专门对水库泄洪进行安排，强化市防指统一指挥，规范水库泄洪程序，强化水库泄洪纪律。在渭河市区段及千河、金陵河入渭口等新安装防汛预警广播70个，扩大预警范围。与渭河上游甘肃省元龙水文站签订报汛协议，提高渭河汛情超前预警能力。在《宝鸡日报》开设防汛专栏，大力宣传防汛法律法规及抗洪救灾知识，向全市手机用户发送防汛安全宣传短信，暑期前在全市中小学开展“防汛安全主题教育月活动”，在河道新增防汛安全警示牌176块，提高群众防汛避险意识。及时购置、补充防汛抢险救灾物资，有针对性地增加了抛绳器、救生艇、橡皮船等救援设备。争取中省资金300万元，建成了宝鸡市防汛抗旱物资储备仓库。先后开展了渭河防汛指挥调度演练、冯家山水库防震减灾暨防汛指挥应急演练等专项演练，提高防汛调度指挥和抢险救灾实战能力。联合市消防队两次在渭河市区段开展洪水围困人员救援演练，提高河道应急救援技能。

入汛以来，宝鸡主要江河、水库水势基本平稳，未发生大的洪涝灾害。8月5日，迎来入汛后一次明显降水过程，全市平均降水量30mm，其中最大为麟游县，全县平均降水量达到50mm以上，县城区降水量达到149mm，达到大暴雨级别。暴雨造成县城部分民房、农作物和道路、电力、城区供水等基础设施不同程度受灾。面对雨情汛情，市防指第一时间发布暴雨预警，并专门下发通知安排部署，气象部门及时提高预警级别，麟游县各级各部门迅速行动，积极应对，全民并肩作战，共同抗洪，未造成大的灾害损失，取得了阶段性胜利。秋季，发生了强秋淋灾害，全市上下积极应对，转移安置危险区域群众1100人，有效避免了10多起险情发生，未发生人员伤亡，实现了安全度汛。

【抗御伏旱灾害成效显著】6月份以来，宝鸡市出现了近17年来最严重夏季伏旱天气，连续出现高温天气，高温日数为近10年来最多，全市平均降水量为158.8mm，较常年同期偏少3成。特别是7月份，全市平均气温偏高2.3℃，为1951年以来最高。平均降水量仅为16mm，较常年同期偏少85%。主要江河径流偏枯，水库蓄水不足，部分河流断流、水库出现干枯。全市有11个县区27个镇78个村组3.6万人、729头大牲畜不同程度出现临时性饮水困难。全市488.92万亩农作物有230.14万亩受旱，其中中旱66.83万亩、重旱95.58万亩，秋粮作物受旱185.79万亩，水果受旱29.7万亩，蔬菜受旱14.65万亩。

面对严重旱情，采取有力措施，及时有效应对，最大限度地减轻旱灾造成的影响和损失。市防汛抗旱指挥部先后启动了四级、三级应急响应；派出8个工作组分片包抓抗旱工作，协调解决实际问题；发挥抗旱服务队作用，帮助群众加快抗旱灌溉；联系新闻媒体，制作抗旱专栏，及时通报气象形势，宣传应对措施；广泛动员群众开展抗旱，全市抗旱日最高上劳达到3.1万人；针对全市水库蓄水、水源不足问题，组织人员全面排查水源现状和用水需求，对大中型水库水源进行统筹调度，制定水库之间的补水计划，加大冯家山、石头河、宝鸡峡水库对川塬灌区的引水量；成功避开省运会冯家山水库向王家崖水库调水的用水高峰期，实现了双赢；充分挖掘全市小型水库和各类塘、井、窖的潜力，想方设法增加引水总量，全市日引水量达到近300万m^3；把确保城乡居民生活用水安全放在首位，对县城供水设施、重要城镇水源地水库和农村人饮设施等进行重点排查，确保各类供水设施安全稳定运行。对发生临时性饮水困难村组，逐村制定人饮解困工作方案，采取分片定时供水和用拉水车送水等办法，确保人饮安全。全市每天出动136辆送水车，解决了3.6万人饮水困难；认真落实水价和电价补贴政策，降低浇地成本，调动农民抗旱灌溉的积极性。全市启动抗旱机井9620眼、水利设施890多处，抽、引、提相结合，井、塘、库一齐上，日灌溉农田3万亩，累计灌溉农田108万亩。争取省上抗旱应急资金255万元、物资储备费300万元，市上紧急下拨349万元，及时补充抗旱物资和设备，解决群众实际困难，最大限度减轻了旱灾造成的影响和损失。

【农田水利基础设施再上新台阶】以小水重点县、新增千亿斤粮食等项目建设为依托，恢复改善灌溉面积10.4万亩，发展高效节水灌溉面积2.1万亩。完成冯家山水库灌区节水改造及泵站更新年度目标任务。依托煤气油、农发水保等项目，治理水土流失面积400km^2，千阳县段家湾被评为“省级水保示范园”，新修改造基本农田4万亩。连续七年被评为“全省夏季农建先进单位”。

【重大水利工程前期取得新进展】总投资4.41亿元的千河流域防洪治理工程可行性研究报告通过了水利部审查，投资计划即将下达；总投资2.9亿元的麟游县长益庙水库等29个项目纳入《全国抗旱规划》，将全面启动建设。太白石沟水库、麟游普华水库等前期工作加快跟进，为水利可持续发展奠定了坚实基础。

【水利体制机制改革不断深化】最严格水资源管理制度“三条红线”“六项考核指标”分解下达到各县区，全市水资源管理体系基本建立，2013年在全省考核中位列第三。邀请省水利厅专家和市级法律顾问分3批对全市710名水利干部职工进行了水利法律法规集中培训，提升依法行政能力和水平。制定了全市深化水利改革的实施意见，划分市县水利事权，缩减下放水利行政许可审批事项4项，水利重要领域和关键环节体制机制改革取得新进展。

【水利各项任务全面完成】完成了金陵河、横水河、安河治理工程，新修加固堤防护岸18.2km。强化河道采砂管理，严密巡查，严格执法，河道采砂管理不断规范。扎实开展了138个水利工程项目质量安全监管工作，举办2期水利项目法人专题培训，实现了13县区质量监督管理站全覆盖。投资60多万元，在嘉陵江投放大规格鱼苗140多万尾。完成了14座水电站增效扩容项目机组安装调试建设任务。分3批次对全市600多名水利专业技术人员进行继续教育，分8批次对不同工种工人进行了等级培训，各项水利目标任务圆满完成。

【渔业扶持资金稳步增长】全年共争取中省渔业财政扶持资金1257.7万元，其中太白湑水河水生生物国家级自然保护区生物多样性保护专项资金450万元；技术推广资金80万元；省级财政渔业专项资金50万元；巩固退耕还林后续产业水产养殖项目建设任务和投资130万元；渔业标准化健康养殖扶持资金75万元；渔业基础建设省级财政补助资金192.7万元；水产品质量监管资金20万元；增殖放流资金60万元；陇县和太白自然保护区经费190万元，有力推动了全市渔业发展。

【水产养殖推广卓有成效】凤翔、眉县、太白、陇县、凤县等县区相继开展了水产技术培训，发放培训资料2000份，培训养殖人员800人次，咨询解答问题400人次。眉县先后从中国水产科学院无锡淡水中心、湖北省水产工作站、四川眉山等引进福瑞鲤、斑点叉尾鮰、异育银鲫（中科3号）、中华倒刺鲃、长丰鲢、罗非鱼等新品种143万尾。凤翔县组织实施美国匙吻鲟、虹鳟鱼、鱼莲套养等新品种、新技术推广取得成功。太白县与陕西省水产研究所、太白溢利养殖有限公司合作，在太白县白云峡秦岭细鳞鲑养殖场进行的秦岭细鳞鲑救护与人工繁殖研究取得多项阶段性成果，繁殖秦岭细鳞鲑幼鱼6万尾。陇县浩丰养殖合作社鲟鱼养殖基地建设、太白溢利养殖有限公司鳟鱼养殖基地建设发展初具规模。凤县利用现代科技对大鲵注射“电子芯片”建立身份档案，使养殖大鲵的生产、销售、运输、经营能在互联网查询和追溯，实现了对大鲵保护和养殖资源的共享和有序开发利用。

【水产品安全保障能力显著提升】全力推进无公害基地创建，积极推广健康安全养殖，认真落实健康养殖两项登记和五项制度，规范全市水产品产地养殖生产秩序，严厉打击养殖生产者非法使用违禁药物及其添加剂，对检测不合格水产品坚决依法查处，坚决杜绝不合格水产品出塘销售，确保了产地水产品的绝对安全。全年检查水产养殖户200多家，签订《水产品质量安全经销承诺书》800余份。加强渔政执法队伍思想建设、业务建设和作风建设，渔政执法水平不断提高。强化渔政管理，严厉打击非法捕捞、电鱼、毒鱼、炸鱼等破坏鱼类资源的违法行为，有力打击了非法捕捞水生野生动物行为，维护了渔业资源安全和渔业生产秩序。太白湑水河水生生物国家级自然保护区管理局与公安系统组织联合执法，查处违法捕捞水生野生动物案件，移交公安部门立案侦查。

【渔业增殖放流活动持续开展】先后在渭河和嘉陵江流域投放鲤鱼、草鱼、鲢鱼、黄颡鱼等105余万尾，太白湑水河水生生物国家级自然保护区投放大鲵6500余尾，陇县秦岭细鳞鲑国家级自然保护区投放秦岭细鳞鲑幼苗1000余尾。通过增殖放流活动有效增加了鱼类种群数量，改善了渔业生态环境。

【休闲渔业形成规模化效应】全市发展规模以上的休闲渔业45家。眉县建成以宝深逸乐园、秦皇生态园、王寨村碧水湾农庄、常兴侯家大院、常兴金河渔歌园、金渠镇南湖、汤峪跃进渔歌园等为代表的休闲渔业基地亮点项目，开挖鱼池上千亩，改造鱼池300亩，建设了16处以垂钓、休闲、餐饮、观光、娱乐为一体的渔家乐。凤翔县建成以开元生态农业有限公司、莲花池生态旅游有限公司、秀水山庄、玉燕山庄、聚贤生态农庄有限公司、富伟华农业开发有限公司世外桃园度假村、方山垂钓园、城东垂钓乐园等为代表的休闲渔业基地，总面积808亩，年收益达到476万元，年接待量达到28万人次，解决了150人的就业问题。陇县已发展休闲渔业基地11个，经营规模600多亩，吸纳劳动力100多个。金台区硖石乡六川河渔业养殖休闲产业群，收到了很好的社会效益和经济效益。冯家山鱼场结合千河水利风景区建设，形成了集苗种繁殖、成鱼养殖、大库捕捞、休闲垂钓、餐饮为一体的多种化经营，初步形成了独具区域特色的休闲渔业新格局，成为宝鸡休闲渔业的新亮点。

（高晓博）

咸阳市

【概况】2014年，咸阳市水利工作按照“兴水利、强基础、惠民生、促发展”的工作思路，把握“改革统领、稳中求进、建管并重、加力基层”的总体要求，圆满完成了各项目标任务。全年完成水利投资19.9亿元，完成目标任务的110%；发展节水灌溉面积16.5万亩，完成任务的103%；建设基本农田5.8万亩，完成任务的105.5%；治理水土流失面积515km^2，完成任务的103%；解决饮水不安全人口50.3万，完成任务的100.6%；水产品产量达到9300t，完成任务的103%；水资源费征集入库3421万元，完成任务的107%；招商引资3059万元。

【水利建设投资】面对经济下行压力加大、水利投资放缓等严峻形势，全市水利系统创新思路方法，团结苦干实干，超额完成年度水利建设投资任务。全年完成水利建设总投资19.9亿元，超额完成10个百分点。从资金来源上看，全年共争取中省资金10.9亿元，吸纳民间资金及群众自筹2.95亿元，安排水源工程4.3亿元、防洪工程4.7亿元、水保生态建设9244万元、农田水利建设3.43亿元、城乡供水建设4.3亿元、水生态及水环境建设3279万元。

【重点水源工程建设】亭口水库年度完成投资2亿元，累计完成投资6.2亿元。前期工作基本完成，工程建筑物区921.9亩用地已经国土资源部审批；淹没区林地占用专项设计全面完成，正逐级上报国家林业总局审批。输水洞主体工程建成，大坝填筑到880m高程。反调节蓄水工程放充水洞土建部分全部完工。柏岭寺水库完成年度投资6000万元，累计完成投资1.46亿元。大坝主体浇筑23m，累计完成混凝土浇筑8.6万m^3。大坝监控中心设备安装和金属结构设备制造全部完成。红岩河水库完成投资1.5亿元，导流泄洪洞已贯通，移民安置工作基本完成，其他前期工作正在快速推进。羊毛湾乾县城镇供水工程完成投资8500万元，目前输水洞已凿进近700m，650m支洞已完成200m，预计2017年建成通水。

【渭河综合整治成效显著】2014年以来，在省委、省政府和省水利厅、省治渭办的大力支持下，咸阳市渭河堤防加宽工程快速推进，各项工作进展顺利。渭河综合治理完成投资1.2亿元。完成堤防改造工程1km，堤顶绿化6km，堤外绿化3.2km，光纤通信传输网络工程全面完工，武功县漆水河入渭口交通桥全面建成，启动实施了兴平市17km、武功13km、城区段3km堤顶硬化绿化工程。

【水利前期工作】以“十大重点水利工程”为抓手，全力推进咸阳湖二期工程、张家山泉群开发、北塬双照蓄水工程等重点水利工程前期工作。一是咸阳湖二期工程可研报告已经市发改委批复；渭河左岸咸阳市城区南营至西防洪渠滩面治理与水生态修复工程初步设计已经省水利厅批复。二是张家山泉群开发工程可行性研究报告通过省级技术审查，水土保持方案和防洪影响评价报告均通过省级相关部门批复，水资源论证报告完成市级初审；文物勘查及环境影响评价报告已编制完成。三是北塬双照蓄水项目取水方案经过多次论证，已上报省水利厅待批。

【城乡供水持续发展】一是持续抓好县城供水工作。今年夏季受持续高温少雨影响，地表水来水减少，地下水位下降，致使部分县市区城乡供水不足、水压偏低，供需矛盾突出。特别是三原县因冯村水库干枯，县城日供水缺口达1.2万t，直接危及人民群众生产生活，对此，紧急下拨抗旱资金，启动应急预案，新凿水源井8眼，增加供水量1.8万t，使水源问题得到解决。礼泉、乾县等5县落实2013年度县城供水补助资金7100万元，项目实施方案已经市局和省厅审批，省水利厅安排2014年县城供水项目补助资金4640万元，资金计划已下达到5县，正在编制项目实施方案。二是大力推进农村安全饮水工程建设。完成投资2.5亿元，解决饮水不安全人数50.3万。农村饮水中长期规划相关工作已完成，规划基础数据及图纸已通过省上审核。

【水库及中小河流治理】一是病险水库除险加固工作卓有成效。累计完成投资1815.2万元，加固小（2）型水库9座。编制完成了大中型水库移民安置基础设施和经济发展等规划，申请项目57个，申请国家水库移民项目资金1143万元。督促相关县完成后期扶持项目40个。足额发放大中型水库移民后期扶持直补资金691万元。编制完成了东庄水库移民安置规划大纲，1号进场道路上段11.5km基本建成。二是中小河流治理快速推动。彬县红岩河义门镇段全面完工，旬邑县三水河马栏段、漆水河乾县四兴段通过省上竣工验收。三原县浊峪河、礼泉县泔河、旬邑县三水河纸坊段正在加紧实施，全年完成投资6156万元。三原县清河、漆水河武功大庄镇段等7处治理项目初步设计全部完成，争取中省投资1.54亿元。

【洪涝干旱灾害科学防范】全市超前防范，科学决策，认真组织备汛，修编审查各类防洪预案132种，落实各类抢险队伍288个、2.4万人，落实市、县行政包干责任人43名，部门防汛责任人336名，巡堤查险、河道清滩基层防汛责任人3400多名。加快山洪灾害防治项目前期各项工作，下达2013年度项目非工程措施建设投资计划1115万元，争取中省市防汛应急资金290万元。2014年经历了自1961年以来历史最少降雨，全市平均气温较常年偏高1.4~1.6℃，主要河道来水偏枯1~4成，伏旱显现，直接危及秋粮生产安全。针对严重旱情，及时启动了四级防抗干旱灾害应急响应，投入资金3338万元，完成灌溉面积458万亩次，确保了粮食生产安全。

【水保生态建设】依托坡耕地水土流失综合治理等项目，治理水土流失515km^2，占年度计划任务的103%。营造水保林37.58万亩，人工种草1.95万亩，封禁治理32.62万亩。审查水土保持方案16种，验收水保设施5个，依法巩固了治理成果。经过不懈努力，三原县东沟水土保持示范园、泾阳麦秸沟水土保持示范园被评为国家级水土保持科技示范园，为全市水土流失治理提供了典型，起到了良好的示范作用。

【农田水利基础设施建设】 全年完成投资 3.43 亿元，新打、修复机井 365 眼，改造抽水站 22 座，新建、改造渠道 512km，发展节水灌溉面积 16.5 万亩，为实现粮食增产增收作出了积极贡献。羊毛湾灌区续建配套与节水改造项目累计完成投资 2400 多万元，建成抽水站 4 座，衬砌渠道 14.3km。

【水资源管理和节水型社会建设】 建立了全市贯彻最严格水资源管理目标责任和考核制度，完善了水资源监控体系。加强取水许可管理，完成取用水计划下达和审批工作，全年下达市级取水户计划水量 7932 万 m^3，关闭自备水源井 11 眼，压采地下水 521 万 m^3。全市总用水量 11.4 亿 m^3，低于控制指标 12 亿 m^3，农田灌溉水利用系数提高到 0.565，节水器具普及率提高到 69%。以全国节水型社会建设试点工作为契机，严格落实“三条红线”，认真落实建设项目水资源论证制度，着力推进工业、农业等节水工程建设，加大宣传力度，营造全民节水氛围，取得了节水型社会建设新成效，6 月 9 日节水型社会建设创建工作顺利通过水利部专家评估。

（韦 坤）

铜 川 市

【概况】 2014 年，铜川市累计完成各类水利建设投资 2.66 亿元，发展节水灌溉面积 3.52 万亩，建设基本农田 2.72 万亩，治理水土流失面积 207.92km^2，解决了 2.06 万农村群众的饮水安全问题，完成水产品产量 1362t，万元工业增加值用水量较 2013 年下降 2.58%。

【龙潭水库】 龙潭水库工程初步设计报告获省发改委批复，各项前期工作全面完成。龙潭水库枢纽工程施工监理和大坝主体工程开始招标。施工进场道路工程和征地移民安置完成投资 3200 万元。

【防汛抗旱】 市政府印发了《铜川市城市防洪预案》，对重点河道碍洪物进行了清理，对水毁工程进行了修复，开展防汛应急抢险演练 10 次，继续推行联户叫醒责任制，落实联户叫醒责任人 1265 人，落实了防汛抢险物资、队伍和车辆。汛期通过科学调度和决策，加强值班，成功应对了 9 月 6—17 日历时 12 天的强秋淋天气，确保了水库、堤防等工程安全和人民群众生命财产安全。全力应对冬春连旱和夏伏旱，灌溉农田 18.23 万亩次，解决了 1.83 万群众因旱临时饮水困难问题。启动实施抗旱规划项目，完成了耀州区、王益区、新区 3 处抗旱规划项目实施方案的市级初审和省级评审。继续推进中小河流治理和 4 座一般小（2）型病险水库除险加固工程建设，完成投资 2800 万元。推进市县远程视频会商系统建设和山洪灾害防治二期建设，实现了视频会商市县乡和重点区域联通互达。

【农村饮水】 完成年度投资 1214.21 万元，建设农村饮水安全工程 27 处，铺设各类输配水管网 117.79km。对全市农村饮水安全工程责任制落实、审批权限、计划编报、建设管理、建后管理等工作进行了明确和落实。编报了全市农村饮水安全水质检测中心建设方案，印台区水质检测中心开始建设。

【农田水利】 全面完成 2013 年度巩固退耕还林成果基本口粮田项目及 2014 年省级小型农田水利基本建设项目年度建设任务，新修改造基本农田 2.72 万亩。组织实施了王益区、耀州区小水重点县项目，累计完成投资 4048 万元，新增改善灌溉面积 2.35 万亩。2013 年度小型农田水利重点县项目在全省绩效考评中获得优秀等次。年度农田水利基本建设任务全面完成，累计投资 1.4 亿元。印台区水务局被评为全省夏季农建先进单位。秋冬季农田水利基本建设累计投入资金 4925 万元，新增节水灌溉面积 1.05 万亩，新修改造基本农田 0.545 万亩。实施水库移民后期扶持、扶助项目 18 个，完成投资 286 万元，拨付移民直补资金 59.98 万元。

【水保生态】 组织实施了国家重点水保项目、农业综合开发水保项目、煤炭石油天然气资源开采水土流失补偿费使用项目、坡耕地治理综合试点工程及小流域综合治理项目，完成各类水保项目投资 9392.54 万元。加强对开发、生产建设项目水土保持方案和措施监督管理，对 16 种生产建设项目的水土保持方案进行了审查和验收。加强水保监测站点运行管理和设施设备改造，市水保监测站径流观测场监测站点被列入陕西省首批示范建设监测站点。

【渔业生产】 加大渔业养殖新技术推广，实施池塘高产高效养殖示范面积 50 亩，库坝池塘化精养高产示范推广 1200 亩，大水面网箱养殖匙吻鲟技术示范 725m^2。引进名特优新品种 595 万尾（只），投放面积 2300 余亩。以老旧池塘改造为重点，加快渔业基础设施建设，完成老旧池塘改扩建面积 133 亩。加强水产品质量安全监管，完成水产品抽样检测203个，合格率达到100%。

【水利前期】一是重点水源工程前期步伐加快。宜君县王家坪、王益区孙家河、印台区长峪沟、后河沟水库通过省水利厅实地踏勘；宜君县王家坪水库可研报告通过省水利厅审查，印台区后河沟水库可研报告获市发改委批复；组织编制了《高尔塬水库加坝扩容可研报告》并已上报省水利厅、省发改委待批；组织编制了抗旱水源工程实施方案，上报省水利厅待批。二是组织完成了《宜君县县城供水水源及管道改造工程初步设计》、印台区金锁关镇玉华村供水工程、西固供水站、阿庄供水站改造工程初步设计等一大批城乡供水项目初步设计编制、审批等工作。三是组织完成了2014年耀州区、王益区中央小水重点县项目建设方案和实施方案，2014年度国家农业综合开发耀州区北塬中型灌区节水改造实施计划、省级小型农田水利专项资金实施方案编制报批等一批农田水利设施前期工作。四是完成煤油气资源开采水土保持项目、国家农业综合开发水土保持项目2014—2019年规划等水保项目前期工作。五是完成了《铜川市防汛抗旱物资储备库初步设计》编制审查工作。六是编制完成了耀州区沮河瑶曲镇、柳林镇、庙湾镇段，耀州区漆水河城区、董家河镇，王益区漆水河王家河镇段防洪工程初步设计，均得到省水利厅批复。七是配合“关中水系规划”项目编制组开展了规划编制调研和相关资料收集工作。八是启动铜川市水利发展“十三五”规划编制工作，开展铜川市水生态工程规划编制前期工作。

【水利建设与管理】强化工程建设管理，严格落实水利建设四项制度，加强对项目法人责任制落实、招投标、项目监理、竣工验收等关键环节监管。强化水利建设市场监管，开展了水利工程建设监理行业专项检查整顿，全市水利建设市场秩序得到规范。认真组织开展水利工程维修养护项目实施，落实中央补助公益性水利工程维修养护项目、农田水利设施维修养护项目707万元。落实市、区县两级政府质量监督工作的分级管理责任，实现政府对水利工程质量监管的全覆盖，开展政府检测（飞检）试点。加强河道日常监督管理，落实河道采砂管理责任主体。严格在建涉河项目审批，依法查处违章、无审批手续、碍洪的涉河项目。

【水资源管理】落实最严格的水资源管理制度。细化水资源管理控制指标，将考核指标任务细化分解至2013—2015年，并将用水总量控制指标细化分解为地表水、地下水和其他水源。严格落实取水许可、建设项目水资源论证、水资源有偿使用制度，大力推进节水型社会建设，积极开展节水型示范工程建设和节水单元创建活动。加强水资源保护，开展入河排污口外业标示工作，共标示入河排放口163个。加强地表水、地下水日常监测，完成了地表水监测断面规划和地下水监测站网规划。2014年6月，在全省最严格水资源管理制度考核中名列第五。利用市电视台、市广播电台、《铜川日报》等主流媒体加强水资源宣传，营造全社会惜水、爱水、护水的良好氛围。

【水利改革】全面完成基层水利服务体系建设任务。耀州区、王益区、印台区将基层水利服务管理站职能纳入现有区域水管站、乡镇水管站和局属队站，宜君县完成了区域水利管理站组建工作，机构、人员基本到位。继续深化小型水利工程管理体制改革，全市各区县深化小型水利工程产权制度改革工作全面启动。

【水行政执法】进一步简政放权，取消和下放行政审批事项5项。开展行政审批事项清理，对20项行政审批事项进行了规范，编制了办事指南明细表及审批流程图。开展了取水和水资源费收缴、水土保持、河道水库等专项执法检查活动，查处水事违法行为5起。严格水资源费征收，全年征收水资源费884.75万元。

（尹　波）

渭南市

【概况】2014年，在市委、市政府的正确领导和省水利厅的精心指导下，渭南市水利改革持续深入发展，势头强劲，水利基础设施建设不断完善，特别是渭河综合整治主体工程建设全面完成，一个“洪畅、堤固、水清、岸绿、鱼跃、景美”的新渭南正在成为现实，水利为全市经济社会实现跨越式发展提供了不可替代的专业支撑和坚强保障，作出了卓有成效的贡献。全市完成水利投资23.06亿元，占任务23亿元的100.3%；解决33.5万人的饮水安全问题，占任务30万人的112%；发展节水灌溉面积16.5万亩，占任务16万亩的103%；新修改造基本农田3.7万亩，占任务3.6万亩的102.8%；治理水土流失面积560.8km^2，占任务560km^{2}的100.1%；完成抗旱灌溉面积1218万亩次，占任务700万亩次的174%；水资源费征收入库2916.8万元，占任务2420万元的120.5%；征收煤炭石油天然气资源开采水土流失补偿费3007万元，占任务2300万元的130.7%；完成水产品产量3.98万t，占任务2.83万t的140.6%。

【节水型社会建设】认真落实用水总量控制制度，严格取水许可，全面推行用水定额管理，对各取水户取水量进行核定、审核，实行节约奖励超额处罚，万元工业增加值用水量降幅达到2%，超额完成省上下达降幅1%的目标任务。实行水资源统一开发利用和节约保护，优化水资源调配，强化重点饮用水水源监测保护，满足了渭南城区及全市经济社会发展的用水需求，保障了城乡居民饮用水水质安全。

【重点工程】渭河综合整治工程强势推进。55km堤顶道路全面完成建设任务，20km完成了基础处理，罗敷河、柳叶河、罗纹河应急滞洪区已经建成蓄水运行，赤水河、湭河、列斜沟入渭口交通桥开工建设，170km干流光纤通信工程建成并投入使用，城区段河滩生态修复核心区主体及绿化工程完成建设任务。重点水利项目建设全面加快，省政府召开了全省重大水利工程暨冬春农田基建现场会，推广了重大项目建设管理规范、小型农田水利项目整体效益显著的经验。大型灌区续建配套节水改造和大泵改造项目衬砌改造干支渠200km，更新改造大型水泵机电设备98台套，完成了9座泵站改造任务。中小河流治理项目治理河道37.5km，加固堤防9.8km，新修护岸11.3km，疏浚河道2.6km，全面完成了澄城大峪河、富平顺阳河等8个防洪工程建设任务，华阴罗夫河等3个项目完成竣工技术验收。病险水库治理项目进展顺利，合阳安坪等19座小（2）型水库完成治理建设任务，韩城英山等16座重点小型水库完成竣工验收。黄河雨林上延续建、黄河华原加高、潼河口控导工程6月底完成年度建设任务，有效遏制了黄河堤防重点险工险段塌岸态势。经过四年建设，全市防御山洪灾害非工程措施项目全面完成建设任务，在全省率先实现了市防汛指挥部与全市11个县市区防汛指挥部和138个乡镇防汛视频会商。

【防汛抗旱】2014年，全市遭遇了60年来最严重的冬春连旱和长时段夏季伏旱，给农业生产和群众生活带来很大困难。面对严重干旱，市防汛抗旱指挥部及时启动了抗旱应急响应，根据旱情多次部署安排抗旱工作。各级水管单位加强抗旱服务，狠抓水费廉政建设，积极维护用水秩序，科学制定用水方案，挖掘水源潜力，开动一切抗旱设施，全力以赴保农业增产、农民增收，全年完成抗旱灌溉面积1218万亩，再创历史新高（东雷二期抽黄斗口引水量首次突破2亿m^3，东雷抽黄斗口引水量创开灌35年来最高），减少粮食损失43.5万t，挽回经济损失13.1亿元，为群众送水5170t，解决了9万群众的临时饮水困难。

各级水利防汛部门扎实开展防汛责任制落实、河道管理秩序专项整治、防汛预案修订、物料储备、基层防汛队伍建设、人员培训、通信报警设备维修等汛前准备工作，加强防汛值班，密切关注雨情、水情变化，及时有效应对了强秋淋和局地暴雨灾害，实现了全年安全度汛目标。

【水利建设】把解决群众最关心、最现实的水问题当作大事来抓，积极推进民生水利工程建设。一是提前一年完成了“十二五”农村饮水安全工程建设规划任务。市县水利部门克服计划下达晚、施工方案审批晚等困难，上下联动，及时把建设任务下达到各项目村组，提前做好开工前各项准备工作，全年完成饮水工程投资1.81亿元，建成工程120处，解决了33.5万人的饮水安全问题。二是农业生产水利设施抗旱能力进一步提高。全年完成农田水利建设投入4.9亿元，新打改造机井427眼、新建改造抽水站48座、新建衬砌渠道652km、维修改造渠系建筑物4000座，发展节水灌溉面积16.5万亩，恢复改善灌溉面积25万亩，新修改造基本农田3.7万亩。三是水保生态工程建设投资力度加大。全年完成投资2.58亿元，比上年增加7000万元，治理水土流失面积560.8km^2，征收煤油气资源开采费3007万元。四是加强渔业生产基础设施建设，大力推进渔业科技创新，全年完成水产品产量3.9万t。

【水利行业管理】坚持依法治水，依法管水，开展了河道执法和水保监督专项活动，加强水产品市场监管，维护水利发展秩序，保护群众利益。加强重点饮用水源水质监测工作，确保城乡群众生活用水水质安全。严格执行水利项目基本建设程序，强化施工管理、资金管理和质量监督，开展了水利工程建设领域突出问题专项整治活动，确保工程安全、资金安全和干部安全。层层落实安全生产责任制，完善安全制度和措施，全年未发生人身伤亡和较大安全生产责任事故。扎实推进水利改革，完成了国家级试点县小型水利工程管理体制和农业灌溉水价改革任务，为进一步深化改革提供经验。争取国家大型灌区和县级国有灌区水利工程维修养护费4564万元，落实抽黄灌区电费省级财政补贴3242万元，降低了灌区运行成本，减轻群众用水负担。加强管理协调，争取政策扶持，新成立组建110个乡镇水管站，完成了水利工程管理体制和农灌水价试点县改革任务，将大型灌区电费补贴纳入省级财政预算，水利体制机制改革取得实质性进展。突出重点，下决心解决农灌水价严重倒挂问题，配合省财政厅、水利厅、物价局完成了市直灌区调研报告和用水成本核定工作，为全省农灌水价改革提供重要依据。推进行政审批权下放工作，减少水行政审批事项13

项，并在《渭南日报》进行公示。完成了上级业务部门下放的11项涉水审批事项对接工作。

【包村帮扶、招商引资和创建工作】一是扎实推进包村帮扶工作。制定了华县君朝村、北村、草坪村、经开区前进村和澄城王庄镇帮扶规划及年度重点任务。为君朝村、北村、前进村、澄城王庄镇争取水利资金116万元，有效改善了水利基础设施条件。完成了草坪村贫困户识别鉴定工作，制定了三年脱贫计划和人饮工程实施方案，投资180多万元实施了河道治理项目。二是超额完成了招商引资任务。落实责任，与直属单位签订招商引资责任目标任务，全年完成招商引资项目10个，引资5541万元，超额完成3000万元的目标任务。三是积极开展创建工作。与各县市区签订了"创模"节水目标责任书，开展水资源忧患意识和节水知识宣传普及工作，大力推进节水型社会建设，完成了"创模"节水任务。

（张 磊）

延安市

【概况】2014年，在市委、市政府的坚强领导下，在省水利厅的大力支持下，延安市水务局认真贯彻党的十八大和十八届三中、四中全会精神和中省市水利工作会议精神，全面加快水利改革发展，各项工作取得了显著成效。全年完成水利投资19.08亿元（其中：中央投资6亿元，省级2.56亿元，市级8.56亿元，县级1.96亿元）。治理水土流失面积1000km²，新修基本农田8.5万亩，解决农村安全饮水人口16.02万，发展节水灌溉面积8万亩，完成水产品产量3000t，圆满完成了省、市下达的各项目标任务。

【重点水源工程】南沟门水利枢纽工程完成总工程量的95%，大坝提前5个月填筑至设计高程65m，顺利通过安全鉴定，已实现蓄水。前期供电、道路、导流泄洪洞工程完工并投入使用；引水发电洞、溢洪道工程基本完工，电站厂房、马家河低坝主体工程完工，引洛入葫输水隧洞洞身混凝土衬砌全部完成；配套的南、北线供水工程全线开工建设。黄河引水工程前期工作全部完成，总长12.7km的杨家山输水隧洞贯通，经过十多轮谈判，确定了BT企业，完成了拟开工项目土地征迁，芦草梁、文安驿等5条隧洞和南河水库、高家湾水厂等控制性工程全部开工建设，工程整体招标和BT合同签订按程序推进，项目融资进展顺利，已与中国农业发展银行、中国农业银行、兴业银行等多家银行达成贷款意向。

【民生水利】红庄水库取水泵站改造工程、西川河应急水源工程、王瑶水库供水管线北过境路改线工程完工，中心城区红庄水库至自来水厂段供水管线实现双管供水，供水保障能力进一步提高，全年向延安中心城区供水2390万m³，较去年增加350万m³，日均供水量6.5万m³。延川、宜川等6个县城供水工程和杨家园、黑家堡等9个重点镇供水工程完工。建成农村供水工程193处，解决农村安全饮水人口16.02万。王瑶水库、延长李家湾、杨家沟、甘泉关家沟4座农村水电站增效扩容改造项目完成，增加水电站装机容量360kW。水产养殖规模不断扩大，大闸蟹、匙吻鲟、大鲵等品种引进推广成功。

【延河综合整治】遵循"安澜惠民、生态宜居、环境改善、持续发展"的理念，突出抓好延河中心城区段水环境整治，延河左岸裕丰大桥至川口桥段、右岸罗家坪大桥至柳树店大桥段堤防、石疙瘩拦砂坝、延大橡胶坝改建全部完工。宝塔山橡胶坝全年累计蓄水7个多月，为近年来蓄水时间最长。河道保洁工作不断加强，顺利完成了多次重大接待任务。数字化城管工作不断规范，全年办理案件76件。圣地河谷项目实施进展顺利。安塞、宝塔、延长3县区依托重要支流、中小河流、治沟造地、水保重点项目等新修堤防32.4km，治理水土流失面积300多km²，流域内防汛保安能力大幅提升，生态环境明显改善。

【水保生态建设】基本农田建设工作成绩突出，荣获"全省夏季农建先进市"称号。编制完成了王瑶水库拦污工程初步设计、环境评价、防洪评价、水土保持方案等专项报告，并通过市财政评审中心评审。完成了创建国家森林城市河道治理、绿化和重要水源地绿化工作任务。退耕还林口粮田、坡耕地治理、煤油气补偿费使用项目等全面完成年度任务。总投资6.4亿元的国家革命老区重点水保治理项目启动实施。

【防汛减灾工作】夯实了各级防汛责任，修订完善了《延安市防汛应急预案》《延安市主要河流防洪预案》等6种预案，重点部位的预案延伸到了村组。组织开展汛前、汛中集中安全大检查6次，查处了一批河道违法案件。采取有效措施，成功应对了9月份强秋淋天气。全面完成了11个中小河流治理项目、3个小型水库除险加固项目、13个县区山洪灾害非工程措施年度建设任务。

【节水型社会建设】建成了惠泽小学、河庄坪采油小区、延安炼油厂、洛川王家渠等一批高标准城镇生活、工业和农业节水典型示范工程，全面完成第三批节水型社会建设试点工作目标任务。延安市被水利部、全国节水办命名为“全国节水型社会建设示范区”。配合有关部门制定出台了《节水型社会建设实施意见》。全市万元工业增加值用水量下降 2.87%，超额完成省上要求下降 0.5%的指标任务。

【依法治水】认真贯彻水法律法规，依法查处各类水事违法案件 60 多起，维护了正常的水事秩序。市政府出台了《落实最严格水资源管理制度的实施意见》，向各县区下达水资源管理控制指标，水资源保护“三条红线”实施意见。进一步加大规费征收力度，全年征收水资源费 5939 万元，征收水土流失补偿费 4 亿元。同时，进一步规范和简化水行政审批事项，修订了《行政审批管理暂行办法》，将原有 25 项行政审批事项减少至 10 项，服务效率进一步提高。

【安全生产】坚持“安全第一、预防为主、综合治理”方针，充分发挥行业主管部门监管职能，进一步强化安全生产管理队伍建设，健全完善安全生产制度，落实岗位责任，采取全面与专项、定期与不定期检查的方式相结合，逐步实现施工管理制度化、行为规范化，安全生产工作取得了可喜的成绩，全系统未发生一起安全生产责任事故。

【人大建议、政协提案办理】按照有关要求，在充分了解代表、委员所提问题的出发点和意图情况下，实事求是地作出答复，办理后及时回访征求代表、委员意见，将复函以挂号信形式寄给各位人大代表和政协委员。2014 年承办的 3 件人大建议，3 件政协提案办结率达到 100%。

【信访维稳】为了方便干部群众正常反映问题，专门设立了便民工作服务台、信访接待室，接访切实做到不推不挡，耐心细致，有效保证了水利系统安定团结，全年未发生一起越级和集体上访事件。

【“三公”经费支出】按照中央八项规定要求，严格控制“三公”经费支出，加强车辆管理，杜绝公车私用现象，外地出差、市区内办事统一乘坐公共交通工具，节假日期间公车全部入库封存。公务接待方面，严格控制接待标准和陪餐人员，有效降低了接待成本和费用。据统计，2014 年公务用车同比下降 51%，公务接待费下降 82%，公费出国（境）零开支。

【努力提升社会满意度】深入推进“群众和服务对象监督评价权力部门和窗口单位满意度测评”工作，统一制定表格、信封，向服务对象和业务来往单位人员当场发放，独立填写后邮寄市纪委，测评满意度 95%以上。开展公民代表走进政府活动。邀请社会各界群众代表 15 人，参观了红庄水库、延河泵站、水景观工程和防汛指挥中心，听取了全市水利工作汇报，使代表们进一步了解了水利行业工作主要内容和水行政审批程序；听取相关意见和建议，接受民主测评，满意率达到 100%。开展“面对面、三公开”述职、述廉、述效活动。邀请人大、政协、上级纪检监察部门和廉政监督员对市局 8 名科长履行职责、办事效率、服务态度和廉洁自律等方面作了监督评价。

（张永锋　刘玉杰）

榆 林 市

【概况】2014 年是榆林市水利“十二五”规划目标任务完成的关键之年，在市委、市政府的坚强领导下，认真学习贯彻落实“中央 1 号文件”和全国水利厅局长会议精神，时刻牢记全心全意为人民服务的宗旨和肩负的担子，敢于担当，勇于担当，把保障民生、改善民生作为水利工作的出发点和落脚点，践行可持续发展的治水思路，圆满完成 2014 年各项工作任务。

全年完成水利建设投资 22.2 亿元，新修基本农田 8.48 万亩，发展节水灌溉面积 7.02 万亩，新建、加固、维修淤地坝 867 座，治理水土流失面积 1120.98km^2，完成水资源征费 1.26 亿元，万元工业增加值用水量降低 5%（第四季度数据为预估），完成水产品产量 8310t，解决农村人饮 32.87 万。

【水源工程】王圪堵水库枢纽工程建设基本完工，除坝址区环境整治、坝下游河道加固和库区水源地保护工程正在做准备工作外，泄洪洞、放水洞、大坝、溢洪道和电站工程基本完工，正在进行大坝尾留工程施工。目前，水库已开始供水，初步试运行。2014 年 9 月 4 日正式上网发电，完成工程建设投资 30.2 亿元。

【引水工程】

1.黄河东线大泉引水工程

2014 年 3 月 11 日，根据设计单位修改意见，召开了大泉引水规模专题论证会，初步认定原规划确定的供水对象和供水任务基本不变；3 月 28 日，会同设计单位向省水利厅规计处汇报了大泉引水工程前期进展情况，并座谈了项目建设的咨询评估和上报国家部委审批相关事宜；4 月 14 日，将引水规模修改后的项目建议书上报省水利厅、省发改委；5月7日，会同设计单位和水利厅规计处等相关单位对接了上报国家发改委、水利部前的相关事宜；8月6日，完成黄河大泉引水工程资金筹措方案；8月20日，按省水利厅要求，完成了《榆林市水资源综合利用规划》修编初稿。

2.清涧延安延川支线引水工程

8月27日，市发改委批复了《清涧县城供水黄河引水工程初步设计》，建设工期2年，设计年供水量334万 m^3，日供水量1万 m^3，概算总投资24357万元。目前已完成水厂征地工作，正在进行三通一平、工程施工、监理招标和材料政府采购工作，为工程开工建设打好基础。

3.绥德枣林坪黄河引水工程

2013年3月完成了水源地勘探工作，勘察投资198万元。探明绥德枣林坪勘探区平水期允许开采水量为6.13万 m^3/d，枯水期允许开采水量为4.76万 m^3/d，按枯水期允许开采量计算年取水量为1737.4万 m^3。

4.万镇引水工程

多次与省水利厅进行神木万镇引水问题协调和对接，该引水项目已列入《榆林市水资源综合利用规划》修编稿，及时委托编制单位开展了规划的修编工作。9月11日和10月10日两次召开专家咨询会，规划修改工作已经完成。根据工作程序，《榆林市水资源综合利用规划》修改稿定稿后应先上报省水利厅审查，经专家审查通过后报市政府常务会批准实施。万镇引水工程水资源论证报告，待省水利厅专家审查通过《榆林市水资源综合利用规划》后，及时组织专家对该报告进行初审后转报省水利厅。万镇引水工程取水许可审批要待黄河水利委员会水资源论证报告审查通过后，与榆神工业区管委会共同协调黄河水利委员会取水审批事宜，争取早日批复。

5.榆佳工业区供水工程

泥河沟水源地1号、2号渗流井工程已全部完工，日出水量分别达到1.6万 m^3 和2.4万 m^3，均超出单井设计1.2万 m^3/d 出水量，工程累计完成投资5488万元。朱家洼110kV输配电工程已立项审批，确定由榆林市供电局投资建设，积极推进前期工作；完成管网设计优化及净水厂可研编制，进行水厂科研勘设、设计优化对接、保底水量确定及项目指标测算等前期工作。

6.吴堡县城及工业园区综合供水工程

完成二、三级加压泵站主体工程建设和高位水池主体浇筑，累计完成投资6000万元。

【农村安全饮水工程】2014年中省下达榆林市农村饮水安全工程投资计划三批，新建工程788处，总投资19671.3万元，其中中央资金1.28亿元，省级配套1521万元，市级以下配套5348.3万元，计划解决饮水不安全人口32.86人。全年建成工程788处，累计完成投资1.97亿元，解决饮水不安全人口32.87万。

【水保重点工程】

1.黄河粗泥沙集中来源区拦沙工程

该项目建议书已由国家发改委批复、可研报批稿已经黄河上中游管理局设计院修编完成，由黄河水利委员会呈报水利部并通过审查，上报国家发改委审批。

2.沙棘生态减沙工程

完成了“黄甫川等五流域沙棘生态减沙工程”项目的选址意见书，并报送水利部和国家发改委，启动了该项目初步设计工作和窟野河流域沙棘优良品种试点试验种植规划设计工作。

【坝系工程】2014年全市新建、加固、维修淤地坝867座，治理水土流失面积1120.98km²。通过实施水土流失重点治理工程项目、煤油气水土流失补偿费使用项目等，完成新建、加固、维修淤地坝867座。

【煤油气水土流失补偿费治理项目】近几年来，榆林市先后安排实施了省、市两级煤油气恢复治理项目7批，完成了自开展煤油气恢复治理工作以来，首批6个县区20个项目竣工验收工作，建成了榆阳黄家圪崂、谢家峁、神木大观园、九龙山等一批治理典型，标准高，效果好，得到了省级有关领导的好评。全力推进全市水土保持监督管理工作，强化项目审批与监管，严格水土保持“三同时”制度。

【水利风景区建设】成功申报榆阳区红石峡水库、靖边县金鸡沙水库、神木县红碱淖3处省级水利风景区，神木县红碱淖被水利部评为国家级水利风景区。

【小型水库除险加固】全市98座水库，已除险加固71座，2013年新开工7座小（2）型水库已完成主体工程。

【防汛抢险】2014年全市平均降雨量383.9mm，低于多年平均降雨量，其中清涧最大达到611.7mm。汛期没有出现区域性暴雨天气，但局地性暴雨、强对流天气多发。入汛以来共出现5次大范围降雨，雨势总体平稳，未出现大的洪涝灾害。但短时雷雨大风伴有冰雹的天气较多，区域较小，给当地造成了一定的灾害损失。特别是9月的两次连续降雨，造成佳县、清涧县等红枣产区大面积尚未采摘便腐烂，经济损失严重。

【中小河流治理】 精心组织实施了批复的8个中小河流治理项目，认真做好列入“全国中小河治理规划”项目的初步设计等工作，完成6条黄河重要支流防洪治理可研性研究报告，并上报水利部。加强信息资源整合，准备新建两要素（雨量、温度）雨情监测站117处，六要素（雨量、温度、风向、风力、气压、湿度）雨情监测站3处，在“四河四川”及防汛重点地段(包括淤地坝)，新建水位视频监控点（一期）68处，全面提升防汛预警预报能力，同时投资近30万元为各水库、骨干淤地坝配备了报汛终端设备。

【水资源管理】

1.全面深化水资源管理工作

出台了《榆林市最严格水资源管理制度实施意见》《榆林市最严格水资源管理制度考核办法》《榆林市最严格水资源管理制度考核实施细则》，成立了考核组。严格执行建设项目水资源论证制度，审查了10个建设项目水资源论证报告，依法累计关闭自备井80多眼。水资源规划、水源地保护进一步加强，开展《定边县地下水水质调查评价》《榆林市水资源控制目标及水量分配方案》《榆林市城市及工业园区水资源配置》立项工作。完成了《榆林市榆溪河流域供水与水源地保护规划》和《煤矿开采对红石峡水源地地下水影响调查与评价》编制工作以及《靖边县地下水水质调查评价》招标准备工作。

2.加大水资源费征收力度

为全面完成省厅下达的1.24亿元水资源费征收任务，根据各县往年征费情况，下达了水资源费征费计划，采取分解任务、领导包片、扛死责任的措施，确保水资源费征收任务圆满完成。全市共计征收水资源费1.26亿元，地方煤炭水资源费2.05亿元。

【节水工作】 2014年万元工业增加值用水量计划下降5%，目前万元工业增加值用水量已下降3.35%（第三季度末）。

积极组织实施2013年度节水示范项目，2013年度的节水示范项目共涉及榆阳、神木、定边、靖边、横山、绥德、佳县等7个县区14个节水微灌示范项目，实施节灌面积4100亩。计划于2014年底前全部实施完成。

积极组织“世界水日”和“中国水周”的节水宣传活动，开展节水进校园、节水进企业的节水宣传活动。9月参加了由榆林市科协、市教育局和市科技局联合主办的“2014年榆林市全国科普日主题宣传活动”，共计散发节水宣传资料10000份，设立咨询点2个，悬挂横幅4条。

配合完成了榆林市创建节水型城市前期工作和创建园林城市、卫生城市、环保城市等工作；开展了市级公共机构节水型单位创建工作，已完成前期用水情况调查。

【农田水利】 完成渠道衬砌147km，新建及改造建筑物967座，发展高效节水灌溉面积4万亩。通过实施流域治理、淤地坝、口粮田、小型农田水利工程等项目，共完成基本农田8.48万亩。

农田水利建设。巩固退耕还林口粮田项目共完成16.5万亩，其中新建基本口粮田5万亩，改造提高口粮田4.3万亩，田间设施配套3.7万亩，土壤改良3.5万亩，国家投资6600万元。省级小型农田水利项目完成1.9万亩，省级资金1260万元。

中央财政小型农田水利重点县项目建设。衬砌渠道103km，新建及改造渠系建筑物505座，发展高效节水灌溉面积3万亩，完成投资6886万元。

【水库移民管理工作】 目前核定全市纳入后扶对象的大中型水库有30座，涉及8个县（区）42个乡（镇）112个行政村，纳入后期扶助的小型水库67座，涉及11个县（区）57个乡（镇）153个行政村。核定全市水库移民后扶16403人，其中直接补助5606人，执行每人每年补助600元标准，全年兑付直补资金336.36万元。

【渔业工作】 2014年榆林市大力发展河蟹养殖、稻田养蟹、虹鳟、鲟鱼等特种水产品养殖和水库网箱养殖，特色渔业成果丰硕。一是稻田养蟹规模扩大，发展稻田养蟹面积1200亩，产河蟹约1.2万kg。二是水库网箱养殖产量面积稳步增加，发展水库网箱养殖3万多m^2，主养品种为鲤鱼和草鱼，仅网箱产量约4000t，平均产量达到130kg/m^2以上，净利润达100元/m^2，经济效益十分显著。三是水库河蟹养殖增产增效明显，靖边县实施水库河蟹养殖近2万亩，在不影响常规鱼类养殖的情况下，增产河蟹3万多kg，增加产值180万元以上。此外靖边县发展鳟鲟鱼流水养殖7500m^2，网箱养殖鳟鲟鱼800m^2，均取得了良好的经济效益，横山县池塘养殖河蟹、榆阳区池塘养殖南美白对虾初获成功，为特种水产品养殖奠定了坚实基础。

【抗旱工作】 完成并督促县区编制了市、县抗旱预案。启动了《榆林市旱情测报分析与研究》，对全市12个县区地形地貌分析研究，通过实地踏勘在全市设立了15个旱情测报点，并按照省上总体规划做好抗旱水源工程建设，对现有水源及渠系工程进行清淤、整修、配套和除险加固，大力推广节水和旱作农业措施。

【机构队伍】榆林市水务局是主管全市水行政工作的市政府组成部门，全局内设政秘、政策法规、规计、财审、水利、水保、科教、建管、监察室9个科室。局下属10个副处级事业单位：市防汛抗旱指挥部办公室(河务水库管理站)，市国家水土保持重点项目指挥部办公室，市水利工作队，市水土保持生态工程建设处，市水政水资源管理办公室（水政监察支队），市节约用水办公室，市水库移民管理办公室，市城乡供水管理办公室，市水土保持监督总站（水土保持监测总站，水土保持生态环境监察支队），市淤地坝建设办公室，10个科级事业单位：市地下水监测总站（机井监理站，地下水动态监测站），市水产工作总站（渔政监督管理站），市水利工程建设管理总站，市水土保持科学研究所，市水利经济事业管理中心，市水利工程质量监督站，市沙棘开发服务中心，榆溪河榆林水文站，局机关事务所，市水利与农田基本建设指挥部办公室。

2014年2月17日，榆林市机构编制委员会榆编发〔2014〕38号文件通知，市治沟骨干办公室更名为市淤地坝建设办公室，并由正科级升格为副县级。

（丁 伟）

汉中市

【概况】2014年，汉中市发展节水灌溉面积3.285万亩，占计划2.5万亩的131%；治理水土流失面积850.36km²，占计划850km²的100%；新修改造基本农田5万亩，占计划5万亩的100%；解决了43.8万农村群众饮水安全问题，占计划25万的175%；新增水电装机2.741万kW，占计划2.155万kW的127%；完成水产品产量3.51万t，占计划3.45万t的102%；征收水资源费2407万元，占计划2000万元的120%。全年累计完成各类水利投资26.92亿元，与2013年相比增长15.6%，其中争取中省投资17.16亿元，与2013年相比增长40.5%。

【重点工程建设】汉江综合整治从2012年开工以来，全市累计完成堤防主体140.85km，投资20.87亿元。其中：2014年完成汉江干支流堤防主体40.76km，投资6.81亿元，全面完成省上下达的年度建设任务。《陕西省汉江防洪治理项目可研报告》通过水利部部长办公会审查。各县区汉江综合整治项目可研报告、嘉陵江干流防洪工程可行性研究报告、西汉水可研报告等前期工作有序推进。投资5亿元打造的汉中中心城区一江两岸5A级景区项目建设正在有力推进，汉江滨水生态公园一期驳岸、栈道、岛屿、船坞、河道疏浚、汉江左岸上水渡至新大桥段堤防、桥闸下游海漫修复加固等工程基本完工，水力自控翻板闸坝工程下闸蓄水，景区绿化工作全面启动。依托滨江游乐园建设项目，通过招商引资与香港尤曼吉集团公司签订合同，全年累计到位资金5200万元。南郑云河水库施工导流洞贯通，正在建设枢纽工程施工道路和弃渣场。全力推进引汉济渭移民安置工作，完成了三河口水库截流阶段库底清理及移民安置工作，搬迁安置移民179户692人；完成佛坪县石墩河、洋县草坝等6个移民安置点移民安置房建设342套；完成陈三路黄泥咀大桥桥墩浇筑，所有隧洞已贯通，全年完成引汉济渭移民安置项目投资4.75亿元，占年度计划任务的100%。

【民生水利工程】全市有27座小型水库除险加固工程主体完工，达到蓄水要求，完成投资4757万元，占年度任务的198%。完成12个中小河流治理项目建设，完成投资2.67亿元，占年度任务的127.14%。顺利完成第二批13座农村水电站增效扩容改造任务，完成投资1.98亿元，改造后装机达到6.42万kW，较改造前增加22.1%，年发电量达到17788.7万kW·h，较改造前增加40.3%。建成农村饮水工程594处，完成投资2.55亿元，解决了43.8万农村群众饮水安全问题，占年度计划任务的175%。治理水土流失850.36km²，占年度计划任务的100%，其中“丹治”项目治理水土流失427km²，完成投资1.69亿元。娘娘滩水库续建工程完成坝体加高3.3m，完成投资1000万元。中央小水重点县、省级小型农田水利项目和灌区节水改造等农灌项目实施顺利，完成投资1.57亿元。完成水库移民扶持项目投资6208.24万元，其中兑付大中型水库移民直补资金1142.94万元，实施完成后期扶持扶助等五大类规划项目5065.3万元。

【防汛抗旱】继续坚持以人为本，预防为主，扎实有效开展防汛工作，实现了水库无垮坝、主要堤防无溃决、人员“零伤亡”的目标。一是及早部署扎实备汛。汛前，市委、市政府召开了全市水利暨防汛抗旱工作会议，市政府与县（区）政府签订目标责任书，明确防汛任务，提出具体要求，夯实防汛责任。调整充实了市防指组成人员，明确了市级领导和市级部门包抓县区的防汛责任，并将汉江、嘉陵江、大中型水库、城市防汛责任人名单在《汉中日报》上公示，接受社会监督。全市落实市、县区行政、技术责任人728人，其中市级17人、县级246人、其他465人。对水库、江河、县城、集镇以及山洪灾害防御预案进行全面修订，全市共完成修编预案900多种。利用各类媒体，对暴雨洪水危害、各类防抢撤措施进行宣传，增强群众的防灾意识。汛前和入汛后，市、县（区）多次开展河道专项整治、水库安全检查和涉水涉河巡查，对河道采金采砂作业、涉河“三乱”现象和水库安全度汛进行检查，消除安全隐患。按照防大汛、抢大险的要求，共储备了1000余万元的抢险救援物资，组建专业机动抢险队伍10个512人、群众性抢险队伍982个5.77万人。二是强化防汛督查和检查。进入汛期，市委、市政府领导不定期到市防汛指挥中心抽查督促县区、乡镇值班，协调重大防汛事项。市水利局领导多次深入现场检查督导汉江整治、水库除险加固等防洪工程建设，第一时间赶赴受灾现场，一线指挥抢险救灾工作。市领导和市防指成员单位赶赴包抓县区对备汛工作进行全面检查，对发现的问题和隐患逐一填写防汛安全责任卡，制定整改措施，限期处理解决。据统计，全市共组织防汛安全检查组300多个，参加人员1062人次。检查水库、堤防、河道清障、滑坡监测点等现场1236处，检查山洪灾害易发区435处、河道易出险部位38处，发现并处理隐患87处。三是全力以赴抗洪救灾。在迎战秋汛洪涝灾害中，市防指两次发出针对性、操作性较强的阶段性防抗秋汛暴雨紧急通知，并对防范强降雨作出全面部署。在强降雨过程中，市水利局主要领导、分管领导和防汛带班领导坐镇指挥，值班人员坚守岗位，关键阶段双人双岗值班，昼夜监视雨情、水情变化，当降雨量超过报警阈值时，及时电话提醒强降雨县区、乡镇，做好暴雨山洪灾害防范工作，及时转移威胁区群众，督促超限蓄水和出险水库加大泄洪，确保安全。先后6次对11个县区和180多个（次）乡镇领导带班在岗和值班情况进行抽查，电话提醒镇村360多次。四是抓好防汛信息系统管理维护，保证雨水情监测、视频监控和无线电通信设施正常运行，汛期发挥了重要作用。五是针对春旱发展实际，及早采取有效措施，积极应对迅速蔓延的旱情，奋力抗旱保苗，确保了抗旱工作有序进行，共完成冬春灌面积65万亩，夏灌面积140万亩，为农业丰收奠定了坚实基础。

【依法行政】贯彻落实部、省下放和取消行政审批项目要求，清理市级水行政审批项目，保留水行政审批项目11项。加强入驻市政府行政服务中心工作，全年入驻中心窗口累计受理办结54件。对全市重新确定任命的448名水政监察人员开展水政监察换证培训，执法能力得到提升。开展了汉江流域打非治违专项执法行动、“保护汉江，我们在行动”主题活动、全市河道采砂专项整治行动和水产品质量安全专项整治等专项活动，共清理影响行洪的砂石料、尾料和弃渣82万余m^3，撤离河道采砂船只52艘，查处纠正违法违规案件54起，督促回填采砂形成的坑槽26处，全年查处各类涉水违法案件、调节水事纠纷260起。利用“世界水日”“中国水周”“12·4法制宣传日、国家宪法日”，广泛开展水法律法规宣传活动，在汉中新闻联播设立了“保护汉江在行动”专栏，跟踪报道汉江、嘉陵江干流8县区河道汛前清障、汛期禁采、河道保洁和渔政执法情况18次，陕西电视台《第一新闻》全程报道了洋县渔政人员现场放生渔获物的执法过程。

【水资源管理】制定印发了《汉中市实行最严格水资源管理制度考核办法》《汉中市实行最严格水资源管理制度考核细则》，确定了市上和各县区“三条红线”“六项指标”，实行最严格水资源管理制度的框架体系基本形成。在全省对各地市贯彻落实最严格水资源管理制度考核中，位列第三。加大水资源节约保护力度，坚持开展汉中盆地和城区地下水动态监测，全市万元工业增加值用水量同比下降7.43%。严格执行取水许可和水资源论证制度，审批取水许可申请5份，审查水资源论证报告8份。强化取水许可日常监管，全年征收入库水资源费2407万元，占年度任务的120%。加大水事违法案件查处力度，责令2个单位限期补办取水许可审批手续，责令封填违法建设机井1起，责令限期关闭自备水源井1起，做到了计量取水和按量计征水资源费。

【渔业管理】在佛坪、南郑、汉台、西乡、镇巴等县区积极推进名优特水产品种养殖基地建设和冷流水品种养殖基地建设，全市甲鱼、黄颡鱼、斑点叉尾鮰等名特优品种养殖面积达3200余亩，鲟鱼、虹鳟、金鳟等冷水鱼养殖面积达10万m^2。发展生态、无公害养殖1.6万亩。全市发展休闲渔业300余处，休闲渔业产值超过1亿余元，已成为渔业产业链中最具活力的产业。成功创建11个渔业类市级现代农业园区，占年度任务的110%。参加第21届中国杨凌农业高新科技成果博览会，向社会各界宣传展示全市大鲵、鲟鱼、金鳟、虹鳟等特色渔业发展新技术、新成果。印发《渔业禁用药物清单》《水产养殖水质调节技术》等各种资料8000余份送到养殖户手中，大力推行“五项制度”“两项登记”，严禁使用违禁药品及添加剂，积极推行健康养殖，发展农业部健康养殖示范场6个。全市组织开展产地水产品质量抽检70次。同时，配合农业部水产品质检中心、省水产总站和省水产研究所对水产品质量安全进行了2次抽检，经检测抽取样品合格率达100%。以汉江及其重要支流为重点，组织实施春季禁渔制度，严厉打击电炸毒鱼、违规渔具渔法等破坏鱼类资源的违法活动。全市共发放宣传资料3万余份，开展执法检查活动220次，出动渔政执法人员1000人次，车辆300台次，船只7艘次，没收销毁电捕鱼船

25艘、电瓶及电鱼器55台套、网具1200余张，解救野生鱼890kg。在专项整治活动中充分利用媒体开展“以案说法”宣传39次，通过专项整治活动全市渔业违法案件得到了有效遏制。开展了汉江鱼类资源人工增殖放流活动，累计向汉江增殖放流鲢鱼、鳙鱼、草鱼、黄腊丁300余万尾。全年共办理大鲵驯养繁殖许可证11个、经营利用许可证8个、运输证750批次，全市规模化大鲵养殖户达1.2万余户，繁殖场3500余家，人工养殖大鲵数量达320万尾，繁育大鲵苗种320万尾，实现产值16亿元。全市第一家大鲵产品加工企业建成投入试生产，并向国家濒科委提出出口备案申请。申报的“汉中大鲵”地理标志集体商标已获批准成功注册。

【主要荣誉】2014年，被陕西省防汛抗旱总指挥部授予“2013—2014年全省先进防汛抗旱办”；陕西省水利厅“2013年度实行最严格水资源管理制度考核全省第三”；被汉中市市委、市政府记“集体二等功”，被评为“2014年度目标责任考核优秀单位”。

【机构队伍】汉中市水利局担负着全市水利、水电、水土保持、渔业、城乡供水、防汛抗旱、农田基建、水资源管理、水库移民、水利科技教育等方面工作。公务员编制20名，下设办公室、人事教育科、工程计划科、水政水产科、城乡供水科。事业编制41名，设有防汛抗旱指挥部办公室、农田水利基本建设指挥部办公室、水库移民工作领导小组办公室、水资源管理办公室、机关后勤事务所，2014年底实有在编人员57名。直属事业单位13个：石门水库管理局，河道管理处，胥惠渠管理局，水利水电勘测建筑设计院，水土保持工作总站，一江两岸开发管理委员会办公室，冷惠渠管理局，水产工作站，灌溉试验站，水产试验站，水电物资站，水利水电工程质量监督站，农业水利建设投资有限公司（其中前两个单位为县处级单位，后续4个单位为副处级单位，剩余7个单位为科级单位），共有编制830名，实有人员1071名。

（李宏波）

安康市

【概况】2014年，在市委、市政府高度重视和省水利厅大力支持下，安康市水利工作发展思路清，资金投入大，项目建设快，精品工程多，社会关注高，各项工作取得了显著成效。

【水利投资】以加快项目建设为抓手，以创新体制机制为动力，狠抓汉江整治、防洪保安、重点水源、防汛减灾、城乡供水、农田水利、生态渔业、水保治理、农村水电、水资源管理“十项工作”。瞄准国家水利投资方向，积极争取上级项目资金，推动各级财政加大对水利的支持力度，全年完成水利投资15亿元，其中争取中省投资10.5亿元。

【重点工程】汉江综合治理工程完成投资5.4亿元，新修加固堤防35km。5城3镇防洪工程建设加速，其中安康东坝和紫阳县城防洪工程克服资金缺口大、征地拆迁难等困难，强力推进，主体工程基本完工。石泉县城、旬阳县城、白河县城及漩涡、后柳、汉王集镇防洪工程按照工程计划稳步推进。开工建设12处中小河流治理，完成中省投资1.7亿元，新修加固堤防护岸49km。汉阴洞河水库工程采取BT模式，工程进展快，导流洞工程全面贯通，坝肩基础工程正在紧张施工。市级重点项目月河补水工程项目建议书已经编制完成，月河川道综合整治工程前期工作也已全面展开。

【民生水利】坚持“农村供水城市化、城乡供水一体化”思路，强化行政推动，大力兴建农村集中供水工程，全年共解决了39万人的饮水不安全问题，极大地改善了农村群众生产生活条件。围绕美丽乡村建设，采取山、水、田、林、路、堤、渠、村综合治理，加快实施“丹治”小流域水保治理工程，全年治理水土流失面积851km^2，主体功能区生态环境建设进一步得到加强。绿色小水电建设扎实推进，新增小水电装机2.2万kW。围绕农民增收，加快推进涉水产业发展，完成水产品产量4.2万t，产值22亿元，水产品产量和产值位居全省第一。狠抓水资源管理、水质保护和排污口治理工作，汉江出境断面水质持续稳定保持在国家地表水Ⅱ类标准以上。

【农田水利】2014年全市累计完成小型农田水利建设投资9163.3万元，发展节水灌溉面积3万亩，新修和改造泵站11座，新打机井22眼，新增蓄水能力400万m^3。完成第二、三、四批2012年度项目已组织市级验收，2013年项目通过了省级绩效考评，2014年项目实施方案已获批复，申报了第六批中央财政小型农田水利重点县项目。汉阴县凤堰古梯田成功申报为国家级水利风景区。

【防汛减灾】按照抓早、抓严、抓细、抓实、抓好的要求，扎实做好防汛备汛工作。认真落实主要江河、水库、河道等防汛重点部位的行政、技术责任人。全面修订完善安康城区、城镇、江河、水库、山洪的防汛预案和《安康市防汛应急预案》《大型水库参与汉江干流错峰调度办法》。山洪灾害防治非工程措施一期项目全面完工，投入运行且成效明显。认真应对每一轮降水，坚持雨前安排部署到位，雨中督促检查到位，雨后及时总结提高到位。在应对强秋淋雨洪及夏伏旱过程中，及时会商分析研判，科学调度汉江洪水，确保了安康城区及东坝防洪工程安全。突出预警到户、院户联防和提前转移等关键措施，全市平安度汛，实现了人员零伤亡目标。

【水政执法】 市政府下发了《安康市江河湖泊采砂(采矿）管理暂行办法》，抽调市直有关部门工作人员组成督查组，对汉江沿线7个县区及瀛湖库区采砂渔政管理进行了综合整治。市水利局抽调执法人员、整合执法力量，组织开展了汉江流域打非治违专项执法行动，对全市范围内非法采砂淘金、非法取水排水、非法河道设障、非法倾倒弃渣、非法电鱼毒鱼等行为给予重点查处、重拳打击。目前，河道管理秩序良好，乱采乱挖乱建、毒鱼炸鱼电鱼现象得到有效遏制，有力维护了正常水事秩序，赢得各级领导肯定和社会好评。

【质量管理】 市水利局出台了《市级水利示范工程标准》和《水利工程质量监督实施细则》，在项目建设中，严格执行基本建设程序，坚持项目法人制、招投标制、施工合同制、建设监理制，全市打造了汉江综合整治、城乡供水、水保示范园、渔业生态园等一大批各类精品示范工程。通过召开水利示范工程现场观摩会，各县区之间相互取长补短，交流推广经验，促进和带动了全市水利项目建设整体上台阶、上水平。

（钟文涛）

商洛市

【概况】 2014年，商洛市完成水利投资10.54亿元，占年任务10亿元的105%；建设基本农田9.15万亩，占年任务7万亩的131%；发展节水灌溉3.16万亩，占年任务2万亩的158%；治理水土流失面积702km^2，占年任务700km^{2}的100.3%；解决农村饮水人口13.13万，占年任务10万人的131%；水资源费计征入库402万元，占年任务400万元的100.5%；完成水产品产量2800t，占年任务2600t的108%；新修加固堤防133km，占年任务100km的133%。

【农田水利建设】 以商州、丹凤、柞水、洛南农田水利重点县项目建设为重点，全市年投入资金8863.19万元，新修改造基本农田7.05万亩，新增恢复灌溉面积2.10万亩，发展节水灌溉3.16万亩，新建机井162眼、抽水站5处、引水堰5处、水窖75眼，新建改造渠道107.7km，新增提引蓄能力110万m^3。

【农村饮水工程建设】 全年投入资金15940.3万元，新建农村供水工程190处、水厂10个、水源工程244处、蓄水池289个、水塔30座，铺设输配管网1467.2km。解决了13.13万人饮水安全问题。7县区组建了城乡供水专职机构，出台了《农村供水工程运行管理办法》，累计组建供水协会1489个，会员达6417人。

【水保生态建设】 以“丹治”项目、坡耕地综合治理、煤油气水土流失补偿费使用项目为重点，投入资金1.14亿元，治理小流域31条，完成治理面积702km^2。丹凤桃花谷流域荣获国家级水利风景区、国家级水土保持科技示范园区命名，商南泉茗、商州张峪沟、山阳太极山3条流域被批准为省级水土保持生态示范园区。

【重点工程建设】 投入资金2800万元，完成丹江干流城区舒杨段防洪工程建设，新修潜坝2座，新建河堤3550m，其中新建生态河堤1305m。省级重点水源工程洛南张坪水库累计完成投资1.15亿元，坝体建设已达到1087.5m高程。投资2500万元，完成了草庙沟、小韩峪、小黄川、贾沟、北沟、涧底、盈丰、桐树沟、和平、西川等10座水库除险加固任务。投资1.14亿元，完成了洛南中沙河古城段、石坡河巡检段、丹凤武关河铁峪铺段、商南滔河十里坪段、山阳县河城关段、十里铺段、镇安县河云盖寺段、永乐段、柞水金井河杏坪段、曹丰段等10条中小河流治理工作。

【水资源管理】 市政府制发了《关于下达县区水资源管理控制目标的通知》，建立了覆盖市县两级水资源管理“三条红线”控制指标体系。市政府常务会研究将实行最严格水资源管理制度列入各级政府年度目标责任考核内容，成立了商洛市水资源管理委员会，出台了《商洛市地下水管理办法》。全市万元工业增加值用水量同比下降6%，超额完成省考指标。

【防汛抗旱】 市政府与各县区政府签订了《防汛抗旱目标责任书》，全市共落实各级防汛责任人3117人，修订完善各类度汛预案307种，投入防汛抗旱经费5553.3万元，储备物资705.2万元，组建抢险队伍533支2.6万人，汛前开展安全大排查，消除各类安全隐患110处。针对春、夏伏两次较大范围严重干旱和8

月份3次局部暴雨，市防指2次启动抗旱应急响应，8次组织专家会商，2次发布洪水调度命令，科学研判，果断调度，动员各方力量，奋力开展防汛抗旱生产救灾工作，确保了主要江河堤防无一处决口，中小型水库无一处溃坝，严重干旱地区人蓄饮水安全保障，人员伤亡和财产损失降到最低限度，得到了省防总充分肯定。

【水利科技】组织开展了“科技之春”宣传活动。邀请省知名水利专家、原水利厅总工程师孙平安教授举办水利科技讲座。举办了全市水务系统专业技术培训班，邀请西北农林科技大学计算机软件制图教授赵彦军授课，培训各类技术人员150余人。组织实施了丹江生态堤防技术推广应用、镇安大鲵驯养繁殖技术推广、丹凤桃花谷水土保持生态科技示范园建设关键技术探索与研究、秦岭南麓黄河水系大鲵原种保护研究等4个水利科技项目推广工作，年终顺利通过省厅验收。

【渔业生产】全市从事渔业生产670户3420人，累计发展养殖面积9705亩，其中池塘无公害养殖2820亩，工程稻藕田养殖1050亩。发展冷水鱼养殖2.9万m^2，大鲵养殖繁育场34家，年度完成水产品2800t，实现渔业经济产值8000万元。加强水生动物保护工作，先后在丹江流域放流鱼苗80万尾，在保护区放流大鲵7500尾，丹凤武关河珍稀水生动物自然保护区顺利通过国家评审。

【小水电开发】2014年投资1091万元，完成了镇安马家场、山阳宽坪一级电站建设和镇安黑龙洞、西坪、枣园3座电站增效扩容改造任务。新增水电装机容量3910kW，占年任务2000kW的196%；年发电1.21亿kW·h，占年任务1.2亿kW·h的101%。

【水库移民管理】完成了跨省迁入市内66名水库移民资料收集核实工作和镇安县云镇水库工程移民大纲报告书上报审批工作，审查上报并下达水库后期扶持项目14个，水毁修复项目5个，总投资531.15万元。为二龙山、鱼岭水库移民发放直补资金278.79万元，使1331户4647人受益。加强二龙山库区管理，组织巡查500余次，教育劝阻游泳垂钓人员1000余人次，打捞水面漂浮物60余t，栽植树木5万余株，新建污水处理设施2套，有效地改善了库区环境。

【水政管理】积极推进行政许可审批制度改革。将原承担的17项许可项目中的2项予以取消，3项下放县区，保留审批事项12项，承接省厅下放1项。强化水政执法工作，年内开展各类专项执法活动200余次，累计出动执法人员800余人次，下发各类法律文书200余份，立案9起，拆除非法采砂设备3台，临时建筑物60余处，扣押大型采砂机械12台，封堵入河路口81处，使河道“三乱”问题基本得到遏制。7县区均成立了水利工程质量监督机构，实现了人员、经费、办公场所“三落实”，得到省水利厅充分肯定并在全省推广。

【机构和队伍】商洛市水务局所辖市直水务系统共有7个行政科室（办公室、水政安监科、计划科、建设管理科、农水科、人事劳资科、监察室），4个参管单位（防汛办、河道水库管理处、水资办、渔政管理站），5个事业单位（水土保持工作站、供水站、工程质量监督站、城区河道与灌区管理站、二龙山水库管理处），1个自收自支事业单位（水电勘测设计院），2个企业单位（水电工程公司、二龙二级电站），实有职工358人，其中干部146人，工人212人；男214人，女144人；具有研究生学历13人，本科学历82人，专科学历109人，中专学历38人，高中及其以下学历116人。

（冀兴民　吴春亮）

杨凌区

【概况】2014年，杨凌示范区水务局在党工委、管委会的正确领导和上级部门的大力支持下，紧紧围绕全年水利重点工作，以项目建设为主线，加快发展，狠抓落实，全面超额完成了各项目标任务。全年共完成水利建设投资6298.47万元，新建堤防1.048km、护滩、护岸1.051km，完成灌溉面积1200亩，治理水土流失面积3km^2，解决了3700人的饮水安全问题，完成水资源费征收160万元，关闭自备井3眼。

【水生态文明城市创建】精心谋划，积极争取，使杨凌示范区成功申报并获得批准成为全国水生态文明城市建设试点，是全省继西安市后第二个被列入建设试点的市（区）。按照水利部相关要求，组织编制完成了《杨凌示范区水生态文明城市建设试点实施方案》，并分别经过了省水利厅组织召开的专家评审会和党工委管委会班子会议的审定，年底前实施方案上报至水利部。

【渭河治理】渭河综合整治水面景观一期工程全面完成。2014年初，与周至县人民政府就加快渭河杨凌周至段综合治理签署了2014年合作共建协议，为加快渭河水面及生态景观工程建设奠定了基础。完成渭河水景观2号橡胶坝主体及南北两岸子堤衔接段工程建设，建成橡胶坝泵房并完成了泵房启动控制系统安装和调试，增建了2号橡胶坝二级消能设施。2号橡胶坝建成经过3个月试运行后进行了完工验收，目前渭河已形成一级蓄水景观区。水面景观建成后，为确保游人安全实施完成了安全护栏工程。同时，提出了水面景观二期工程1号橡胶坝及两岸子堤工程的勘察、设计思路和实施意见，并已启动设计工作；配合规划局积极推进渭河北岸滨河生态公园规划设计工作。完成了渭河光纤通信传输网络工程、杨扶界除险加固工程、左岸险工段水毁抢险修复及加固工程。

【防汛抗旱】汛前，及时组织召开了全区防汛工作会议，层层落实防汛责任。组织相关部门对滑坡险段、防汛重点地区进行检查，及时消除安全隐患。对渭河杨凌段河道不同淹没范围重新核定，首次绘制了防洪风险平面图，对20年、50年、100年淹没区范围进行划定，进一步细化防洪预案并在此基础上进行应急演练，检验了防洪指挥调度效率和应对突发汛情的快速处置能力。首次将水文部门（宝鸡水文局）纳入示范区防指成员单位，改被动查询水情变为水文部门主动报送，提高了示范区防汛预警能力。建立了示范区一级防汛视频会商系统，保证了信息传递更加顺畅。针对秋淋汛情，实行办公室和渭河泵站双岗位全天24小时值守，及时落实各项措施并做好防汛指令传递，确保了最大洪峰平稳通过。同时，争取到省水利厅抢险救援冲锋舟、橡皮艇各1艘，提高了渭河水面应急救援能力。6、7月份，面对严峻的夏伏旱形势，启动了示范区Ⅳ级抗旱应急响应，组织抗旱工作组深入各镇、办，做好夏灌指导和抗旱服务，先后实施了高家、桶张村、马家底、元树等村水利灌溉设施，全力确保城乡居民用水和农作物灌溉用水，最大限度减轻了旱灾损失。

【农村供水】完成揉谷镇田东、陵东2处供水工程，共新建水厂2座，打水源井2眼，管理房2座，安装PVC管道19.7km，解决了3700人的饮水不安全问题。

【农田水利基本建设】在五泉镇夹道、斜上、王上等村实施节水灌溉面积1200亩，共新打机井3眼，安装UPVC管道8.74km，出水桩186个，挖填土方0.92万m^3，项目已通过省水利厅验收。

【小漳河综合治理】完成了小灵山、凤凰岭两处景观公园建设任务，共制作迎宾牌楼5座，建成凉亭4座，人行道3500m，人工湖1处，栽植国槐、雪松、红叶李、红枫等绿化树木24个品种35万株，种植花草2万m^2。

【漆水河防洪工程】年内新修漆水河堤防2.09km，治理段堤防和护岸工程防洪标准提高到抵御10年一遇洪水，护滩工程防洪标准提高到5年一遇。

【宝鸡峡北干渠危桥改造工程】修复宝鸡峡北干渠揉谷段跨渠危桥7座，增设桥面铺装4座，安装防护栏3.69km，增设桥梁限载标志牌7个，新建混凝土防护警示桩15m，有效消除了安全隐患，保障过往行人车辆安全。

【水资源管理】全面落实最严格的水资源管理制度，区政府印发了《关于转发〈杨凌示范区管委会关于落实最严格水资源管理制度的实施意见〉的通知》《关于印发杨陵区水资源论证和建设项目节水设施“三同时”管理办法的通知》。在落实“三条红线”方面，审批用水计划3起，发放取水许可证2起，完成了水韵天伦居地热井取水项目水资源论证和国控水资源监测系统能力建设项目前期工作，关闭西北农林科技大学、老火车站、华秦饲料厂等单位的自备水源井，查处非法凿井案件1起，征收水资源费160万元。在“世界水日”期间深入开展节水型社会建设宣传和节水器具推广活动，累计发放传单20000多份和围裙、环保袋、一次性纸杯等宣传品5000余套，发放节水器具120套，在公共场所张贴节水标识100套，取得很大反响。

【河道管理工作】完成河道清障和汛期安全巡查工作，查处了水运中心非法采砂案等2起河道违法案件，扣押施工机械6台，覆平河道砂坑、砂堆20多处800m^3，清理河道弃料3000多m^3，封堵越堤路4处，有效地维护了河道管理秩序，保障了河道行洪畅通。汛期聘请13名志愿者沿河巡查，劝返下河游玩群众，有效减少了河道溺水事件发生。

【渔政监督及水产品质量安全监管】与揉谷渔场签订水产品质量安全目标责任书，制定水产品养殖水质要求、用药标准等，建立水产品食品安全监管台账，抽样送检2次质量全部合格，全年未发生水产品质量安全事件。集中整治河道内毒鱼、电鱼等非法捕捞行为，全年共收缴非法捕捞工具1件，驱赶河道非法垂钓、捕捞人员200余人次。

【组织机构】杨凌示范区水务局负责杨凌重大河流和水系综合治理、水景观营造、城镇供水、防汛抗旱、跨区域协调等工作，协调督促杨陵区水务局水资源管理、农村水利管理、农村安全饮水、水土流失和水土保持、河道执法及涉水违法案件查处等项工作。为示范区管委会工作部门，正处建制。2014年有示范区渭河综合治理办公室和示范区防汛抗旱办公室2个下属事业单位，一套机构，两块牌子，副处级建制。示范区水务局编制8个，其中：水务局行政编制3个，下属事业单位编制5个。截至2014年底干部职工共8人。

（陈海涛）

韩 城 市

【概况】2014年，韩城市水务局在市委、市政府的正确领导和上级业务部门的大力支持下，紧紧围绕全年水利重点工作，以项目建设为主线，加快发展，狠抓落实，全面超额完成了各项目标任务。全年共完成水利建设投资4亿元，完成灌溉面积26.1万亩，治理水土流失面积53.26km²，解决了2.4万人的饮水安全问题，完成水资源费征收880万元，全市万元工业增加值用水量较2013年下降2.5%，超额完成省上要求下降1%的指标任务。

【农田水利】一是2013年度中央财政小型农田水利重点县项目完成建设任务的95%。衬砌改造各类渠道41.73km，改造各类建筑物268座，新建改造自流引水工程4处，井泵站工程15处，配套水泵15台，铺设引水管道30.47km，禹门抽黄沉砂池工程正在建设之中，累计完成投资1821.59万元。二是完成2012年巩固退耕还林成果基本口粮田建设项目。其中新建基本口粮田2000亩，改造提高基本口粮田3000亩，田间设施配套5000亩，土壤改良培肥地力3000亩，新打机井2眼，改造抽水站1座，埋设田间暗管3.97km，改造引水渠道10.9km，完成投资877万元。2013年巩固退耕还林成果基本口粮田建设项目于2014年10月中旬开工建设，目前魏东镇启明村、北阳村、龙亭镇姚家庄寨子、三甲村工程正在建设之中。三是完成了2013年度省级小型农田水利基本建设补助资金项目，在城南村、白家庄村、东少村等8个村新修基本口粮田360亩，新打机井2眼，新修改造泵站5处。四是完成了2014年特大抗旱补助费项目建设任务，共修复各类渠道1856m（盘河水库北干渠176m，禹门抽黄灌区渠道1060m，薛峰水库南干渠620m），新打机井1眼，购置柴油500kg，水龙带2000m，电缆300m，水泵2台，维修水泵17台。五是由省水利厅、财政厅批复1100万元，实施全省中型灌区农业水价综合改革试点工作，使薛峰水库灌区新增和恢复灌溉面积0.36万亩，改善灌溉面积1.1万亩，灌溉计量标准和手段更加科学，群众灌溉缴费更加明白。

【水保生态】一是积极开展水保综合治理工作，大力推进重点流域和区域生态修复，以实施巩固退耕还林成果基本农田改造项目、煤油气补贴项目、农发水保项目为重点，全年累计治理水土流失面积52.67km²，有效改善了项目区生态环境和农业生产条件。二是通过大力开展小流域以及9条入黄一级支流综合治理，累计治理水土流失面积53.26km²，栽植各类树木19余万株，绿化面积1450余亩，清理平整河道垃圾9.7万m³，整修河边道路2.2km，使河道周边环境面貌得到明显改善。三是完成了小流域综合治理项目。该项目包括陕西省煤油气资源开采水土流失补偿费使用项目韩城市涺水河沿河水土流失治理工程和韩城市涧沟河流域水保治理工程、2013年中央预算内投资沇水小流域综合治理工程3个工程，累计新修基本农田55.32km²，完成投资1780万元。

【城乡供水】建成了日供水能力1万m³的龙门供水工程，实施了盘河水厂至龙门水厂输水连通工程，日供水3000m³，实现了跨区域调水补水。两个工程的建成投入使用，有效解决了龙门镇区及9个行政村6.5万人的生产生活用水紧张问题。农村安全饮水项目建成各类工程38处，铺设输水管道154km，解决了2.4万人的安全饮水问题。

【防汛抗旱】坚持“抓早动快争主动，抓细促深求实效”的工作思路扎实备汛，确立了以薛峰、盘河两大水库，黄河、涺河、白矾河3条河流和9处重点地质灾害易发区为重点，严格落实以行政首长负责制为核心的防汛责任制，成立了黄河、薛峰、盘河、住建、国土等5个区域性防汛指挥机构，组建了20支抢险队伍，修订完善了水库、黄河工程、涺河下游堤防、城市防洪、山洪灾害等8种预案，积极应对2015年遭遇的1956年以来最强降雨和强秋淋天气过程，早准备，抓调度，强落实，全力组织防守，实现了无一人伤亡、无一人失踪、无一人被困的目标；完成了凿开河上游测流设施防汛应急工程建设任务。建成测流堰（30m宽顶堰）1座，测流堰标准断面最大过流能力为180m³/s。安装自动水位计1个，与山洪灾害预警平台连接可实现远程遥测，最大测流为50年一遇洪水（520m³/s）。测流堰的建成为2015年凿开河防汛工作争取了主动，为下游镇区防汛预警提供了科学准确的数据并赢得了宝贵的时间；抗旱减灾成效明显。面对2015年发生区域性严重干旱的严峻形势，积极组织各级抗旱服务队，充分发挥薛峰水库、盘河水库、禹门抽黄三大灌区抗旱灌溉的主力军作用，积极组织各级抗旱服务队，1124 处小型水利设施昼夜不停，最大限度减轻旱情损失，全年完成抗旱灌溉面积 26.1 万亩次，为全市农业增产增收奠定了基础。防汛抗旱工作被省防总授予“全省先进单位”。

【水政执法】对行政审批事项先后进行了两次清理，保留行政许可事项 39 项（含行政审批 23 项，非行政审批 12 项，行政征收 4 项），整合 9 项，取消 4 项，属于日常管理的有 6 项，权限扩大事项有 12 项。同时对清理后的许可事项办理流程、申请条件、办理人员及时进行规范，并在《韩城报》予以公开，进一步提高了办事效率；全面完成了全市 100 余项水利工程网络录入工作，在全市率先建立了安全生产网络信息化平台，实现了水利工程安全生产在线监测；层层签订安全生产责任书，夯实安全生产责任。重点对供水水质、工程施工、机电设备、单位内保等方面积极开展安全生产隐患排查，全年共开展安全生产专项检查 6 次，累计执法检查 264 次，取缔非法采砂 8 户，抽查检测水产品经营户 16 家，依法查处各类水事违法行为 62 起，有效遏制了水事违法案件发生，保障和维护了全市正常的水事秩序。

【帮扶解困】在“听民忧、化民怨、解民困”载体活动中，为芝阳镇张家庄村、迪庄村提供 50t 水泥、200m^3 沙石，帮助解决了巷道硬化和活动场所问题。在农田灌溉、安全饮水等方面，通过积极立项、多方筹资，解决了全市 50 多个村的灌溉和饮水问题。为芝阳镇露沉村的白血病家庭爱心捐款 7000 元。组织全局 270 名党员在防汛抢险、北林植树、环境整治等方面开展义工服务 150 余次，以实际行动树立了韩城水务人的良好形象；积极开展新农村建设包联帮扶活动。提供水泥 100t、资金 1 万元，帮扶嵬东镇堡安村实施巷道硬化，使该村群众出行不便的问题得到解决。为所包联的芝阳镇北寿寺村制定三年扶贫规划，积极落实资金，对该村环境卫生进行彻底整治，为每个村民制作印发便民联系卡，受到市委组织部和扶贫办的通报表扬。

（刘艳芹）

荣 誉 录

2014 年度水利厅直系统“爱水杯”夺标单位、目标责任考核先进单位名单

“爱水杯”夺标单位（2 个）

省渭河综合治理办公室

省水土保持局

目标责任考核先进集体（5 个）

省石头河水库灌溉管理局

省水文水资源勘测局

省水利电力勘测设计研究院

省引汉济渭工程建设有限公司

厅东庄办

2014 年度水利厅机关优秀处室、优秀公务员和先进工作者名单

优秀处室（16 个）

办公室、监察室、公安处、财审处、规计处、水资源处、政法处、防汛抗旱办、供水处、建管处、对外合作与科技处、宣传中心、渔业局、排灌站、总工办、稽察办

优秀公务员（15 名）

蔡积仓、林兴潮、刘晓明、陈洋、王小莉、魏云岗、李宏革、惠纪祥、李永胜、郑建林、赵莹莉、武勇、狄新强、任冬君、朱学军

厅直系统先进工作者（11 名）

郑公社、王辛石、胡彦华、王永儒、周照程、王剑、李少毅、魏铭、陈卫东、杨军严、李瑛

（杨志刚）

2014 年度陕西水利系统获省部级以上表彰的单位

（1）省宝鸡峡引渭灌溉管理局杨凌水电站运行二值被省总工会授予“全省五一巾帼标兵岗”称号。

（2）陕西省渭河综合治理办公室被省劳竞委授予“全省重点工程建设劳动竞赛先进集体”称号。

（3）省交口抽渭管理局被省劳竞委授予“全省劳动竞赛优胜单位”称号。

（4）省泾惠渠灌溉管理局被省劳竞委授予“全省劳动竞赛优胜单位”称号。

（5）省江河水库管理局水利水电工工程集团第一工程公司被省劳竞委授予“陕西省工人先锋号”称号。

（6）省水利建设管理局诚信达工程建设咨询有限公司被省劳竞委授予“陕西省工人先锋号”称号。

（7）省桃曲坡水库灌溉管理局陕西铜川供水有限公司被省劳竞委授予“陕西省工人先锋号”称号。

（8）省泾惠渠灌溉管理局被中国农林水利工会授予“全国水利系统职工文化建设先进集体”称号。

（惠小峰）

2014 年度陕西水利系统获省部级以上表彰的个人

（1）省引汉济渭公司大河坝分公司经理李丰纪被省劳竞委授予“全省省重点工程建设劳动竞赛先进个人”称号。

（2）省宝鸡峡引渭管理局局长王辉远被省劳竞委授予“全省省劳动竞赛标兵”称号。

（3）省水利电力勘测设计研究院测绘分院第二项目部经理王刚都被省劳竞委授予“全省省劳动竞赛标兵”称号。

（4）省水文水资源勘测局勘测科科长薛志华被省劳竞委授予“全省省劳动竞赛标兵”称号。

（5）省石头河水库管理局安乐管理站站长周红刚被省劳竞委授予“全省省劳动竞赛标兵”称号。

（6）省石头河水库管理局工会主席张燕被中国农林水利工会授予“全国水利系统职工文化建设先进个人”称号。

（7）省江河水库管理局宋彩凤同志被中国农林水利工会“全国水利系统职工文化建设先进个人”称号。

（惠小峰）

大 事 记

1 月

1 月 2 日，纪检组长张敏调研指导省水电物资总公司党风廉政建设工作，看望慰问防汛抗旱物资管理一线干部职工。

1 月 4—5 日，水利部在小浪底水利枢纽管理中心召开全国水利厅局长会议，王锋厅长代表陕西省参加会议并就农村供水工作作大会发言。

1 月 8—13 日，水利部财务司巡视员高军带领水利部中央财政小型农田水利重点县专项检查组，对陕西省第一批至第四批小农水重点县建设项目进行全面检查并召开座谈会。副厅长张玉忠参加座谈会并讲话。

1 月 9 日，省目标责任考核第四考核组对省水利厅进行 2013 年度目标责任考核。王锋厅长主持考核测评大会，省考核组组长、省人大常委会民族宗教侨务外事工作委员会主任董宪民作动员讲话。考核组副组长、省老干部工作委员会副主任白向华及其他考核组成员，厅领导班子成员、厅机关副处以上干部和厅直单位党政主要负责同志参加会议。

1 月 10 日，省水利厅召开全省农村水电增效扩容改造工作促进会，总结交流项目建设经验和做法，研究解决存在的问题，安排部署 2014 年重点工作。副厅长魏小抗参加会议并讲话。

1 月 10 日，副巡视员李国平一行深入淳化县对口扶贫村十里源乡宁家村，对重点帮扶对象进行春节前慰问。

1 月 10 日，省水利厅组成专项执法检查组，对汉中市汉江上游段水行政执法工作进行了专项检查。

1 月 14 日，《陕西省水产种苗管理办法》经省政府 2013 年第 22 次常务会议通过，自 2014 年 3 月 1 日起施行。

1 月 15—16 日，副厅长薛建兴带队深入安康市、旬阳县就落实水利部对丹江口库区陕西安康段执法检查整改要求情况进行督促检查。

1 月 17 日，省政府发文表彰 2013 年度安全生产工作先进单位，省水电物资总公司获得省政府 2013 年度安全生产工作先进单位。

1 月 20 日，副厅长席跟战主持召开省水利厅水利建设市场主体不良行为记录认定管理委员会 2014 年第一次会议，听取 2013 年水利建设市场主体的“不良行为”处理建议，研究相应处理意见。

1 月 20 日，国家发改委委托中国国际工程咨询公司对东庄水利枢纽项目建议书进行评估，标志着立项审批进入“快车道”。

1 月 20 日，省宝鸡峡管理局召开五届七次职代会暨 2014 年工作会，厅党组成员、副厅长张玉忠参加会议并讲话。

1 月 21 日，副厅长管黎宏一行慰问省宝鸡峡管理局困难党员和困难职工。

1 月 21 日，副厅长薛建兴一行慰问省交口抽渭管理局困难党员和困难职工。

1 月 21 日，纪检组长张敏一行慰问省桃曲坡水库管理局困难党员和特困职工。

1 月 21 日，副厅长席跟战一行慰问省水利技校困难职工。

1 月 21 日，总工程师王建杰一行慰问省地下水管理监测局困难党员和困难职工。

1 月 21 日，省水利厅副巡视员李新华一行慰问省水产研究所困难党员和困难职工。

1 月 21 日，省水利工会 2014 年送温暖活动正式启动。活动共安排送温暖专项资金 20 余万元，惠及超过 300 名困难职工，特别对那些因灾和患重大疾病困难职工家庭及困难女职工等给予重点关注，以确保做到走访慰问不漏一户、帮扶救助不留死角。

1 月 22 日，副厅长薛建兴主持召开涉水行政审批制度改革工作座谈会，组织学习国务院和省政府关于简政放权、深化行政审批制度改革有关文件，研究部署省水利厅行政审批制度改革工作。

1 月 22 日，巡视员洪小康一行慰问西安水文局和秦渡镇水文站困难党员和困难职工。

1 月 23 日，厅党组成员、省水保局局长张秦岭一行慰问省江河水库管理局特困职工和困难党员。

1 月 23 日，副厅长魏小抗一行慰问省石头河水库管理局困难党员和困难职工。

1月23日，纪检组长张敏一行慰问省泾惠渠管理局困难党员和困难职工。

1月23日，副巡视员、省水务集团董事长李永杰一行慰问省渔业公司困难党员和困难职工。

1月23日，副巡视员左占清一行慰问省水产总站困难党员和职工。

1月23日，副巡视员刘恒福一行慰问省水土保持局困难离退人员。

1月23日，省水利厅机关迎新春越野赛在西安市体育场举行。省水利厅厅长王锋，副厅长管黎宏、张玉忠，驻厅纪检组长张敏，副巡视员刘恒福、左占清及厅机关400余名干部职工参加了长跑健身比赛。

1月23日，副厅长薛建兴主持召开了2014年厅安委会第一次全体（扩大）会议，通报2013年12月水利安全生产督查检查情况，传达贯彻全国水利安全监督工作视频会议精神，安排部署2014年水利安全生产工作。

1月23日，副厅长魏小抗带队检查省石头河水库、宝鸡市扶风县水利安保工作；24日，对西安市黑河金盆水库和宝鸡市冯家山水库的春节安保工作进行抽查。

1月24日，副厅长张玉忠一行慰问省水利水电勘测设计研究院、省水利建设管理局困难党员和特困职工。

1月27日，省水利厅召开党组会议，专题研究行政审批制度改革工作，对省水利厅现有行政许可和非行政许可审批事项逐项分析论证，提出第三批拟取消下放和保留行政审批事项的意见。经取消、下放、合并后，省水利厅省级行政许可审批项目由原来的29项减少到13项，其中许可项目10项，非许可项目3项，减少了55.1%。

1月27日，副厅长魏小抗一行检查厅筹建办节前安全生产工作，查看厅职工团购商品房项目工程建设进展情况。副巡视员刘恒福陪同。

1月28日，省防总总指挥长、副省长祝列克带领省级有关部门负责同志深入户县天桥镇水磨头村检查指导抗旱工作。副厅长魏小抗陪同。

1月28日，省水利厅2014年迎新春联欢会在厅机关举行，王锋厅长等厅领导与机关干部职工欢聚一堂，庆祝新春佳节，共话美好愿景。

1月28日，王锋厅长一行看望慰问厅机关安保后勤职工和应急值守干部，向他们送去节日的问候和新春的祝福。副厅长薛建兴陪同。

1月30日，副巡视员左占清一行慰问省水产总站退休困难党员。

2 月

2月8日，副厅长张玉忠一行看望慰问省地下水管理监测局干部职工。

2月11日，总工程师王建杰在郑州主持召开泾河东庄水利枢纽工程前期工作会议，专题研究东庄水利枢纽工程项目建议书评估技术准备和导流勘探试验洞实施方案设计修改意见。

2月12日，副厅长管黎宏专程赶赴佛坪县三河口水库坝址，检查三河口水库开工动员大会筹备工作。

2月12日，省交口抽渭管理局召开五届十九次职代会暨2014年经济工作会，回顾总结2013年工作成效，客观分析当前灌区发展面临机遇，安排部署2014年各项水利工作。副厅长张玉忠出席并讲话，副巡视员刘恒福一同参加。

2月13日，副省长祝列克赴佛坪县大河坝镇检查引汉济渭三河口水利枢纽工地建设情况。省政府副秘书长王拴虎、省水利厅厅长王锋陪同。

2月13日，省水利厅在西安组织召开全省治涝规划编制工作技术交流培训会，传达全国治涝规划编制工作技术交流培训会议精神，研究陕西省治涝规划编制工作。副厅长管黎宏出席会议并讲话。

2月13日，副厅长薛建兴主持召开2014年省水利厅人大建议政协提案交办会，传达学习2014年省政府两案交办会精神，安排部署省水利厅两案办理工作。

2月14日，引汉济渭工程三河口水利枢纽开工动员会在汉中市佛坪县大河坝镇举行。省委书记赵正永出席并宣布工程建设启动，省长娄勤俭作动员讲话，省委副书记孙清云，省委常委、省委秘书长刘小燕，省人大常委会副主任宋洪武，省政协副主席千军昌出席，省委常委、常务副省长江泽林主持，副省长祝列克安排部署建设任务。西安市市长董军、省政府秘书长陈国强、省级部门主要负责同志、有关市县主要领导参加会议。省水利厅厅长王锋及厅各领导、厅机关各处室、省引汉济渭办、省引汉济渭公司、省水文局、省水电设计院等单位（处室）负责同志等参加动员会。

2月18日，王锋厅长带领班子成员深入水润坊项目施工现场调研职工团购商品房项目建设工作。

2月19日，王锋厅长主持召开会议，听取并讨论东庄水利枢纽前期工程建设、东庄水利风景名胜区规划及东庄新城镇规划、基地建设方案等。副厅长魏小抗、总工程师王建杰参加会议。

2月19日，王锋厅长深入省地下水管理监测局，看望广大干部职工，调研地下水管理监测工作。副厅长张玉忠陪同。

2月21日，副厅长薛建兴主持召开会议，安排部署陕西省水利方面地方性法规的清理工作。

2月25日，省委副书记孙清云、副省长祝列克带领省级有关部门负责同志专程拜会国家发改委、水利部、中国国际工程咨询公司等中央有关部委和单位，共商支持陕西省引汉济渭、东庄水库、渭河和汉江综合治理等重点水利项目建设事宜。省水利厅厅长王锋、副厅长管黎宏陪同。

2月25日，省水利厅召开全省水土保持工作视频会议，贯彻落实水利部2014年水土保持工作视频会议精神，安排部署陕西省2014年水土保持生态治理工作。党组成员、省水保局局长张秦岭主持会议并讲话。

2月25日，水利部、教育部、全国节约用水办公室三部门联合发文，公布了第二批全国中小学节水教育社会实践基地名单，李仪祉纪念馆等8家单位在列。

2月25日，农业部水生动植物自然保护区评审委员会在西安对“陕西黑河珍稀水生野生动物自然保护区”和“陕西丹凤武关河珍稀水生动物自然保护区”申报国家级自然保护区材料进行评审，评审委员会一致同意其申报国家级自然保护区。农业部渔业局局长赵兴武、陕西省水利厅副巡视员左占清参加会议并讲话。

2月26日，农工民主党陕西省委员会副主委王安龙一行深入岚皋县调研农村水电开发、管理及水生态环境保护工作，副厅长魏小抗陪同。

2月26日，省水产研究所召开2014年度工作会议，副巡视员左占清参加会议。

2月27日，省水利厅印发《2014年全省水利系统依法行政及水政工作要点》，安排部署全省水利系统年度依法行政各项工作。

2月27日，副厅长张玉忠主持召开小型农田水利重点县项目自查稽查和检查整改工作布置会，总结全省小农水重点县建设管理工作经验，通报自查稽查检查中存在的问题，全面安排部署整改工作。

2月28日，水利部召开2014年全国水文工作视频会议，总结交流2013年全国水文工作，深入分析面临的新形势新任务，部署2014年水文重点工作。会后，陕西省紧接着召开会议，贯彻水利部视频会议精神，安排部署2014年全省水文工作。副厅长魏小抗参加会议并讲话。

2月28日，总工程师王建杰赴省水电设计院调研全省水利前期工作。

3 月

3月3日，按照王锋厅长批示要求，副厅长薛建兴主持召开专题会议，安排部署当前水利安保工作。

3月3日，副厅长薛建兴检查厅机关安全保卫工作，要求突出重点，全面落实安全保卫工作责任制，做好各项安全防范工作，确保“两会”期间厅机关及家属区安全稳定。

3月3日，省水利厅派出7个检查组赶赴厅直系统各单位，全面开展水利安保工作大检查。

3月3—7日，中国国际工程咨询公司7名专家对东庄水利枢纽工程项目建议书评估准备进行现场调研并召开座谈会。省政府副秘书长王拴虎、省水利厅厅长王锋看望与会专家。省发改委副主任李忙全，省水利厅副厅长魏小抗、总工程师王建杰参加调研座谈。

3月4日，王锋厅长召开专题会议研究渭河干流生态流量问题，提出非汛期逐步关停宝鸡峡引渭灌溉管理局魏家堡、杨凌、绛帐三座水电站，保证渭河干流生态水量。3月25日起，宝鸡峡引渭灌溉管理局开始按生态流量下泄水量，在各大媒体引起极大关注。

3月4日，新华社西北调研组赴宝鸡峡灌区，就基本农田水利建设及农田设施使用情况进行调研。

3月4—5日，中国国际工程咨询公司专家一行考察泾惠渠灌区渠首引水工程并参观李仪祉纪念馆。副厅长魏小抗、总工程师王建杰陪同。

3月5—6日，水利部在北京召开中欧水资源交流平台联合牵头项目启动会，陕西省水利厅应邀在会上作了水利科研合作需求介绍。会议决定将陕西省列入中欧地下水联合牵头合作领域试点/示范研究省份。

3月6日，省水利厅通报表彰了2013年度全省水利系统领导干部优秀调研成果，其中：一等奖5名，二等奖12名，三等奖18名。

3月7日，副厅长魏小抗主持召开专题会议，确定成立东庄水库枢纽工程前期工作协调服务组，组长由魏小抗担任，副组长由王建杰和雷春荣担任，明确了各成员单位及职责。

3月10日，陕西省实行最严格水资源管理制度考核工作组召开第一次会议，通报陕西省落实最严格水资源管理制度的工作举措和成效，研究陕西省考核工作实施细则，重点安排了省政府自查报告和对各市区考核工作的有关事项，有力推动陕西省最严格水资源管理制度进入一个新阶段。副厅长张玉忠主持会议。省发改委等十厅局以及省水文局、地下水管理监测局、西安理工大学、西北农林科技大学等技术支撑单位参加了会议。

3月11日，省人大常委会副主任吴前进检查调研安康市汉江综合整治工程建设。省人大副秘书长张建中、省人大环资委主任委员李建伟、省水利厅副厅长魏小抗陪同。

3月11—12日，副厅长魏小抗带队现场检查汉阴、紫阳县汉江综合整治重点防洪工程建设情况。

3月12日，省水利厅召开党的群众路线教育实践活动总结大会，回顾总结教育实践活动开展情况，对进一步深化整改作出安排部署。省水利厅党组书记、厅长王锋主持大会并代表厅党组作教育实践活动总结报告，省委第十督导组组长何振基作重要讲话。厅领导，厅机关副处级以上党员领导干部和厅直单位党政主要负责同志参加大会。

3月12日，副厅长张玉忠主持召开专题会议，研究全省设立水浇地红线、推进村级水管员建设和小型水利产权制度改革等农村水利发展重大问题。

3月13日，国家防办召开全国山洪灾害防治工作视频会议，总结交流2010—2012年山洪灾害防治非工程措施项目建设经验，安排部署2013—2015年二期山洪灾害防治项目建设和洪水风险图编制工作。会后，副厅长魏小抗就陕西省2014年山洪灾害防治工作作了安排部署。

3月18日，省水利厅在西安召开全省水利局长会议，回顾总结2013年水利工作，分析面临的新形势和新任务，全面部署2014年水利建设、管理、改革各项工作。王锋厅长主持会议并做重要讲话，副厅长管黎宏、张玉忠、薛建兴、魏小抗、席跟战分别就水利规划计划、农村水利、依法行政深化水利改革、防汛抗旱、建设管理工作进行安排部署。厅领导班子成员，各市（区）、县（区）水利（水务）局，厅机关各处室的主要负责同志，厅直各单位党政主要负责同志参加会议。

3月19日，副厅长张玉忠召集有关人员对2013年陕西省实行最严格水资源管理制度自查报告进行了认真讨论研究，要求客观真实地总结成绩、查找不足、提出下一步工作思路。副巡视员李国平参加会议。

3月17—19日，水利部第8督查组对陕西省水利行业重要管线工程安全专项整治和冬春水利安全生产检查开展情况进行督查。19日，副厅长薛建兴主持召开陕西省水利安全生产大检查及相关工作情况汇报会。

3月20日，省水利工会工作会议在西安召开。省总工会党组成员、经审委主任梁晓民，省水利厅党组成员、纪检组长张敏参加会议并讲话，副巡视员刘恒福参加会议。

3月20日，省水利厅召开全省城乡供水工作座谈会，学习新的国家《农村饮水安全工程建设管理办法》，安排部署2014年陕西省城乡供水各项工作。副厅长席跟战参加会议并讲话。

3月20日，省防总在延安市富县召开全省防汛抗旱应急预案宣贯会议，深入宣传贯彻新修订的《陕西省防汛抗旱应急预案》，研究交流2014年防汛预案修编工作的经验和体会，大力推进防汛抗旱预案修编工作。副厅长魏小抗参加会议并讲话，副巡视员李新华主持会议。

3月20—27日，为纪念“世界水日”“中国水周”，落实最严格的水资源管理制度，省水利厅组织开展了系列宣传活动。在西安市实验小学、后宰门小学等9所共建共强学校开展“节水知识进校园”宣传活动，副巡视员李国平参加并讲话；在陕西卫视《陕西新闻联播》《今日点击》栏目播出严格水资源管理专题，参加了《秦风热线》节目访谈；在《中国水利报》开辟专版，刊发《扬起“三条红线”指挥棒》专题文章；联合6个省级节水型社会建设试点区（县）开展了“节水器具进万家”活动；编印《实行最严格水资源管理制度知识问答》读本5000册，并印制纸杯、抽纸等宣传品发放社会公众，取得了良好的社会反响。

3月21日，省水利厅举行领导干部集体学法活动，副厅长薛建兴受王锋厅长委托作动员讲话，纪检组长张敏主持学法活动。厅领导、厅直系统副厅级干部、厅直单位负责同志和厅机关各处室副处级以上干部参加了学习会。

3月21日，副厅长魏小抗、副巡视员李新华带领工作组调研宜君县山洪灾害防治县级非工程措施项目建设管理情况，检查指导汛前准备工作。

3月22日，王锋厅长在《陕西日报》发表《加强河湖管理　建设水生态文明》署名文章，以此纪念第22届“世界水日”和第27届“中国水周”。

3月24日，副巡视员刘恒福一行深入渭南市华县赤水镇王里渡村举行“送法进村入户”活动，与市、县、镇有关负责同志和村民召开座谈会，进村入户宣讲涉水法律法规，受到群众的热烈欢迎。

3月24日，省水利厅、发改委等十厅局联合印发《陕西省实行最严格水资源管理制度考核工作实施细则》，这是省政府对各市区政府落实最严格水资源管理制度情况进行考核的标准，标志着陕西省“三条红线”考核全面启动实施。

3月24日，省水利厅与西咸新区建设管委会就水资源管理“三条红线”控制指标有关事项进行了座谈，明确从2015年开始，将西咸新区各项指标进行单列。副厅长张玉忠、西咸新区管委会副主任李肇娥参加座谈会。

3月25日，省水利厅召开全省2013—2015年中小河流治理项目建设现场会，参观西安市中小河流治理项目工程现场，通报全省中小河流治理项目进展及资金安排、绩效评价情况，安排项目前期和竣工验收工作，分析全省项目建设存在问题，对下一步工作进行安排部署。副厅长管黎宏、总工程师王建杰参加会议并讲话，纪检组长张敏主持会议。

3月25日，中国国际工程咨询公司党组书记、副总经理裴真带领调研组深入陕西省东庄水利枢纽现场调研，并听取省水利厅王锋厅长和东庄办负责同志及有关设计单位的汇报。省发改委、省水利厅有关领导，省江河局、省水电设计院、黄河设计公司有关负责同志参加调研。

3月25日，2014年全省地下水工作会在西安召开。会议通报了近年来全省地下水管理监测工作情况，并就当前和近期地下水水质监测、地下水水位指标考核和强化地下水管理等重点工作进行了培训和安排部署。副厅长张玉忠参加会议并讲话。

3月25日，原省人大常委会副主任、中国老体协副主席、省老体协主席潘连生带领省直机关创建老年体育活动示范点指导小组一行对省水利厅老年体育工作进行调研。副厅长薛建兴参加汇报座谈。

3月25日，厅办公室、人事处、监察室组成检查组，对厅机关13个行政处室公务员平时考核及考核手册填写使用情况进行全面检查，切实加强公务员平时考核工作。

3月26日，中国国际工程咨询公司党组书记、副总经理裴真一行在现场调研的基础上，与陕西省就东庄水利枢纽项目建议书评估工作进行座谈。祝列克副省长出席并主持座谈汇报会，省水利厅厅长王锋汇报东庄水利枢纽前期工作，省政府副秘书长王拴虎参加座谈会。

3月26日，副厅长薛建兴带队检查引红济石工程安全生产工作。

3月26日，总工程师王建杰带队深入长武县亭口镇，现场踏勘黑河亭口段防洪治理工程。

3月26日，副巡视员刘恒福一行到咸阳市开展"送法下乡进工地"活动，宣传贯彻新的《中华人民共和国水土保持法》和《陕西省水土保持条例》。

3月26—27日，省财政厅副厅长康仲涛、省水利厅副厅长管黎宏一行深入引汉济渭工程建设工地，现场调研引汉济渭工程筹融资工作。

3月28日，按照王锋厅长关于2014年防汛工作"要早准备，早动员，早行动"的要求，省防总召开防汛可视会商联网测试观摩会，副厅长魏小抗出席观摩活动并讲话，副巡视员李新华主持观摩活动。

3月28日，国家水利部灌排发展中心李琪副主任一行检查交口灌区灌排泵站更新改造项目建设情况，副巡视员李国平陪同。

3月31日，由省水利宣传中心与中国水利网站联合开发的中国水利网站陕西频道正式上线运行。

4月

4月1日，王锋厅长深入省泾惠渠管理局调研灌区建设管理工作。

4月1—4日，副厅长魏小抗、总工程师王建杰一行先后赴黄河小浪底水库及其上游三门峡水库、下游反调节水库西霞院水库、花园口水文站等地进行调研，并在黄河设计公司召开座谈会，检查东庄水利枢纽项目建议书评估准备情况。

4月2日，省水利厅召开全省水利系统党风廉政建设工作视频会暨厅直系统述廉评议大会，对7名处级主要领导干部进行述廉评议，回顾总结2013年全省水利系统党风廉政建设和反腐败工作，安排部署2014年全省水利系统反腐倡廉工作任务。省水利厅党组书记、厅长王锋出席会议并作重要讲话。厅党组成员、副厅长管黎宏主持会议，厅党组成员、驻水利厅纪检组长张敏作工作报告。厅领导，厅直单位党政主要负责同志、纪委书记、监察室主任，厅机关各处室主要负责同志在主会场参加会议。各市（区）水利（水务）局负责同志、局机关各部门负责人和纪检监察干部在当地分会场参加会议。

4月2日，省国资委党委书记孙安会、省水利厅副厅长管黎宏深入引汉济渭工程秦岭6号勘探试验隧洞，检查指导岭北TBM组装工作。

4月4日，副省长祝列克带领省水利厅、林业厅、农业厅有关部门负责同志赴宝鸡调研渭河综合整治工作。副厅长张玉忠陪同。

4月8日，省水利厅直系统处级以上领导干部学习贯彻习近平总书记系列讲话精神第一期培训班在省桃曲坡水库管理局干部培训中心举办。省水利厅党组书记、厅长王锋出席会议并作动员讲话，省直机关工委副书记熊晖应邀出席开班式并作讲话，省水利厅党组成员、驻厅纪检组长张敏主持开班式。此次培训历时2个月，共分7期近400名处级以上领导干部参加集中轮训。

4月8日，副厅长薛建兴、副巡视员刘恒福检查水润坊项目施工进展情况。

4月8日，副厅长魏小抗、副巡视员李新华检查防汛物资储备管理工作。

4月8—10日，省水利厅党组成员、省水保局局长张秦岭一行深入延安、榆林调研水土保持示范园区建设及煤油气水保项目。

4月9日，省委书记赵正永深入西安、渭南调研渭河综合整治工程。厅长王锋一同调研。

4月10日，省水利厅召开落实省政府启动北斗卫星导航应用示范项目部署会议，安排部署渭河水资源监测应用系统项目建设工作。副厅长魏小抗参加会议并讲话，副巡视员李新华主持会议。

4月10日，省政府法制办、省水利厅在西安联合召开《陕西省取水许可制度实施细则》和《陕西省水资源费征收办法》立法后评估启动会议，确定立法后评估工作领导小组成员，明确工作任务和要求，正式启动陕西省取水许可制度实施细则和水资源费征收办法立法后评估工作。省政府法制办副主任岳喜栋、省水利厅副厅长薛建兴参加会议并讲话。

4月10日，全省水文工作会议在西安召开。会议传达了全国水文会、全省水利会议精神，回顾总结2013年全省水文工作，安排部署2014年工作。副厅长魏小抗参加会议并讲话，副巡视员李新华主持会议。

4月11日，副厅长魏小抗主持召开2014年报汛报旱工作会议，安排部署2014年报汛报旱工作。

4月11日，新城区解放门党工委组织召开2013年社会治安综合治理表彰大会，省水利厅被授予新城区"平安单位"称号，西七路家属院被评为"平安小区"。

4月11—26日，水利部稽察组徐义平特派员率队对陕西省2013年度国家安排投资的中小河流治理项目省级工作进行专项稽察。副巡视员左占清陪同稽察并参加情况反馈会。

4月13—18日，中国国际工程咨询公司在北京召开泾河东庄水利枢纽项目建议书评估会议，同意该项目建议书通过初步评估。副省长祝列克、省水利厅厅长王锋、副厅长魏小抗、总工程师王建杰参加了会议。

4月15—18日，副巡视员李新华检查汉中市和引汉济渭工程三河口水利枢纽建设工地防汛准备工作情况。

4月16日，在武汉召开的全国水政工作会议上，副厅长薛建兴代表陕西省作专题发言，全面介绍陕西省在水利政策调研和依法行政工作方面的做法和经验，受到水利部领导和与会同志好评。

4月16日，省水利厅直系统第七届职工运动会在省网球中心体育馆拉开了帷幕，共18支代表队1000余名运动员参加比赛。王锋厅长出席开幕式并宣布运动会开幕，副厅长管黎宏作动员讲话，纪检组长张敏主持开幕式。副厅长张玉忠、魏小抗，副巡视员李国平、马景国、李永杰等参加开幕式。

4月17—18日，由水利部移民局副局长杨嘉隆带队，国家发改委农经司、财政部企业司、水利部移民局三部委相关负责人和6名专家联合组成的评议组，对陕西省大中型水库移民避险解困试点方案进行现场评议，一致认为陕西省编制的试点方案符合国家政策要求，合理可行。副厅长薛建兴参加现场评议。

4月18—22日、5月20—22日，副厅长薛建兴、副巡视员马景国带领汛前检查组，先后深入汉中、安康、商洛、宝鸡、西安、延安水文局及19个水文(位)站及雨量站，就水文部门落实防汛责任、加强安全生产、扎实备汛工作进行了认真检查。

4月21—22日，水利部水文局副局长刘学峰带领的黄河流域汛前检查组，对渭河干流拓石水文站、泾河干流桃园水文站的水文备汛工作和安全生产工作进行检查并召开座谈会。副厅长魏小抗参加座谈会，副巡视员李新华陪同检查。

4月21—24日，黄河水利委员会副主任赵勇带领检查组对陕西省中小河流治理项目进行了督导检查。总规划师黄兴国全程陪同并参加汇报座谈会。

4月22日，西安理工大学纪委书记李建竹、水电学院院长李占斌一行到省水利厅进行座谈，共商水利科技合作事宜。王锋厅长出席座谈会并做重要讲话，副厅长张玉忠参加座谈会。

4月22日，全省水库移民工作会议在西安召开。会议回顾了2013年全省水库移民工作，安排部署2014年水库移民工作重点任务。副厅长薛建兴出席会议并作讲话。

4月22—25日，副厅长管黎宏检查安康市防汛准备工作情况。

4月23日，省长娄勤俭主持召开省重大水利工程建设领导小组会议，研究解决水利建设有关问题。副省长祝列克出席，王锋厅长汇报了近年来陕西省相继启动的重大水利工程进展情况。秘书长陈国强、副秘书长王拴虎及省重大水利工程建设领导小组成员单位负责同志参加会议。省水利厅副厅长管黎宏、总工程师王建杰列席会议。

4月23日，省渭河综合整治领导小组在西安召开渭河综合整治工作会，回顾总结三年来治渭工作取得的成绩和经验，对当前和今后一个时期渭河整治工作进行安排部署。王锋厅长出席会议并作重要讲话，副厅长张玉忠主持会议。

4月23日，省防总召开全省防汛视频会议，分析研判2014年汛情形势，部署防汛工作。副厅长魏小抗参加会议并讲话，副巡视员李新华主持会议。

4月23—24日，由水利部水文局副局长倪伟新带队的长江流域汛前准备及安全生产检查组一行6人到安康水文站、马池水文站检查指导工作，慰问测站职工。副巡视员李新华陪同。

4月23—25日，副厅长席跟战检查商洛市防汛准备工作情况。

4月24日，总工程师王建杰主持召开会议，研究协调引汉济渭和东庄水库工程受水区水量配置问题。

4月25日，省水利厅副厅长魏小抗主持召开会议，检查督促东庄水利枢纽项目建议书评估后补充完善工作。

4月25日，总工程师王建杰带队对大荔县洛河治理工程项目进行专题调研。

4月28日，省委依法治省领导小组办公室调研组在省水利厅召开座谈会，对全省水利系统依法治水和法制宣传工作进行调研。副厅长薛建兴参加座谈会并作发言。

4月29日，王锋厅长检查渭河整治西安城区段建设工程，亲切慰问施工人员。副厅长张玉忠、魏小抗，纪检组长张敏，副巡视员李国平一同检查。

4月29日，省水利厅召开首次全省水利科技推广工作座谈会，启动水利部科技推广中心陕西推广工作站工作，动员部署全省水利科技推广工作。副厅长张玉忠主持会议并讲话，水利部科技推广中心主任武文相、副主任许平，省水利厅副巡视员李国平参加会议。

4月29日，在西安召开的2014年全省广播电视新闻通联工作会上，陕西广播电视台水利记者站荣获“2013年度优秀记者站”荣誉称号，这是记者站连续4年获此殊荣。

4月30日，省政府召开全省防汛抗旱工作电视电话会议，总结工作，交流经验，分析形势，安排部署2014年防汛抗旱工作。省防总总指挥长、副省长祝列克出席会议并讲话，省防总指挥长、省水利厅厅长王锋作工作报告，省防总指挥长、省政府副秘书长王拴虎主持会议，省防总指挥长、省军区副司令员戚智学参加会议。

5 月

5月4日，副巡视员刘恒福检查引汉济渭建设公司安全管理工作。

5月4—9日，省渔船检验管理局在安康市启动“渔船基本数据普查行动”“渔船安全风险隐患排查与整治行动”“渔船船用产品质量监督整治行动”等渔船检验执法监督三大行动，落实农业部统一部署和《陕西省渔船检验执法监督三大行动工作方案》。

5月5日，陕西铜川供水有限责任公司被陕西省劳动竞赛委员会授予“工人先锋号”称号，省水利厅纪检组长张敏为公司授牌。

5月6日，水利部召开全国农村饮水安全工作视频会议，省政府副秘书长王拴虎、省水利厅厅长王锋、省水利厅副厅长席跟战、总工程师王建杰在省防总指挥中心分会场参加会议。会后，王锋厅长就贯彻落实全国饮水安全视频会议精神，切实做好陕西省农村饮水安全工作作了重要讲话。

5月6日，陕西省引汉济渭工程建设用地预审工作获得国土资源部正式批复。至此，陕西省引汉济渭工程可行性研究阶段国家发改委批复所需的前置性文件，已全部取得相关部委批复，标志着引汉济渭工程可研正式进入国家发改委批复层面。

5月6日，水利部召开全国水利发展“十三五”规划编制工作视频会议，副厅长管黎宏、总工程师王建杰、总规划师黄兴国以及厅直有关单位和厅机关相关处室负责同志在陕西省分会场参加会议。会后，副厅长管黎宏就贯彻落实全国水利发展“十三五”规划编制工作视频会议精神和切实做好陕西省水利发展“十三五”规划编制作了安排部署。

5月6—7日，副巡视员李永杰检查韩城市防汛备汛工作。

5月6—9日，水利部安全生产监管工作第二考核组对陕西省2013年水利安全生产监管工作进行考核并召开座谈会。副厅长薛建兴主持考核汇报会并对陕西省水利安全生产监管工作进行了全面总结，副巡视员刘恒福参加考核。

5月7日，省财政厅、水利厅联合调研组深入桃曲坡水库楼村灌区调研，邀请用水户、管水员和农民用水者协会主席详细了解目前灌溉管理模式下群众到户水价及管理运行费用情况，针对末级渠系管理方法进行座谈。

5月8日，省财政厅副厅长康仲涛、省水利厅副厅长管黎宏一行赴泾河东庄水库、泾惠渠渠首以及西安灞河入渭口调研重点水利工程筹融资情况。

5月8日，总规划师黄兴国主持召开会议，讨论研究《陕西省水资源保护规划》措施规划阶段成果。

5月8—9日，国家防总副秘书长、中国气象局副局长矫梅燕率检查组，检查陕西省黄河流域防汛工作并提出指导意见。省防总指挥长、省政府副秘书长王拴虎主持汇报会，省防总指挥长、省水利厅厅长王锋向检查组汇报了陕西省防汛抗旱工作有关情况。省水利厅副厅长魏小抗陪同检查。

5月9日，副厅长薛建兴主持召开专题会议，组织学习水利部《关于深化水利改革的指导意见》，研究部署陕西省深化水利改革调研和实施意见起草工作。

5月9日，省财政厅对全省2013年政府采购信息工作进行综合考评，省水利厅由于政府采购数据真实准确、内容完整、报送及时，受到通报表扬。

5月9日，副厅长张玉忠深入宝鸡峡泔河二库安全防护工程建设一线，对灌区“两库、两干”安全防护工作进行现场检查指导。

5月12日，黄河防总召开2014年黄河防汛抗旱工作视频会，陕西省防总指挥长、省水利厅厅长王锋在省防总指挥中心分会场代表省防总发言，会后就切实做好陕西省防汛抗旱工作进行了安排部署。副厅长魏小抗，省防总成员单位负责同志、厅直有关单位和厅机关有关处室主要负责同志在省防总指挥中心分会场参加会议。

5月13日，省防总召开全省水库、水电站、淤地坝安全度汛视频会议，省防总指挥长、省水利厅厅长王锋出席会议并作重要讲话，副厅长魏小抗主持会议，党组成员、省水保局局长张秦岭和总工程师王建杰、副巡视员李新华参加会议。省防总有关成员单位、厅直有关单位、厅机关有关处室负责同志在省防总指挥大厅主会场参加会议，各市、县、区防指及其成员单位负责人在当地分会场参加会议。

5月13日，省水利厅召开“抓整改、建机制、促工作”主题活动会议，进一步安排部署厅直系统开展“抓整改、建机制、促工作”主题活动及开展“庸懒散浮”专项整治工作。厅党组成员、副厅长管黎宏讲话，厅党组成员、纪检组长张敏主持会议。

5月13—15日，由省水利厅机电排灌站、省水利宣传中心联合组织的“小水惠民三秦行”大型集中采访活动先后深入眉县、兴平县、礼泉县、户县、富平县、大荔县等开展了集中采访活动，人民网、《中国水利报》、陕西传媒网、西部网、《三秦都市报》、《陕西农村报》等11家中省媒体记者参加了采访和报道，收到了很好的宣传效果。

5月14日，纪检组长张敏、副巡视员刘恒福一行深入宝鸡峡灌区检查指导防汛工作。

5月15日，省水利厅召开全省水利规划计划工作暨水利发展“十三五”编制工作视频会议，传达习近平总书记关于水安全战略重要讲话及全国水利规划计划工作座谈会及全国水利发展“十三五”规划编制工作会议、全省重大水利工程建设领导小组会议精神，安排部署水利规划计划重点工作和“十三五”规划编制任务。王锋厅长出席会议并作重要讲话，副厅长管黎宏就水利规划计划工作做工作报告，总规划师黄兴国就“十三五”规划编制工作进行安排，副巡视员左占清主持会议，总工程师王建杰参加会议。厅直有关单位、厅机关有关处室及市县水利（水务）局负责同志分别在省水利厅机关主会场或所在市分会场参加会议。

5月14—16日，纪检组长张敏、副巡视员刘恒福检查厅直灌区水库管理单位防汛准备工作。

5月14—16日，总规划师黄兴国检查省江河局防汛备汛工作。

5月14—17日，副厅长魏小抗、副巡视员李新华检查宝鸡市防汛备汛工作。

5月14—19日，副厅长张玉忠、副巡视员李国平带领省防总检查组，检查咸阳市、杨凌示范区和东庄水库防汛备汛工作。

5月15日，纪检组长张敏、副巡视员刘恒福带领省防汛检查组检查指导石头河水库防汛工作。

5月15—16日，水利系统首个亚行技援项目“陕西省渭河流域管理模式研究”启动研讨会在西安召开，亚行项目经理 Alvin Lopez（洛佩兹）与项目承担单位渭河流域管理局签署了项目谅解备忘录，双方就协商后的项目产出、研究框架及内容、援助资金使用等方面达成共识，标志着该项目正式启动实施。副巡视员李国平参加会议并讲话。

5月16日，副厅长张玉忠主持召开节约用水工作座谈会，邀请资深专家和长期从事节水管理工作的负责同志，共同研讨陕西省水资源节约和保护工作新思路、新举措。

5月16日，纪检组长张敏检查桃曲坡水库防汛备汛工作。

5月16日，省水利厅在安康市召开汉丹江流域打非治违专项执法行动会议，对汉丹江流域打非治违专项执法行动进行动员和部署。副厅长薛建兴参加并讲话，副巡视员刘恒福主持会议。

5月19日，中国农林水利工会盛明富主席一行3人专程来陕调研，并为陕西省水利电力勘测设计研究院颁发“全国五一劳动奖状”奖牌。

5月19—20日，副巡视员权渭南检查渭南市防汛备汛工作。

5月19—22日，厅党组成员、省水保局局长张秦岭检查延安市、铜川市防汛备汛工作。

5月19—23日，总工程师王建杰检查榆林市防汛准备工作。

5月20日，省水利厅荣获全省“六五”普法中期评估先进单位，受到省委依法治省领导小组通报表彰。

5月20日，副厅长张玉忠主持召开会议，专题研究省桃曲坡水库灌区低干渠输水工程实施过程中概算调整问题。

5月20—22日，副厅长薛建兴和副巡视员刘恒福带领有关部门组成2个督查组，采取不打招呼、突击检查的方式，分别对延安市、铜川市等市区和省直交口抽渭管理局、桃曲坡水库管理局、泾惠渠管理局、水文局、引汉济渭公司等单位的汛期安全生产工作进行检查督导。

5月20—22日，副厅长薛建兴、副巡视员马景国检查陕西省关中、陕北地区水文备汛工作。

5月21日，王锋厅长一行深入东庄水库峡谷底部实地踏勘东庄水利枢纽工程导流勘探试验洞进出口、地下式水电站及水位站、1号进场道路，现场听取东庄办及现场建设管理处工作汇报，研究解决相关问题。

5月22日，省人大常委会副主任吴前进带领省水利、环保等部门负责同志，赴宝鸡、杨凌等地检查渭河水污染治理情况。副厅长张玉忠陪同检查。

5月22—23日，副巡视员左占清检查西安市防汛准备工作。

5月23日，总规划师黄兴国深入省地下水管理监测局，检查指导《全省治涝规划》编制工作，调研指导全省地下水“十三五”规划编制工作。

5月26—27日，以水利部灌排中心处长刘丽艳为组长的专家组一行，深入宝鸡峡灌区对已建成的信息化工程进行调研，对灌区信息化建设中遇到的困难及设备运行维护中存在的问题进行现场指导。

5月27日，总规划师黄兴国深入省交口抽渭管理局调研指导灌区“十三五”规划编制工作。

5月28日，副厅长薛建兴主持召开专题会议，传达省反恐怖领导小组紧急通知和王锋厅长关于切实做好水利反恐怖工作的批示精神，安排部署水利系统反恐维稳工作。

5月29日，副厅长张玉忠主持召开专题会议，研究省水产研究所管理体制与能力建设相关事项。

5月下旬，省水利厅开展的“陕西省水利科技发展战略研究”项目获水利部第七届水利发展研究奖三等奖，陕西省是本届水利发展研究奖的唯一省级获奖省份。

6 月

6月3日，省国有资产监督管理委员会任命郁伟为省引汉济渭工程建设有限公司监事、监事会主席。

6月3日，省防总召开防汛大检查情况汇报会，10个检查组分别汇报了赴各地检查情况。副厅长魏小抗参加会议并讲话，副巡视员李新华主持会议。

6月4日，省防总召开防汛抗旱宣传工作会议，通报2014年陕西省防汛抗旱形势，传达国家防办关于加强防汛抗旱宣传工作的通知精神，安排部署2014年防汛抗旱宣传工作。副厅长魏小抗参加会议并讲话，副巡视员李新华主持会议。

6月4日，副厅长管黎宏一行赴国家发改委农经司汇报引汉济渭工程进展情况，联系对接可研报告审批相关事宜。

6月4日，总工程师王建杰主持召开会议，听取全省小型水库项目查勘组调研汇报，分析小型水库项目前期工作中存在的问题，对下一阶段工作进行安排部署。

6月4—5日，副巡视员刘恒福深入省桃曲坡水库管理局和省泾惠渠管理局检查安全生产和安保工作。

6月4—6日，省政府法制办副主任岳喜栋、省水利厅副厅长薛建兴带领立法调研组，先后赴延安、铜川和渭南市开展《陕西省实施〈抗旱条例〉细则》《陕西省地下水资源管理条例》《陕西省取水许可制度实施细则》《陕西省水资源费征收办法》立法和立法后评估调研，听取基层干部群众对立法项目的意见和建议。

6月9日，省防总召开2014年省防汛抢险专家组成员会议，总结近两年防汛抢险专家组工作经验，明确专家组成员工作职责，动员做好参与2014年防洪抢险的各项准备。副厅长魏小抗参加会议并讲话，总工程师王建杰主持会议。

6月9日，陕西省人民政府任命王瑜为陕西省水务集团有限公司执行董事（法人代表）。

6月9日，陕西省人民政府任命杜小洲为陕西省引汉济渭工程建设有限公司执行董事（法人代表）、总经理。

6月10日，省水利厅召开水利系统干部驻村联户扶贫工作部署会，回顾总结2013年扶贫工作，安排部署2014年厅系统扶贫工作。副厅长张玉忠参加会议并讲话。

6月10日，陕西省召开实行最严格水资源管理制度考核工作组第二次会议，研讨2013年度省政府对各市区政府实行最严格水资源管理制度考核方案。省水利厅副厅长张玉忠主持会议并讲话，省环保厅副厅长张智华，省发改委副巡视员刘亚汉，省水利厅副巡视员左占清、刘恒福、权渭南、马景国参加了会议。

6月10日，省水利厅召开专题会议，传达学习中央和省委省政府三个重要文件，部署抓好贯彻落实工作。副厅长薛建兴主持会议并讲话，副巡视员刘恒福、马景国传达有关文件。

6月10日，省水利厅召开全省县域城乡供水中长期发展规划编制布置及培训会，安排布置全省城乡供水调研和规划编制工作。副厅长席跟战参加会议并讲话，总工程师王建杰主持会议。

6月10—15日，水利部专家组对2014年陕西省第一批申报的西安世博园、安康市凤堰古梯田、商洛市牛背梁、宝鸡市岐渭四家国家级水利风景区进行现场考察评价。副巡视员左占清陪同。

6月11日，王锋厅长一行慰问将代表省水利厅参加省第十五届运动会的运动员、教练员和工作人员，勉励他们充分展示水利行业的特色和水利职工的风采，预祝取得好的成绩。副厅长张玉忠、薛建兴、魏小抗，纪检组长张敏，总工程师王建杰，总规划师黄兴国，副巡视员刘恒福、李国平一同慰问。

6月12日，王锋厅长应邀走进西安理工大学，为师生们作了题为《陕西水利现代化建设与预期》的报告。

6月12日，为深入贯彻落实习近平总书记关于“中国梦·劳动美”系列重要讲话精神，省水利工会在杨凌举办“中国梦·劳动美·我为陕西水利作贡献”主题演讲比赛活动，来自省水利厅直系统的15家单位29名选手参加了比赛。省水利厅纪检组组长张敏出席活动并讲话，省总工会宣教部副部长梁仁义莅临指导。

6月12—13日，省编办主任王绪刚一行深入渭河综合整治工程一线调研工程建设和管理工作。副厅长管黎宏陪同。

6月13—17日，省政府法制办、省水利厅联合召开《陕西省实施<中华人民共和国抗旱条例>细则》修改讨论会，针对征求到的意见建议，对细则条款逐条进行集中修改完善。副厅长薛建兴参加并讲话。

6月15—17日，水利部督导组一行5人，由水资源司陈明副司长带队，对陕西省农村饮水安全工作进行督导检查，副厅长席跟战陪同。

6月17—19日，副厅长魏小抗检查渭南、韩城市防汛工作。

6月17—22日，水利部第9核查组对陕西省水利安全生产信息系统建设工作进行核查指导，副巡视员马景国主持召开全省水利安全生产信息系统建设工作情况汇报会。7月17日，水利部办公厅下发了《关于2013年度水利安全生产监督管理工作考核结果的通报》（办安监〔2014〕151号），陕西省水利厅名列全国第二名。

6月18日，陕西省第十五届运动会健身秧歌（行业组）比赛在宝鸡落下帷幕。省水利厅健身秧歌代表队在本次比赛中勇夺规定套路第一名、自选套路第二名的优异成绩，充分展示了广大水利职工充满活力、健康向上的精神风貌，以实际行动诠释了“献身、负责、求实”的陕西水利精神。

6月18日，娄勤俭省长检查渭南和韩城市防汛备汛工作。副省长祝列克、省水利厅厅长王锋及省级有关部门负责同志陪同。

6月18—20日，陕西省出现大范围强降雨过程，省防总指挥长、水利厅厅长王锋提早要求各级防汛部门密切跟踪雨水汛情，及时预警，果断撤离，加强警戒管理，避免人员伤亡。省防汛抗旱办先后向延安市、安康市防指发出防汛预警，各市县防汛部门积极处置，石泉、平利两县提前撤离受威胁区群众625人，成功应对了入汛以来局地最大强度暴雨过程，全省无人员伤亡。

6月19日，由省水产研究所承担的“陕西省盐碱滩涂生态渔业综合开发利用技术示范与推广”项目通过了省农业技术推广成果奖评审委员会组织的成果鉴定，成果被鉴定为国内领先水平。

6月19日，《陕西日报》通联表彰交流会在大荔县召开。会议对2013年度新闻报道先进单位、资深通信员和最佳通信员进行了表彰。省水利宣传中心以发稿数量和质量均优异的成绩被评为“《陕西日报》2013年度新闻通信报道先进单位”，王剑同志被评为“最佳通信员”。

6月19—20日，黄河水利委员会副主任赵勇带领黄河防总检查组检查陕西省防汛备汛工作。副厅长魏小抗、总规划师黄兴国陪同。

6月23日，省水利厅召开部分市县水利建设项目稽察整改工作座谈会，传达6月6日水利部召开的部分地区水利建设项目稽察整改工作座谈会精神，部署全省水利项目稽察整改工作。副厅长席跟战参加并讲话，副巡视员权渭南主持座谈会。

6月23日至7月2日，长江水利委员会水资源保护局副总队长程功武一行对陕西省汉丹江干流沿线商洛、汉中、安康三市14县区的打非治违专项执法行动开展情况进行了拉网式排查，共检查重点项目28个，并对以往水利部、长江水利委员会和省水利厅执法检查中发现问题的整改落实情况进行了督办。副巡视员刘恒福陪同。

6月23—28日，按照水利部和省安委会安排部署，陕西省水利系统扎实开展了安全生产应急预案演练周活动。水利系统各单位结合生产实际，针对重大危险源、重点岗位和汛期安全生产等特点，认真研究制订演练计划，明确演练任务，扎实开展了形式多样的安全生产应急预案演练，提升了应急救援能力。

6月24日，省水利厅组织召开专题讨论会，讨论修编《陕西省水文手册》技术大纲修编工作。省水利厅水文手册修编工作领导小组副组长、总工程师王建杰主持讨论会。

6月24—26日，副厅长席跟战带领工作组深入商洛市镇安、柞水、洛南三县专题调研城乡供水工作。

6月26日，纪检组张敏组长深入宝鸡峡灌区调研基层纪检监察工作，并就当前的防汛抗旱工作进行了现场指导。

6月29日，省水土保持科普宣传系列活动暨西安水土保持科普体验馆首日开放仪式在汉城湖举行。水利部水保司司长刘震、省水利厅厅长王锋，省水利厅党组成员、省水保局局长张秦岭等参加活动仪式。

7 月

7月1日，在庆祝建党93周年之际，省水利厅开展“缅怀先烈、重温誓言、建功水利”活动，组织机关部分党支部书记、优秀党员代表、离退休党员代表共50余人赴照金参观学习，重温党的历史，接受革命传统教育。纪检组长张敏参加活动并作讲话。

7月3日，国务院第七督查组组长、水利部部长陈雷，副组长、人力资源和社会保障部副部长信长星一行，调研陕西省重大水利工程建设情况，实地查看渭河综合整治和引汉济渭工程。副省长祝列克，省政府副秘书长王拴虎，省水利厅厅长王锋、副厅长张玉忠陪同调研。

7月3日，省水利厅在西安组织召开《陕西省水利风景区发展规划》（2013—2030）审查会。总规划师黄兴国主持会议，副巡视员左占清出席会议。

7月4日，副厅长张玉忠与省政府对外联络办公室有关负责同志赴引汉济渭工程六号洞TBM掘进现场查看TBM运行情况。

7月8—9日，副厅长魏小抗、副巡视员李新华带队检查指导省宝鸡峡、石头河水库水电站安全运行管理工作。

7月9日，省政府应急办主任白凡一行到省防汛抗旱办看望慰问防汛应急值守人员，检查指导防汛应急值守工作并召开座谈会。副厅长魏小抗参加座谈会。

7月10日，省政府召开渭河综合整治工作会议，安排部署沿渭各地渭河综合整治建设任务。副省长祝列克出席会议并做重要讲话。省政府副秘书长王拴虎主持会议，省水利厅厅长、省治渭办主任王锋通报渭河综合整治工程总体进展情况，并对下一步工作作出全面部署，省水利厅副厅长张玉忠参加会议。

7月15日，省水利厅召开水资源监控能力建设项目暨水资源宣传工作座谈会，安排部署陕西省国家水资源监控能力项目建设及水资源宣传工作。副厅长张玉忠参加会议并讲话，副巡视员李国平主持会议。

7月17日，水利部结合前期对全国各地区水利安全生产信息填报工作现场核查验收情况，通报了全国水利安全生产信息填报第一阶段工作情况，陕西省水利厅名列全国第二名，咸阳市礼泉县水利局被评为“现场核查工作突出单位”。

7月21—22日，副厅长张玉忠带队深入省泾惠渠、桃曲坡和交口抽渭灌区检查指导夏灌抗旱工作，看望一线干部职工。

7月22日，省水利厅组织召开2014年度省级水利科技计划项目评审会，总工程师王建杰主持会议并讲话。

7月22日，副省长祝列克带队赴国家发改委汇报协调引汉济渭工程可研审批有关事项。省政府副秘书长王拴虎、省发改委副主任李忙全、省水利厅厅长王锋陪同。

7月23日，省水利厅召开全省大型灌区工作座谈会，旨在促进全省大型灌区夏灌用水，加快大型灌区改造项目建设步伐，推进大型灌区综合改革进程。副厅长张玉忠参加会议并讲话，副巡视员李国平主持会议。

7月24日，省水利厅在东庄水利枢纽进场道路举行重大水利工程高空坠物应急演练。副厅长薛建兴宣布演练活动开始，副巡视员刘恒福对演练活动进行总结点评，副巡视员马景国观摩演练过程。

7月24日，水利部外资办主任于兴军带队调研陕西省水利利用外资情况。副巡视员李国平陪同。

7月29日，省政府召开抗旱防汛工作电视电话会议，副省长、省防总总指挥长祝列克出席会议并讲话。会议由省政府副秘书长、省防总指挥长王拴虎主持，省水利厅厅长、省防总指挥长王锋就抗旱防汛工作进行安排部署。

7月30日，副省长张道宏带队检查指导汉中市防汛抗旱工作。副厅长魏小抗陪同。

7月30日，省防总指挥长、省水利厅厅长王锋到省防总办公室检查指导防汛抗旱工作。

7月30日，纪检组组长张敏带队深入引汉济渭工程岭北TBM施工段慰问一线职工。

7月31日，总工程师王建杰带队到省水电设计院检查指导斗门水库设计工作。

7月31日，副厅长张玉忠带队赴渭河综合整治周至段、户县段施工现场，慰问奋战在一线工地的治渭工程建设者。

7月31日至8月2日，国家防总工作组在黄河水利委员会水调局副局长乔西现带领下，检查指导陕西省当前抗旱工作。副巡视员李新华陪同。

8 月

8月1日，省水利厅召开关中水系规划编制工作第一次领导小组会议，安排部署关中水系规划编制工作。副厅长管黎宏主持会议并讲话，总工程师王建杰、总规划师黄兴国参加会议。

8月1日，副厅长魏小抗带领工作组检查指导咸阳市抗旱工作。

8月4日，省水利厅召开厅直系统领导干部大会，传达贯彻省委十二届五次全会精神，总结分析上半年工作建设，安排部署当前和今后一个时期全省水利改革发展。厅党组书记、厅长王锋主持会议并作重要讲话，在机关厅领导、厅直各单位党政主要负责同志和机关各处室主要负责同志参加会议。

8月4日，副厅长魏小抗召开会议，对抗旱工作进行再部署，副巡视员李新华参加会议。

8月4日，省人大农工委组织召开《陕西省地下水资源管理条例》立法座谈会，研究讨论关于地下水资源管理和保护立法工作。省人大农工委办公室主任王决胜、省法制办副主任岳喜栋、省水利厅副巡视员刘恒福参加座谈讨论。

8月5日，省防总指挥长、省水利厅厅长王锋带领工作组深入省桃曲坡水库检查指导备汛工作。副巡视员李永杰陪同。

8月5日，厅长王锋带队调研省桃曲坡管理局城市供水工作。副巡视员李永杰陪同调研。

8月6日，省纪委驻水利厅纪检组召开省水利厅机关党风廉政建设工作汇报会。驻厅纪检组长张敏主持会议。

8月11—14日，水利部检查组核查指导陕西省水利安全生产信息系统建设工作。副巡视员刘恒福陪同。

8月11—15日，水利部政策法规司司长李鹰一行深入安康市、汉中市和商洛市汉江、丹江沿线，现场查看河道管理情况，重点对水利部打非治违活动开展以来发现问题整改情况进行现场检查。副厅长薛建兴陪同。

8月13日，副厅长张玉忠带队调研省水电设计院水利科技工作开展情况。

8月19—21日，水利部安监司副司长张汝石一行深入陕西省引汉济渭和泾河东庄水库工程建设现场，调研指导大型水利枢纽建设项目安全评价工作开展情况并召开座谈会。副厅长薛建兴主持座谈会，副巡视员刘恒福陪同调研。

8月20日，省水利厅召开机关副处以上干部大会，学习传达省委8月15日常委会议精神，通报省委严肃处理西安市有关领导干部违反中央八项规定问题的决定。厅长王锋主持会议并作重要讲话，在机关厅领导，机关副处以上干部参加会议。

8月21日，陕西水利博物馆正式挂牌成立。厅长王锋为陕西水利博物馆揭牌，副厅长张玉忠主持挂牌仪式。

8月21日至9月3日，水利部督查组对陕西省河道堤防运行管理情况进行督查并召开交换意见会。副厅长魏小抗主持交换意见会。

8月22日，省水利厅联合三秦都市报社召开陕西“江河卫士”表彰座谈会议，宣传水利行业先进典型，弘扬正能量，推动水利行业精神文明建设。副厅长薛建兴出席会议并讲话。

8月22日，国家发改委召开全国大中型灌区续建配套与节水改造项目稽察情况通报电视电话会议，通报各省2013年大中型灌区续建配套与节水改造项目稽察情况，陕西省位列全国第11位。

8月25日，省水利厅召开依法行政工作领导小组会议，研究部署创建省依法行政示范单位考评验收和汉江丹江流域打非治违专项执法行动整改工作。副厅长薛建兴出席会议并讲话。

8月25—28日，黄河水利委员会副主任李春安、黄河流域水资源保护局局长司毅铭一行来陕西省开展水源保护工作调研。副巡视员李国平陪同。

8月29—30日，水利部水利水电规划设计总院在北京召开专题审查会，审查通过引汉济渭工程安全预评价报告。

9　月

9月1日，厅长王锋带队调研省宝鸡峡灌区长远发展问题。副厅长张玉忠、总工程师王建杰陪同。

9月1日，省水利厅党组成员、省水土保持局局长张秦岭带队调研指导丹凤县桃花谷国家水土保持科技生态示范园区建设工作。

9月2日，省水利厅厅长王锋与黄河水利委员会副主任赵勇座谈黄河古贤水利枢纽工程前期工作。副厅长魏小抗参加座谈。

9月9日，副厅长魏小抗带队检查指导省水文局水文测报工作并看望慰问水文干部职工。

9月9日，省水利厅召开2014年安委会全体（扩大）会议，学习传达近期中省有关安全生产文件精神，通报全省水利系统安全生产应急救援演练活动开展情况，安排部署水利行业“六打六治”打非治违等水利安全生产工作。副巡视员马景国主持会议并讲话。

9月10日，省委常委、常务副省长江泽林深入汉江综合整治工程南郑县圣水段建设现场，详细了解工程规划及建设进展，随后又现场查看了石门水库运行情况，要求各级严格落实防汛抗洪责任，扎实做好强秋淋灾害防范工作，加强巡查监控力度，确保人民群众生命财产安全。省政府副秘书长张光进、省水利厅副厅长魏小抗等陪同检查。

9月10日，省水利技工学校召开专题座谈会，庆祝第30个教师节。副厅长管黎宏参加座谈会并看望慰问全校教师。

9月10日，省水利厅举行“法治陕西大讲堂”，邀请省委党校王诚安教授作《习近平总书记系列重要讲话的学习和解读》专题讲座。副厅长薛建兴主持学习会。在机关厅领导、厅直各单位党政主要负责同志和厅机关副处级以上干部100多人参加学习。

9月11—12日，由水利部主办、陕西省水利风景区建设管理办公室承办的全国水利风景区建设与管理首次现场工作会在西安召开。水利部综合事业局副局长王杨群参加会议并讲话，省水利厅副巡视员左占清到会致词。

9月12日，副厅长魏小抗检查指导省江河水库管理局防汛工作并看望慰问防汛一线干部职工。

9月14日，副厅长魏小抗召开专题会议，传达省防总指挥长、省水利厅厅长王锋重要批示精神，研究部署近期强秋淋洪水防范工作。

9月15日，由水利部、中国产业报协联合组织的"碧水蓝天万里行"中央级媒体采访陕西水利建设活动正式启动。副厅长薛建兴向媒体记者介绍陕西水利建设情况，副巡视员刘恒福主持媒体见面会。新华社、人民网、《中国产经新闻报》、《中国国土资源报》、《中国环境报》、《中国水利报》等6家中央媒体参与此次为期三天的采访活动。

9月15—17日，水利部水资源司副司长陈明一行对陕西省农村饮水安全工作进行督导检查。副巡视员权渭南陪同检查。

9月16日，省防总召开防汛抗洪和抢险救灾工作座谈会，通报分析秋汛形势，交流各成员单位近期防抗秋淋工作开展情况。副厅长魏小抗主持会议并讲话。

9月23日，中国水利政研会会长张印忠一行对陕西省水文化建设工作进行检查调研。厅长王锋出席座谈会并作重要讲话，纪检组长张敏主持座谈会并汇报了陕西省"十二五"水利建设及水文化工作情况，省水利厅水文化研究会会长廉泾南参加座谈会。

9月25日，省水利厅召开全省水利工程质量监督座谈会，传达全国水利工程质量监督工作座谈会精神，总结交流2013年以来水利工程质量监督工作经验，并对今后一个时期全省水利工程质量监督工作进行安排部署。副巡视员权渭南参加会议并讲话。

9月28日，国家发改委批复陕西省引汉济渭工程可行性研究报告。

9月28日，第十四批"国家水利风景区"获水利部批复，陕西省户县金龙峡、太白青峰峡、合阳洽川、丹凤桃花谷、柞水乾佑河源、西安世博园、岐山岐渭、汉阴凤堰古梯田等8家水利风景区榜上有名，创建数量属历年最高。

9月29日，副厅长张玉忠主持召开第二十一届杨凌农高会水利厅参展工作布置会，对本届农高会方案涉及的40多项筹备与参展任务进行细化分工、布置落实。

10 月

10月9日，副厅长张玉忠、总工程师王建杰带队对宝鸡市小水河项目保障渭河生态基流进行实地查勘和现场调研。

10月10—13日，全国水利系统第26届工会主席联席会议在北京召开。纪检组组长张敏参加会议。

10月11日，省水利厅召开党组会，传达中央党的群众路线教育实践活动总结大会精神，要求建立长效机制，固化活动成效，逐级落实责任，切实把活动成果运用到当前大规模水利建设上。

10月13日，省水利厅组织召开国控水资源监测能力项目建设座谈会，副巡视员李国平参加会议并对下一步工作进行安排部署。

10月13—22日，省人大法制委办公室主任戴滨华带领调研组，先后深入宝鸡、西安、咸阳、渭南四市开展《陕西省渭河流域管理条例》立法后评估调研工作。副厅长薛建兴陪同调研考察。

10月14日，厅长王锋赴西安市西郊水润坊建设工地，调研项目进展情况。副厅长薛建兴、副巡视员马景国陪同。

10月14—15日，副厅长魏小抗带队检查指导延安、榆林两市水库安全运行管理工作。

10月16日，厅长王锋主持召开厅长办公会议，专题听取副厅长席跟战和供水处关于全省城乡供水工作情况汇报。

10月17日，副厅长张玉忠主持召开沿渭各市（区）治渭办主任会议，总结前一阶段治渭工作开展情况，围绕2015年6月底渭河综合整治工程主体建成目标，对下一阶段工作进行安排部署。

10月21日，厅长王锋主持召开引汉济渭工程建设专题会，研究工程全面实施阶段指导思想、工作思路、重点任务和责任措施。副厅长管黎宏、席跟战、总工程师王建杰参加会议。

10月21日，副厅长张玉忠带队深入省水利厅对口帮扶的淳化县检查驻村联户扶贫工作，并对淳化县水利工作进行调研。

10月22—24日，副厅长魏小抗带队对汉中市汉江综合整治工作进行全面检查调研。

10月25日，由中国农业节水和农村供水技术协会、中国灌溉排水发展中心和水利部科技推广中心联合主办，陕西省水利厅与西安理工大学共同承办的西北地区节水灌溉技术研讨会暨第四届农业节水科技奖颁奖会在陕西省举行。副厅长薛建兴代表省水利厅致辞并介绍陕西省节水灌溉工作有关情况，副巡视员李国平陪同协会领导赴泾阳县考察调研葡萄滴灌、泾惠灌区末级渠系改造和泾北人饮工程。

10月27日，由省水利厅文明办和省水文化研究会主办的全省水利系统首届水文化建设理论培训班在省桃曲坡水库管理局开班。省水利厅党组成员、纪检组长张敏出席开班仪式并作动员讲话，省水文化研究会会长廉泾南到会祝贺。

10月27日至11月7日，省水利厅组织的两期全省水资源管理业务培训班在西安理工大学开班。副巡视员李国平参加开班仪式并讲话。

10月28日，省水利厅党组书记、厅长王锋主持召开会议，传达十八届四中全会精神。在机关厅领导、厅机关各处室主要负责同志参加会议。

10月28日，厅长王锋主持召开会议，传达水利部深化水利改革工作座谈会精神。在机关厅领导、厅机关各处室主要负责同志参加会议。

10月29日，从中国水利学会2014学术年会传来好消息，陕西省开展的重点水利科技项目——"泥浆泵筑坝技术试验研究"喜获"大禹水利科学技术奖"二等奖。

10月31日，省水利厅召开会议部署加快水利投资计划执行工作。副厅长管黎宏参加会议并讲话，副巡视员左占清主持会议。

11 月

11月3日，水利部召开全国水利风景区建设管理工作视频会议，会后省水利厅立即贯彻会议精神，召开全省水利风景区建设管理工作会议。省水利厅党组成员、纪检组长张敏出席会议并讲话，副巡视员左占清主持会议。

11月4日，副厅长张玉忠、副巡视员李国平赴杨凌农高会水利展厅现场指导布展工作。

11月4日，水利部人事司和省水利厅联合举办的陕西省市县水利局长培训班在省桃曲坡水库管理局水利培训中心开班。纪检组长张敏出席并作水利廉政风险防控专题讲座，副巡视员左占清作动员讲话。

11月5日，副省长祝列克参观第21届农高会水利展厅。张玉忠副厅长陪同参观。

11月5日，省水利厅在西安召开全省农村饮水安全项目建设管理视频会。厅长王锋出席会议并作重要讲话，副厅长薛建兴主持会议，副厅长席跟战对全省农村饮水安全工作进行安排部署。

11月6日，省水利厅组织召开2014—2015年度渭河水量调度工作会议。副厅长张玉忠参加会议并讲话。

11月7日，吉尔吉斯斯坦议会农业委员会主席内沙诺夫及该国农业专家马姆别托夫一行参观第21届农高会水利展厅。副巡视员李国平陪同参观。

11月10日，由省政协常委、社会和法制委员会副主任、西安市政协副主席向德，省政府法制办副主任赵卫军等5人组成的省政府考评组，对省水利厅创建全省依法行政示范单位工作进行考评验收。副厅长薛建兴主持考评验收汇报会。

11月10—14日，副巡视员李国平带队深入榆林市有关县区督导该市农村饮水安全工作。

11月11日，水利部人事司和陕西省水利厅联合举办的陕西省乡镇水利站长培训班在省桃曲坡水库管理局水利培训中心开班。纪检组组长张敏参加开班仪式并讲话。

11月11日，由省水利厅、三秦都市报联合举办的全省水利系统宣传通信员培训班在西安开班。副厅长薛建兴参加开班仪式并讲话。

11月11—12日，副厅长席跟战带队督导咸阳市彬县、礼泉县2014年农村饮水工程建设情况。

11月11—15日，副巡视员马景国带队深入铜川、韩城两市督导2014年农村饮水工程建设与管理情况。

11月13—17日，水利部安全生产监管工作第8考核组对陕西省2014年水利安全生产监管工作进行考核。副厅长薛建兴主持考核汇报会。

11月14日，水利部在陕西省召开西北片区最严格水资源管理制度考核工作座谈会。水利部水资源司司长陈明忠出席会议并讲话，省水利厅副厅长张玉忠致辞并介绍了陕西省最严格水资源管理制度落实和考核工作情况，水利部水资源司巡视员程晓冰主持会议。

11月14—15日，水利部副部长胡四一带领全国农村饮水安全督导组来陕开展第四季度对口分片联系检查。省水利厅厅长王锋向督导组汇报全省农村饮水安全和水资源管理工作，副厅长席跟战参加会议。

11月14—15日，全国节水型灌区量测水技术现场交流与研讨会在咸阳市召开，副巡视员李国平参加会议并致辞。

11月18日，陕西省职工科技创新活动现场推进会在西安召开，会议表彰了"陕西省杰出能工巧匠"和"陕西省职工优秀科技创新成果推广应用项目"。省泾惠渠管理局渠道维护工技师苟武、省水文水资源勘测局黄陵水文站水文勘测高级工程师赵水文被授予"陕西省杰出能工巧匠"光荣称号。

11月18日，省水利厅召开传达贯彻省纪委四次全会精神落实党风廉政主体责任工作会，学习贯彻十八届四中全会和中省纪委四次全会精神，安排部署全省水利系统各级党组织落实党风廉政建设主体责任工作。厅党组书记、厅长王锋主持会议并作重要讲话，厅党组成员、驻厅纪检组组长张敏传达省纪委四次全会精神，厅领导、各市（区）水利（水务）局局长、纪检组长，韩城市、神木县、府谷县水务局局长，厅直各单位党政主要负责同志、纪委书记，厅机关各处室主要负责同志参加会议。

11月18—22日，副巡视员左占清带队深入安康、汉中两市8县（区）督导检查农村饮水安全项目建设进展情况。

11月24—28日，副巡视员李国平带队深入延安市有关县区督导农村饮水安全工作。

11月25—28日，副巡视员权渭南带队督导咸阳市2014年农村饮水工程建设与管理工作。

11月26—27日，水利部水利水电规划设计总院在北京组织召开泾河东庄水利枢纽可行性研究阶段地质勘察咨询会议。水利部水利水电规划设计总院副院长刘志明、中国勘察大师陈德基等11名全国知名地质专家参加会议。省水利厅厅长王锋出席会议并讲话，总工程师王建杰参加会议。

11月27日，省水利厅召开全省水库除险加固工作座谈会，督促各地加快病险水库除险加固工作步伐，确保2014年小（2）型病险水库除险加固建设任务全面完成。副厅长魏小抗参加会议并讲话，副巡视员李新华主持会议。

11月28日，省法制办副主任岳喜栋带队到省水利厅开展《陕西省取水许可制度实施细则》及《陕西省水资源费征收办法》立法后评估调研工作。副厅长薛建兴参加座谈会。

11月29日，水利部水利水电规划设计总院在北京组织召开陕西省引汉济渭工程初步设计报告审查会。水利部总工程师汪洪、水利部水利水电规划设计总院副院长刘志明出席会议，水利部水利水电规划设计总院副院长董安建主持会议，省水利厅厅长王锋出席会议并致辞，总工程师王建杰参加会议。

11月29日，在省维稳办组织召开的全省维稳办主任座谈会上，省水利厅荣获“2013年度陕西省维护稳定工作调研活动先进单位”称号。

11月29日至12月4日，水利部水利水电规划设计总院组织专家在北京召开会议，对《引汉济渭工程初步设计报告》进行审查，并一致同意通过。

12 月

12月3日，省水利厅召开公务支出管理工作会，进一步规范全厅系统“三公经费”、会议费等公务支出管理。副厅长席跟战参加会议并讲话。

12月4日，省水利厅门户网站“陕西水利影像”专题正式开通，标志着水利厅门户网站有了专门宣传、展示水利新闻摄影成果的阵地，进一步拓宽了水利宣传平台。

12月4日，水利部在北京召开2014年中欧水资源交流平台高层对话会。省水利厅受邀参加会议，副厅长张玉忠代表水利厅在会上作交流发言。

12月4日，厅长王锋看望慰问厅机关后勤中心职工和正在就餐的厅机关干部职工，要求后勤部门切实搞好服务保障工作，确保广大干部职工身心健康、工作愉快。

12月4日，省水利厅举行党的十八届四中全会精神宣讲报告会，邀请省委宣讲团成员、省人大常委会研究室副主任王希峰作专题辅导报告。副厅长薛建兴主持会议并讲话，在机关的厅领导、厅直各单位主要负责人和厅机关各处室副处级以上干部参加报告会。

12月5日，省政府专题听取省水利厅王锋厅长2014年水利重点工作情况汇报，对今后水利工作思路和重点任务进行研究部署。省长娄勤俭、常务副省长江泽林、副省长祝列克出席会议。

12月9日，陕西省召开大中型水库移民避险解困试点工作会议，动员和部署水库移民避险解困试点工作。副省长祝列克、省水利厅厅长王锋出席会议并分别作重要讲话，省政府副秘书长王拴虎主持会议。

12月11日，省水利厅召开厅系统公务用车制度改革动员会，学习贯彻中、省公车改革相关文件，动员和部署厅系统公车改革工作。副厅长薛建兴参加会议并讲话，副巡视员马景国主持会议。

12月12日，副厅长魏小抗主持召开专题会议，安排部署2015年东庄水利枢纽工程前期工作及准备工程建设工作计划和目标任务。

12月22日，省政府新闻办召开东庄水利枢纽工程前期工作取得重大突破新闻发布会，省水利厅新闻发言人、副厅长魏小抗通报东庄水利枢纽工程前期工作取得的显著成绩，并答记者问，省政府新闻办副主任朱晓悦主持新闻发布会。

12月26日，省水利厅在西安召开全省水库大坝注册登记工作部署及软件培训会。副厅长魏小抗参加会议并讲话。

12月27—28日，水利部会同陕西、山西两省人民政府在北京召开了黄河古贤水利枢纽工程对壶口瀑布、蛇曲地质公园影响分析咨询会。水利部副部长矫勇、陕西省人民政府副省长祝列克、山西省人民政府副省长郭迎光出席会议并讲话，黄河水利委员会主任陈小江主持会议，省水利厅厅长王锋、副厅长魏小抗、总工程师王建杰参加会议。

12月30日，省水利厅召开厅系统贯彻落实《省级机关事业单位财政供养人员管理办法》工作会议。副厅长管黎宏参加会议，副巡视员左占清主持会议。

12月31日，省水利厅召开迎接省委省政府年度目标责任考核布置会。副厅长管黎宏参加会议并就考核准备工作进行安排部署，纪检组组长张敏就党风廉政考核工作进行部署，副巡视员左占清主持会议。

（关晓琦）

2014年陕西水利十件大事

一、陕西水利现代化构架形成，“十大工程”全部启动

以“水润三秦、水美三秦、水兴三秦”为目标，全力推进省委省政府水利决策部署落实，完成年度水利投资232亿元再创历史新高，“五大体系”“十大工程”全部启动，一个立足渭河、汉江两大水系，统筹省内三大区域的现代水利构架已经形成。

二、引汉济渭工程正式立项、三河口水利枢纽开工建设

9月28日引汉济渭工程可研报告获得国家发改委批复，标志着陕西省历史上最大的水利工程正式立项、引汉济渭工程进入全面加快建设新阶段。年初，省委、省政府在佛坪县大河坝镇召开现场会，部署推动引汉济渭工程三河口水利枢纽加快建设。

三、泾河东庄水利枢纽项目建设获批半个多世纪的梦想成真

东庄水利枢纽工程项目建议书7月7日通过中咨公司评估，11月18日通过国家发改委主任办公会议审定，11月24日正式获得立项批复，圆了三秦儿女65年的东庄梦。已建成11.3km右岸进场道路，启动建设坝址勘探试验洞及进场道路延伸段。

四、渭河综合整治630km堤防主体工程全部完成

渭河全线堤防主体工程提前建成，堤顶道路铺筑、绿化完成202km，支流入渭口堤防交通桥扩建完成27座，103km南山支流堤防退建加固工程全面完成。渭河整治补充规划及实施方案得到省发改委批准，建设小水河水库保障渭河生态基流得到省政府首肯。

五、汉丹江综合治理保障了国家南水北调水源安全

汉江综合整治新修加固堤防75.76km，安康东坝区防洪工程基本建成，白河、旬阳、汉滨、石泉、洋县、城固、汉台、南郑、勉县等重点城防工程进展顺利。陕南3市28县丹江口水库上游水土保持步伐加快，打非治违执法成效显著，涵养保护了水源地安全。

六、陕北引黄延安黄河引水主体工程开工建设

延安黄河引水工程前期工作已经完成，初步设计经省水利厅审查、延安市发改委审批，主体工程全面开工建设，先期开工的12.67km杨家山输水隧洞已经贯通，两座水库1~5级泵站、黄延线5条隧洞全面开工，建成后可解决陕北能源化工基地和部分群众生活严重缺水问题。

七、迎战夏伏旱抗击强秋淋取得了重大胜利

面对近10年少有的夏伏旱，省防总、水利厅果断启动抗旱应急响应，有效解决了20.96万人的临时饮水困难，全年实灌面积2273万亩，为夏粮丰收、秋粮稳产提供了重要保障。应对9月份的强秋淋天气过程，提前预警，果断撤离，夺取了主要江河堤防无一决口、大小水库无一垮坝、人员伤亡近年来最少的重大胜利。

八、民生水利项目建设目标实现

李家河、王圪堵、南沟门水库基本建成，解决了272万农村居民饮水安全问题，新增基本农田53.1万亩，发展节水灌溉面积87.09万亩，完成46座一般小（2）型病险水库除险加固，治理水土流失面积6652km^2，中小河流治理、小水重点县和病险库治理走在全国前列，水产品产地安全得到有效保证，广大群众充分享受治水成果。

九、率先在全国建立覆盖省市县三级的水资源管理体系

制定最严格水资源管理制度考核细则，“三条红线”指标分解下达到市县区，倒逼经济转型升级成效明显，在国务院首次考核中陕西省名列第七。强化取用水计划管理，实现渭河水量统一调度，启动水生态文明城市建设试点，建成5个国家级、6个省级节水

型社会示范区。

十、全省水利系统自身建设得到进一步巩固提升

坚持依法治水管水，全面深化水利改革，精简行政审批事项。深入贯彻中央八项规定，扎实开展“抓整改、建机制、促工作”主题活动，扎实巩固党的群众路线教育实践活动成果，完善水利基层服务体系，成立陕西水利博物馆。

（陈 洋）

2014年重点水利在建工程特载

【引汉济渭工程】 2014年，引汉济渭工程建设全面提速，前期工作、工程进展、移民安置加快推进，安全质量稳步提高，环境保护不断加强。

1.前期工作

调水工程前期工作取得突破。5月6日，土地预审获国土资源部批复，为工程可研批复奠定了坚实基础；8月底，《安全预评价报告》通过水利部水利水电规划设计总院审查，在全国水利行业首次开展安全预评价工作；9月28日，可行性研究报告获国家发改委批复，标志着陕西省历史上规模最大的水利工程在国家正式立项，进入全面实施阶段；12月4日，初步设计报告通过水利部水利水电规划设计总院审查。输配水工程前期工作加紧推进。在完成《引汉济渭受水区输配水工程规划》《引汉济渭受水区水量配置规划》的基础上，9月份编制完成了《引汉济渭输配水干线工程总体规划》和《引汉济渭输配水工程项目建议书》，上报省政府待批。

2.工程建设

秦岭隧洞越岭各标段均已进入主洞施工，1号、2号、3号，0号与0~1号隧洞主洞实现了精准贯通。5号支洞完成掘进任务，岭北TBM6月份开始试掘进，12月进度超过3km，岭南12月15日开始现场组装。全年完成隧洞掘进16km，占累计掘进54.7km的29%；完成投资13.16亿元，占累计完成投资50.2亿元的26%。三河口水利枢纽2月14日开工，至12月底如期完成了导流洞工程和左右坝肩开挖，并通过验收。输配水工程南干线“四通一平”工作全部完成，主线基坑开始开挖。黄金峡水利枢纽准备工程进入实施阶段，为下一步开工建设奠定了基础。

3.移民安置

完成了三河口水库570m高程以下移民安置工作，移民安置257户995人，库区清理工程全面完成并于11月14日通过了省移民办最终验收，满足枢纽工程截流要求。完成佛坪县五四村、宁陕县梅子集镇移民安置试点建设，累计搬迁移民465户1815人，占到调水工程全部搬迁安置人口的18.9%。全长17km的西汉高速佛坪连接线改线工程6月24日建成通车，10月底通过交工验收。

4.环保水保

完成了环保、水保监理监测招标工作，监理单位进驻现场加强监管。完成环保工程投入4000多万元，秦岭隧洞各项目均建设了施工废水处理设施，做到了达标排放。

5.安全质量

进一步加强安全质量管理，安全生产形势平稳，工程质量稳步提高。全年共完成单元工程3110个，其中优良2558个，优良率85%；职工安全生产责任事故死亡零案次，没有发生一起质量事故和一般等级以上安全事故。

（刘积慧）

【渭河综合治理工程】

2014年是渭河综合整治的冲刺年，年度目标任务为完成堤顶道路及堤防绿化200km，开工建设支流入渭口交通桥22座。一年来，在省委、省政府的高度重视下，在厅党组的坚强领导和沿渭各市（区）的不懈努力下，治渭工作紧紧围绕省委、省政府渭河整治决策部署，克难攻坚，采取有效措施，全力推进工程进度、多措并举筹措建设资金、狠抓质量安全、不断提升治渭理念，圆满完成各项年度目标任务。

截至12月31日，堤顶道路铺筑及绿化在建502km完成406km，其中2014年完成202km，占年度任务的101%。支流入渭口交通桥完成27座，在建21座，占年度任务的123%。渭河综合整治累计完成投资185亿元，其中2014年完成投资31.6亿元。渭河全线630km堤防主体填筑已经全部完成。渭河下游防洪工程体系基本完善，103km南山支流堤防退建加固工程已经完成。完成渭河滩区整治绿化及亲水景观面积6万亩，渭河治理产生了显著的生态效益、经济效益和社会效益，沿渭群众初步享受到了渭河治理成果。

1.明确目标任务，保障各项工作有序推进

2014年初召开了渭河综合整治工作会议，安排部署全年治渭任务，与沿渭各市（区）签订目标任务书，明确年度目标任务。省委、省政府高度重视治渭工作，赵正永书记4月9日视察渭河综合整治工作，提出了2015年6月底前实现治渭工程主体基本建成的目标，并举行简朴竣工典礼；娄勤俭省长召开全省重大水利工程建设领导小组成员会议专题部署治渭工作；祝列克副省长召集沿渭各市（区）、省级相关部门召开省政府专题会议安排治渭工作，落实建设责任。省治渭办切实按照领导包片、处室包联、干部蹲点的工作制度，检查督促治渭工程建设质量、进度，针对一些制约工程进度的瓶颈问题，多次与省发改委、国土、电力公司、西安铁路局等部门协商，解决卡脖子问题，保障了工程建设顺利开展。

2.严把项目审批，确保设计质量

省治渭办组织专业技术力量，借鉴国内外先进治河经验和桥梁设计理念，在设计审批过程中融入人水和谐的治渭理念，优化设计方案，提高设计水平，尤其针对桥梁设计，按照多桥多景的要求，注重桥梁结构及景观设计，避免桥梁景观单一化，成熟的设计三天内必须完成审批任务。全年累计批复初步设计 66 项，批复投资 32.93 亿元，批复堤顶路面及绿化 330km，批复支流入渭口交通桥 29 座，批复水面景观 1 处，光纤通信传输网络工程 7 处，渭河下游数字信息服务工程 1 处，渭化供水改造工程 1 处。

3.多措并举，筹措建设资金

多次向国家水利部、发改委汇报治渭工作，争取中央资金支持；与省发改委、财政厅进行协调沟通，争取省级补助资金。全年共计落实下达中省补助资金 12.02 亿元，其中中央资金 4.02 亿元，省级补助资金 8 亿元。同时，整合相关行业项目资金用于渭河建设，协调交通厅补助堤顶路面资金 2 亿元、林业厅补助堤防绿化资金 2832 万元，有效缓解了中省补助资金短缺的局面。

4.坚持人水和谐治渭理念，建设生态景观美丽渭河

持续提升治渭理念，借鉴国内外先进治河经验，结合我国台湾省基隆河、山东省沂河、山西省汾河、黄河宁夏段综合治理经验，在堤顶道路、绿化景观、生态湿地等项目建设中，挖掘渭河深厚文化底蕴，融入亲水理念，建设文化渭河。建成的西安草滩段渭河生态景观区、西安湖 3000 亩亲水景观工程、咸阳兴平十里荷香景观长廊、杨凌湖水面工程、秦汉新城段景观带、宝鸡市 70km 滩区生态亲水景观、眉县马家镇堤河公园、眉县霸渭生态湿地公园、岐山蔡家坡滩区景观工程、渭南城北区河滩景观长廊，主题突出，亲近自然，开放后受到沿渭群众的广泛赞誉。秦汉新城渭河综合整治工程荣获“绿色中国——2014 年环保成就奖”之“杰出环境治理工程奖”，渭河岐山段北岸岐渭水利风景区被水利部正式授予第十四批“国家水利风景区”荣誉称号。同时，在宝鸡渭河秦川起始段、西安段、潼关入黄口三个关键点，结合城市发展规划，着力突出水与历史、文化的结合，通过雕塑、石刻、历史遗迹等把三个关键点打造成渭河人文景观工程，提升了渭河文化魅力。

5.统筹兼顾，全面推进治渭各项工作

按照治渭目标任务，在全力推进堤顶路面硬化绿化、加快建设支流口交通桥的同时，编制渭河治理补充规划，督促各地全面推进支流入渭口堤防及河道控导工程建设、干流通信光纤、河滩整治及生态恢复工程等工作。经与省发改委多次沟通，渭河治理补充规划及实施方案，得到了省发改委审批，给后续项目按时开工建设提供了有力保障。启动建设一批滩区整治亲水示范工程，通过建设草甸、湿地、水面、滨水公园和休闲活动场所，集中体现渭河综合整治成效。对影响堤防建设的天然气管道、通信光缆、高压线路等问题，积极沟通协调。不断完善渭河下游南山支流防洪体系，继 2013 年二华蓄滞洪区建设后，2014 年华阴长涧河蓄滞洪区已发挥分流蓄洪的作用。

截至 2014 年底，经过近四年治理，渭河综合整治取得了显著成效。一是渭河全线防洪能力大幅提升，城防段达到 100 年一遇以上防洪标准，农防段达到 30~50 年一遇防洪标准。在抗御近年洪水过程中发挥了关键性作用，经受住了 30 年来最大洪水的考验，历次洪峰安然过境，确保了沿渭城镇和群众生命财产安全。渭河下游南山支流由过去千疮百孔，通过蓄滞洪区和支流口防倒灌工程建设，基本形成较为完备的防洪工程体系，防洪标准提升到现在的 20 年一遇。二是坚持人水和谐的治渭理念，通过放缓堤坡、堤顶硬化、滩区绿化、水面景观建设，极大改善了人居环境和生态环境。其中 2014 年新建了渭河渭南城区段河滩景观、杨凌示范区渭河水面景观工程、渭河眉县段霸渭生态湿地公园，这些渭河生态景观建成开放后均受到广大群众欢迎和赞誉。三是渭河治理带动了明显的产业聚集效应，高新区、工业园区和生态经济区等一批高效农业和低碳环保产业、傍河小城镇建设开始沿河布局。目前，省委将最初确定的 4 个沿渭重点小城镇增加到 8 个，促进了沿渭经济、产业的发展。渭河综合整治工程对沿渭经济社会发展已经产生了重大影响，必将为丝绸之路经济带建设及关—天经济区发展提供有力支撑，成为横贯关中的生态长廊、经济长廊。

（由高峰）

【东庄水利枢纽工程】2014 年，是推进东庄水利枢纽立项建设的关键一年。在厅党组的坚强领导下，在厅机关各处室大力支持配合下，按照厅党组确定的完成导流勘探试验洞工程设计，基本完成可行性研究阶段各项勘测设计和专题（专项）研究工作，力争国家发改委安排开展项目建议书评估工作的目标任务，负重

前行，低调务实，稳步高效推进，全面完成了全年目标任务，实现了国家发改委批复项目建议书的历史性突破和重大进展。

1.项目建议书通过国家发改委批复

在省委省政府领导和王锋厅长多次与国家发改委、中咨公司等部门沟通协调推进下，评估审批工作快速推进。一是多措并举，矢志努力，先后向国家发改委农经和投资司汇报争取，促成2014年1月20日国家发改委正式委托中咨公司开展东庄项目建议书评估工作。二是及时加强与中咨公司汇报联系，促成3月上旬中咨公司评估专家来陕现场调研，3月下旬中咨公司党组书记裴真亲自带队现场考察东庄水利枢纽工程及渭河下游，提出了加快评估的原则和指导意见，为尽快开展评估工作指明了方向。三是督促设计单位按照评估重点和要求及时补充完善项目建议书报告，并根据中咨公司两次现场调研提出的意见和建议，及时组织设计单位高质量完成了相关补充研究论证报告，可研阶段完成的12000多m钻孔、4000m平硐和综合科研论证，为项目建议书顺利通过评估发挥了至关重要的作用。四是评估会后积极配合中咨公司形成了评估报告，并加大协调督促评估报告尽快上报，7月18日中咨公司《关于陕西省泾河东庄水利枢纽工程（项目建议书）的咨询评估报告》正式报送国家发改委，9月下旬，按照水利厅安排赴国家发改委农经司和投资司进一步协调和督促相关审批工作，11月24日项目建议书通过国家发改委批复，标志着东庄水利枢纽工程立项进程实现了历史性突破和重大进展。

2.导流勘探试验洞等准备工程设计通过审批并开工建设

省政府作出2014年上半年开工导流勘探试验洞的决策部署之后，省水利厅党组要求2014年5月完成导流勘探试验洞设计和审批任务。在国家项目建设批复、可研审批之前，委托水利厅咨询中心对枢纽总体布置格局和施工总布置进行技术咨询，设计单位加快完成导流勘探试验洞实施方案，借力借智凝聚各方力量和智慧，确保导流勘探试验洞实施方案的科学性，按期完成了导流勘探试验洞等准备工程的设计及审批。一是完成导流勘探试验洞实施方案并通过审批，已经开工建设。春节后，赴郑州黄河设计公司研讨导流勘探试验洞设计方案，3月初导流勘探试验洞实施方案正式上报省水利厅审查，3月中旬实施方案通过水利厅技术审查，3月下旬报送省发改委。经过努力协调，先后通过了土地预审、环境评价等审批环节，5月15日省发改委正式批复了导流勘探试验洞实施方案，目前已开工建设。二是完成左岸进场道路工程初步设计立项审批，具备开工条件。在积极推进导流勘探试验洞立项的同时，加快左岸进场道路立项审批进度，多次和省发改委及专家协商、研讨桥梁设计方案，落实了厅党组进场路桥梁设计结合景观设计的要求，5月5日进场道路左岸初步设计通过省发改委审批，具备开工条件。三是抓紧推进可研阶段勘测设计和专题专项论证工作，完成主要设计和研究任务。在全力推进项建评估和确保导流勘探试验洞开工的同时，继续抓紧推进可研报告设计论证补充优化工作，重点开展地质勘察专题研究和东庄灰岩坝址防渗方案研究工作，为中咨公司在项目建设评估确定东庄灰岩坝址、优化库坝区防渗方案，减少防渗工程投资提供了技术依据。完成了可研阶段水库移民实物调查和规划大纲编制工作，可研报告补充和优化基本完成。同时抓紧对土地预审、环境评价等可研审查前置性必要的专题专项研究工作进行重点督促和协调，完成了水库蓄水对地下水环境影响、对西安泾渭湿地自然保护区影响、水土保持方案、水库减淤运用方式、防洪减灾关键技术研究、岩溶渗漏等6项专题专项研究工作，累计完成17项专题专项研究报告，完成专项研究总工作量的80%以上。

3.完成了厅党组安排的其他重点工作

一是完成东庄水利风景区规划方案并通过水利厅审查。2月中旬，王锋厅长主持厅长办公会议，专题研究审查了东庄水利风景区规划方案，原则同意东庄水利风景区“百里龙湖、枢纽雄姿、峡谷风光”三大板块的总体规划，为进一步打造世界级风景名胜区，发挥工程多样性效益和社会影响打下了基础。二是完成导流洞工程总体实施方案设计和上报工作。2014年8月初省水利厅要求开展导流洞工程总体设计工作，东庄办立即安排设计单位论证，千方百计加快设计工作进度，9月16日完成《泾河东庄水利枢纽工程导流洞工程实施方案》并上报水利厅审查。10月21日水利厅函示东庄办联系江河水利水电咨询中心对导流方案进行咨询，明确导流方案后再审查审批导流洞实施方案，目前正在积极联系开展咨询工作。三是全力做好中咨公司裴真书记和王锋厅长调研等活动。3月下旬中咨公司裴真书记、5月中旬王锋厅长一行分别踏勘东庄水库坝址等，调研前期工作进展情况，东庄办从调研路线、调研点选择、简介及汇报等方面，认真周密做好各项准备。裴真书记现场调研后提出加快评估的原则和指导意见，对推进项目建设评估起到了十分重要的作用。王锋厅长率厅务会议成员顶烈日，深入泾河峡谷底部踏勘东庄水利枢纽工程导流勘探试验洞进出口、地下式水电站及水位站，并现场解决存在的问题。四是举办了东庄水利枢纽工程前期工作取得重大突破新闻发布会。11月下旬国家批复项目建议书后，东庄办会同厅宣传中心积极筹备新闻发布会，经过精心筹划、认真准备，省政府于12月22日召开了新闻发布会，回应了社会各界对东庄水利枢纽工程的关心和关注，向全社会宣传了东庄水利枢纽工程前期工作的艰辛曲折和取得的重大进展，赢得了社会各界对立项建设工作的理解和支持，营造了全社会共同推进立项建设工作的良好氛围。

（雷春荣　刘涛　杨成博）

【汉江综合整治】 2014 年是陕西省汉江综合整治全线铺开、加快建设的关键一年。年初以来，省水利厅围绕省委、省政府提出的“江堤标准化，水系生态化，景观优美化”的整治目标，协调和组织省级有关部门和汉中、安康市，切实加强领导，加大前期和资金筹措力度，强化监督检查，全力推进汉江综合整治干流防洪工程按计划顺利开展，取得了明显成效。

1.前期工作

2014 年，省水利厅在配合水利部水利水电规划设计总院完成重要支流项目汉江防洪治理工程可研报告技术审查、上报水利部审查意见的同时，积极协调汉中、安康两市和省发改委，在加快项目可行性研究报告和单项项目初步设计编制的基础上，整合技术力量，加大项目审查审批力度。一年来，省水利厅组织审查项目可研 12 个，总概算投资 85 万元。其中：汉中市可研 7 个，总概算投资 63 亿元；安康市可行性研究报告 5 个，总概算投资 22 亿元。审查单项项目初步设计 3 个，总概算投资 3.16 亿元。其中：汉中市审查初设 1 个，总概算投资 0.56 亿元；安康市审查初设 2 个，总概算投资 2.6 亿元。截至 2014 年 12 月底，审查项目可研 14 个，单项初步设计 33 个，总概算投资 34.6 亿元。省发改委批复项目可研 1 个，初步设计 21 个。其中：汉中市编制上报项目初设 35 个，项目可研 7 个，经省水利厅审查、省发改委审批项目初设 12 个；安康市编制上报项目初设 14 个，项目可研 5 个，经省水利厅审查、省发改委审批项目初设 9 个，可研 1 个。前期工作的稳步推进，为汉江综合整治全面实施奠定了项目基础。

2.投资计划

2014 年，省水利厅与省财政厅、省发改委先后以陕水规计发〔2014〕120 号、280 号、陕发改农经〔2014〕1278 号下达汉江综合整治计划总投资 122575 万元，涉及单项工程 27 个，其中下达中、省投资 56000 万元。汉中市涉及单项工程 18 个，总概算投资 72476 万元，其中下达中省计划投资 32880 万元。安康市涉及单项工程 9 个，总概算投资 50099 万元，其中下达中省计划投资 23120 万元。截至 2014 年底，陕西省汉江综合整治干流防洪工程累计下达中、省投资 15.7 亿元。其中汉中市下达中、省投资 8.72 亿元，安康市下达中、省投资 6.98 亿元，安康城区东坝防洪工程下达中、省投资 2.83 亿元，最大限度满足了工程建设需要。

3.工程建设

2014 年，全省着眼解决汉江防洪能力低下的问题，先后组织建设了安康东坝区等一批事关汉江防洪安全的重点段防洪工程，涉及沿江 13 个县（区）、27 个单项工程。项目建设全面铺开，势态强劲，进展顺利。截至 12 月底，全省新修加固堤防 75.76km，占全年任务的 101%，完成投资 7.97 亿元。汉中市完成堤防主体 40.76km，占全年任务的 102%，完成投资 4.42 亿元。安康市新修、加固堤防和护岸 35km，占全年任务的 100%，完成投资 3.55 亿元。全省累计完成投资 32.7 亿元，建设堤防（护坡）247.5km。其中汉中市累计完成堤防主体 140.8km，完成投资 18.4 亿元；安康市累计完成堤防主体 106.7km，完成投资 14.3 亿元。其中汉中市城区汉江中林滩段全面竣工，勉县汉惠渠至铁路二号桥段、堰口河至黄沙河口左岸段、城固县江湾滩段、汶川河口至汶川河古道河口段、南郑县南华沟至圣水段、濂水河口段、汉台区桥闸至曹营段、普陀至杨庵段和安康市石泉长安坝至春潮广场、后柳镇、紫阳县江南新区、汉阴县漩涡镇等重点段防洪工程均已完成主体。安康东坝区防洪工程主体工程基本完成，白河、旬阳县城防洪工程建设进展顺利，为确保汉江安全度汛奠定了基础保障。

4.主要举措

一是加强监督检查，强力推进工程建设。首先，制定年度任务，夯实责任。年初，在征询两市意见的基础上，结合汉江综合整治实际，制定了全年考核目标任务。汉中、安康市及时将年度任务细化分解，落实到县（区），并与各县（区）签订目标任务书，夯实了各级工作责任。其次，加强监督检查，加快工程建设进度。省水利厅厅长王锋等先后陪同赵正永书记、娄勤俭省长、祝列克副省长等深入汉中、安康汉江综合整治工程建设现场，检查指导，要求在确保防洪安全、工程质量安全的同时，千方百计加快建设进度。在进入主汛期之际，王锋厅长、魏小抗副厅长等带领厅机关有关处室，对汉江综合整治进行了全面检查，在充分肯定成绩的基础上，要求各市、县（区）高度重视，严格工程建设管理，全面落实防汛预案，确保安全生产。汉中、安康市十分重视，市上主要领导多次检查督促工程建设，并召开协调会、通报会，研究推进工程建设的措施和方法。二是统筹安排，全力加快前期工作。在配合水利部加快汉江重要支流防洪治理工程可研审批的同时，按照前期工作程序和要求，不断加大项目前期审批力度。首先，加快项目审查力度。在督促市、县加快项目初步设计、可研报告编制步伐的同时，协调整合技术力量，开展项目审查工作，并督促做好修改完善。其次，积极协调省发改委，加快项目审批。前期工作的稳步推进，为汉江综治全面开展奠定了项目基础。三是加大投资力度，保障工程建设需要。2014年是汉江综合整治全线开工、大干快上的一年，投资是关键。年初以来，根据中省投资方向和政策，加强与各级沟通汇报，积极争取建设投资，最大限度满足工程建设需要。同时，督促市县各级，立足各自实际，进一步深化投融资体制、机制，千方百计加大投入力度。全年共落实中省投资5.6亿元，较上年度增长6%，确保了工程建设顺利进展。四是坚持质量进度两手抓，保障工程建管安全。在工程建设中，各级十分重视工程建设管理和生产安全。按照基本建设要求，认真落实了工程建设“四项制度”，把好工程质量安全关，确保工程质量和生产安全。省水利厅实行汉江整治分工负责制，厅建管处负责工程建设管理，厅质监站负责工程质量监督。按照分工，厅质监站多次深入工地现场进行检查，指出不足，要求限期整改。汉中市汉治办落实专人，配合市质监站专门负责汉江综合整治工程建设进度、质量和安全管理。同时，省审计厅、汉中市纪检委提前介入，对工程建设招投标、资金管理使用、质量安全等进行全方位督导，确保“工程安全、资金安全、干部安全”。五是重视和加强宣传工作。汉江综合整治是一项重大的民生水利工程，备受社会各界重视和关注。为给汉江综合整治工程建设营造良好的建设环境，各级十分重视宣传工作，通过电视、报纸、网络等多种新闻媒体，向社会各界、广大群众进行宣传，增进各方了解，增强支持合力。汉中、安康两市及沿江县区政府，采取各种形式，大力宣传工程建设好的经验和做法，积极营造良好的舆论氛围，确保各项建设顺利开展。

（张 勇）